Benito Peres Galdos
NAZAREN

REČ I MISAO
KNJIGA 572

Urednik
JOVICA AĆIN

Ova knjiga prevedena je uz pomoć
Generalne direkcije za knjigu, arhive i biblioteke
Ministarstva za obrazovanje, kulturu i sport Kraljevine Španije

La presente edición ha sido traducida mediante una ayuda de la
Dirección General del Libro, Archivos y Bibliotecas
del Ministerio de Educación, Cultura y Deporte de España

BENITO PERES GALDOS

NAZAREN

Prevela
ALEKSANDRA MANČIĆ

IZDAVAČKO PREDUZEĆE „RAD"
BEOGRAD

NAZAREN

Prvi deo

1

Nekom novinaru novoga soja, od onih koje nazivamo egzotičnim imenom *reporter*, od onih koji trče za vestima kao što lovački pas trči za zecom, i jure za požarom, tučom, samoubistvom, zločinom, komičnim ili tragičnim, rušenjem zgrade i svim događajima koji remete javni red i mir i u obična vremena idu nauštrb Pravde, ili higijene u danima epidemije, imam da zahvalim što sam otkrio pansion *tetka Provodadžike* (krštenim imenom, *Estefanije*) smešten u ulici čija beda i siromaštvo na najironičniji način predstavljaju suprotnost njenom zvučnom i blistavom imenu: *Ulica Amazonki*. Oni koji nisu navikli na večite pošalice u Madridu, gradu (ili varoši) zlobnog sarkazma i laži, neće obratiti pažnju na strašnu nadmenost kakvu pretpostavlja onako zvučan naziv za ovako bednu ulicu, niti će se zadržavati da istražuju ko su bile te Amazonke po kojima je ona dobila ime, ni odakle su došle, ni kog su vraga tražile po Medveđim Maginjama.[1] Otuda *praznina* koju je moja erudicija odmah požurila da popuni, sa ponosom mudrog letopisca kazujući kako je u onim krajevima od pamtiveka bilo Varoško pozorište, i kako su iz njega izjahale, udeše-

---

[1] Medveđe Maginje – Madrid u svom grbu ima medveda koji bere maginje sa drveta, te ga još nazivaju i „Grad Medveda i Maginja". *Prim. prev.*

ne poput mitoloških junakinja, ženturače pod maskama koje su došle na proslavu što ju je Madrid priredio povodom ulaska kraljice, gospe Izabel od Valoa. I naivni glasonoša onoga vremena, kojem dugujem ove duboke mudrosti, kaže: „Te žene, koje su potražili *ad hoc*, ispoljile su čudo od hrabrosti na trgovima i ulicama Varoši, toliko su opasne bile njihove igre i vratolomije dok su glumile kako ih ratnici hvataju za kose i dižu iz sedla kako bi ih oborili na zemlju." Mora biti da je ta zabava bila dostojna spomena, pošto je od tada pozorište prozvano *Pozorište Amazonki*, i eto, to vam je čuveno poreklo imena te ulice koju u naše vreme krasi kuća gostoprimstva i dobročinstva *tetke Provodadžike*.

A ja nekako mislim da su te Amazonke o kojima govori letopisac Filipa II, gospodine moj, bile bestidne neke mangašice iz XVI veka; ali ne znam kojim imenima ih je narod tada nazivao. Ono što mogu da tvrdim jeste da od njih potiče, kao kopile, odnosno direktan potomak po ženskoj liniji onih muškaraca bez poznatog oca, strašna *Estefanija iz Ulice Penjon, Provodadžika*, ili kako se već dođavola zvaše. Jer, da vam najiskrenije kažem, nešto mi zaškripi pero kad god poželim na nju da primenim pitomu reč žena, i dovoljno bi bilo da svojim čitaocima samo prikažem njenu njušku, njen hod, glasinu, jezičinu i ponašanje, pa da u njoj prepoznaju najgrozniju aždaju kakvu je video stari Madrid i kakvu će novi ikada videti.

Međutim, možete mi verovati da sam zahvalan Bogu i reporteru, svom prijatelju, što sam se sreo sa tom zveri, pošto njenom varvarstvu dugujem začetak ove povesti i pronalazak savršeno jedinstvene ličnosti koja joj je podarila ime. Neka niko ne uzima bukvalno reč *pansion* koju sam na početku upotrebio, pošto između različitih vrsta smeštaja koje je *tetka Provodadžika* pružala u tom ćumezu, i onih u centru Madrida koje smo svi upoznali kao studenti, pa i kasnije, nema nikakve druge sličnosti osim naziva. Kapija na zgradi bila je poput vrata krčme, široka, boja sa fasade sva se sljuštila i napravila hiljade fantastičnih crteža, ostavljajući ovde-onde zid ogoljen do koske sa po jednom prljavom štraftom sa obe strane, znakom stalnog trenja ljudi kojima je pre mesto u štali. Mali bife – boce i bokali, prašnjava staklena kutija puna kocaka šećera pod opsadom muva, sve to na nekom šepavom i muzgavom stolu – sužavao je hodnik na uobičajene dimenzije. Unutrašnje dvorište, loše popločano i još gore počišćeno, kao i kapija, sa dubokim pukotinama, gde-gde ponekom rahitičnom travkom, barama, kaljugama ili polupanim loncima i krčazima, bilo je toliko nepravilno da je pre nego šaroliko, delovalo fantastično. Tenda na južnoj strani mora biti da je ostala još od stare zgrade čuvenog pozorišta: sve ostalo, iz različitih vremena, moglo bi proći kao arhitektonska šala: prozori koji bi da siđu, vrata koja bi da se popnu, stepenišne ograde pretvorene u pregradne zidove, zidovi natopljeni vlagom, zarđali i ulubljeni oluci, crep umesto simsa, table cinka prikucane preko istrulelog drveta da zakrpe neku rupu, očenuti ćoškovi, ukrasni detalji u obliku krstova i žvrljotina od svežeg maltera, krovni kozlići načičkani polomljenim staklom i bocama da rasteruju pacove; sa jedne strane, crvotočne noseće grede podupiru terasu koja se naherila poput nasukanog čamca; sa druge, vrata sobičaka sa toliko velikim prolazima za mačke da bi kroz njih mogli proći i tigrovi, kada bi ih u tim krajevima bilo; rešetke na prozorima cimetove boje; komadi mrke cigle nalik zgrušanoj krvi; i na kraju, mreškanje svetlosti i senke po svim onim zatupastim ćoškovima i mračnim budžacima.

Jednog utorka tokom Karnevala, dobro se sećam, valjanom reporteru je dunulo da me odvuče na ta mesta. U kiosku u kapiji video sam neku ćoravu odrpanku kako prodaje, a prvo na šta smo naleteli kada smo ušli u dvorište bila je bučna ciganska gomila koja je toga dana tamo bila podigla bivak: muškarci se razbaškarili, popravljaju samare; žene trebe i češljaju zamršene kose; dečurlija polugola, crnih očiju i kovrdžave kose, igraju se staklom i krhotinama. Okrenuli su prema nama izražajna lica od pečene zemlje, i začuli smo izveštačene reči i ponude da nam čitaju sudbinu. Dva magarca i neki stari Ciganin sa zulufima nalik skorenoj svilenkastoj dlaci onih trpeljivih životinja, upotpunjavali su sliku, na kojoj nije nedostajala ni buka i muzika koja ju je jače isticala, pesmice neke Ciganke i zveckanje makazama starca koji je magarcu šišao sapi.

Zatim se kroz neku šupljinu, za koju ne znam da li je bila vrata, soba ili ulaz u jazbinu, pojaviše dva mršava pčelara, nogu umotanih u mrku tkaninu i crne čarape, u opancima na šnir, tesnim kožusima, sa maramama na glavi, tipovi kastiljanske rase, suvi kao pršuta na tavanu. Mora biti da su nešto prezrivo dobacili Ciganima, i krenuli sa svojim tegovima i mericama da po Madridu prodaju slatki med. Zatim smo videli dva slepca, koji su se držali zidova: jedan debeljuškast i jedar, sa mrkom šubarom, u ogrtaču sa opšivima i sa gitarom prebačenom preko ramena; drugi sa violinom koja je imala samo dve strune, šalom i vojničkom kapom bez trake. Pridružila im se neka bosa devojčica koja je prigrlila daire, pa su izišli, zadržavši se na kapiji da popiju neizostavnu čašicu.

Tu su se upustili u veoma živ razgovor sa drugima koji su takođe došli na po rakijicu. Bile su to dve maškare: jedna odevena od glave do pete u odvratne ponjave, ako se uopšte može reći da je odeven neko ko nosi krparu prebačenu preko ramena; lice, umazano čađi, bez maske, sa pecaroškim štapom i maramom uvezanom u čvor za sva četiri ugla, punom smokava koje su više ličile na brabonjke. Druga je nosila masku u ruci, grozan lik koji je predstavljao predsednika Državnog saveta, a telo mu je bilo sakriveno pod jorganom sa zakrpama u različitim bojama i od različitog materijala. Popili su i upustili se u prostačka nagvaždanja, i ušavši u dvorište, popeli se uza stepenice do pola od izlizane cigle, a od pola od gnjilih dasaka. Tada se odozgo začula velika larma, smeh i zveckanje kastanjeta; zatim je sišlo čak desetak maškara, među njima i dve koje su po raskošnim oblinama i niskom stasu otkrivale da su žene odevene kao muškarci; druge, u vrlo ružnoj odeći pozorišnih statista, poneka bez maske, lica išaranih crvenim bojama. Istovremeno, dvojica muškaraca na rukama su nosili neku oduzetu staricu koja je na grudima imala natpis na kojem su stajale njene godine, više od stotinu, dobar oglas za traženje milostinje, i izneli je na ulicu da je stave na ugao Ulice Argansuela. Staričino lice bilo je uveličani suvi kesten, i moglo bi se pomisliti da je stvarno mumija da njene blistave okice nisu otkrivale ostatke života u onoj gomili kostiju i kože na koju je smrt zaboravila.

Videli smo kako iznose leš deteta od otprilike dve godine, u kovčegu postavljenom ružičastim platnom i ukrašenim cvećem od krpica. Izišlo je bez velikih suza i bez majčinog pozdrava, kao da nema nikoga na svetu ko bi sa bolom gledao na njegov odlazak. Čovek koji ga je nosio takođe je cugnuo nešto na kapiji, i samo su Ciganke našle neku reč sažaljenja za biće koje je onako žurno prošlo ovim svetom. Dečaci pod maskama, noseći samo košulje od piketa ili kartonski šešir ukrašen papirnim trakama; devojčice u ogrtačima na struk i sa cvetom u kosi, kao prave male Madriđanke, prolazile su dvorištem zastajući da čuju ciganske pošalice ili da se poigraju sa magarcima, na koje bi se rado popele kada bi im vlasnici dopustili. Pre nego što smo ušli, reporter mi je dao dragocena obaveštenja koja su moju radoznalost, umesto da je zadovolje, samo još više podstakle. Gospođa *Provodadžika* nekada je primala na stan pristojnije ljude: studente veterine, ulične prodavce, koliko velike prostake, toliko i dobre platiše; ali kako se trgovina premeštala iz te četvrti u pravcu Trga Sebada, kvalitet stanara vidno je opadao. Jedni su joj plaćali samo takozvani stan, i jeli na drugoj strani; drugima je davala i stan i hranu. U Kuhinji na gornjem spratu svako se snalazio kako je znao i umeo sa svojim loncima, osim Cigana, koji su kuvali u dvorištu, na tronogim postoljima od kamena ili cigle. Na kraju smo se popeli, u želji da vidimo svaki kutak čudne kućerine u kojoj se nastanio onako plodan i bedan deo Čovečanstva, i u nekom sobičku na čijem podu su polomljene pločice podražavale uspone i padove talasa na olujnom moru, videli smo Estefaniju, u nanulama, kako pere svoje ručerde, koje je potom obrisala o kecelju od grubog platna; ogromnog trbuha, herkulovskih udova, grudi koje su po srazmerama dostizale trbuh i visile preko njega, pošto se nije usuđivala da ih utegne u korset, širokog mesnatog vrata kao u bika, crvena u licu sa jasno izraženim ostacima grube lepote, raskošna, barokna, upadljiva, poput nimfe oslikane na tavanici da bi se mogla gledati izdaleka, a vi je gledate izbliza.

2

Kosa joj je bila seda, lepo očešljana, sa bezbroj kovrdža, talasa i uvojaka. Ostalo na njenoj osobi pokazivalo je neurednost i potpuni nedostatak koketerije i doterivanja. Pozdravila nas je srdačnim smehom, i na pitanja moga prijatelja odgovorila da je sita i presita sveg tog dirinčenja i da će jednoga dana od svega dići ruke i otići u ubožnicu, ili gde se već nađe neka milosrdna duša da je prihvati; da je njen posao čisto ropstvo, jer nema ničega goreg od argatovanja za siromahe, utoliko pre ako je čovek sažaljive prirode, poput nje. Jer ona, kako nam je rekla, nikad nije imala obraza da traži ono što joj duguju, i tako je sva ona žgadija zaposela njenu kuću kao porobljenu zemlju; jedni su plaćali; drugi nisu, a poneko bi otišao uzevši joj tanjir, kašiku ili komad odeće. Ona je samo vikala, što jest, jest, mnogo je vrištala, pa bi se ljudi uplašili; ali njena dela nisu odgovarala ni toj vici, ni pokretima, jer ako u psovanju, *da pretpostavimo*, nema tako zvonkog grla kao što je njeno, niti strašnijih reči, posle bi ih puštala i hleb iz usta da joj uzmu, i svaka budala mogla je da je vuče za nos i da je voda tamo-amo na svilenoj niti. Ukratko, opisala je svoju narav sa iskrenošću koja je delovala uverljivo, nimalo pritvorno, i poslednji argument koji je iznela bilo je to što posle dvadeset i kusur godina u onom pacovskom gnezdu, primajući na stan ljude svakojake ćudi, nije uspela da uštedi ni dve pezete da joj se nađu pri ruci u slučaju bolesti.

To je govorila, kada uđoše, dižući galamu, četiri žene pod maskama, pod čime podrazumevamo ne maske od kartona ili platna, karnevalsko ruho, nego lica premazana bojama kojima su se one bezobraznice nafrakale, sa belilom i mrljama karmina na obrazima, usana kao krvavih, i sa drugim groznim ukrasima, lažnim mladežima, iscrtanim obrvama, istakavši četkicom čak i *oblik očiju*, da im pogled bude poetičniji. Ruke i odeća dotičnih odisala je jeftinim parfemom od kojih su se naši nosevi spremili na gotovs, i po tome, kao i po njihovom jeziku, odmah smo shvatili da se nalazimo među najgnusnijim i najdronjavijim pripadnicima ljudske vrste. U prvi mah se moglo pomisliti da su maske i boje neki ekstravagantan oblik karnevalske maskarade. Takav je bio moj prvi utisak; ali ubrzo sam uvideo da je boja na njima po svemu sudeći *uobičajena* stvar, ili da je za njih uvek vreme Mesojeđa. Nemam pojma kakvu su spletku smislile, pošto su njih četiri i *Prova* govorile uglas, urlajući iz petnih žila i smešno mlatarajući, čas besne, čas nasmejane, te nismo uspeli da se snađemo. Ali tu je u pitanju bila uloga koju su odigrale igle i neki muškarac. Šta se desilo sa iglama? Ko je bio taj muškarac?

Umorivši se od te graje, izišli smo u hodnik koji je vodio u dvorište, gde sam video sanduk napunjen zemljom u kojoj je bio zasejan bobovnjak, rutvica, karanfili i druge gotovo sparušene biljke, a na stepenišnoj ogradi jagnjeće kože i prostirke ostavljene da se suše. Šetali smo se onuda u strahu da se ruševna konstrukcija na kojoj smo stajali ne provali pod našom težinom, kada videsmo kako se otvara uzak prozor koji je gledao na hodnik, i u njegovom okviru pojavila se neka prilika koja mi se u prvi mah učinila kao ženska. Bio je to neki muškarac. To nam je kazao više njegov glas nego lice. Ne obraćajući pažnju na nas koji smo ga posmatrali sa izvesne udaljenosti, počeo je da doziva *gospa Provodadžiku*, koja u početku uopšte nije obraćala pažnju na njega, čime nam je dala vremena da ga moj drug i ja do mile volje proučavamo.

Bio je srednjih godina, ili tačnije, prerano ostareo mlad čovek, suvonjavog lica koje je vuklo na usahlo, orlovskog nosa, crnih očiju, kose boje žita, sa bradom od tri dana, najsavršeniji semitski tip koji sam video a da ne pripada mavarskoj rasi: pravi Arapin bez brade. Bio je odeven u crnu odeću koja mi se najpre učinla kao talar, ali sam potom video da je mantija.

— Ama, da li je taj čovek pop? — upitao sam prijatelja.

I potvrdni odgovor podstakao me je da ga još pažljivije osmotrim. Naravno, poseta kući koju ću nazvati *kuća Amazonki* pokazala se kao veoma korisna za etnografsko proučavanje, zbog raznovrsnosti ljudskih kasta koje su tamo bile okupljene; Cigani, pčelari, ženturače, koje su nesumnjivo poticale od nekog majmunskog ogranka, i konačno, onaj Arapin u crnoj odeždi, predstavljali su najveću zbrku tipova koju sam u životu video. I kao vrhunac, Arapin je... čitao mise.

Moj drug mi je ukratko objasnio da semitski pop živi u delu kuće koji gleda na ulicu, mnogo boljem od svega ostalog, mada ne dobrom, sa zasebnim stepeništem koje vodi od kapije, i bez ikakve druge veze sa posedima gospođe Estefanije osim onog prozorčeta kroz koje smo ga videli kako se naginje, i nekih vrata koja se nisu koristila, pošto su bila zakovana. Sveštenik, dakle, nije pripadao stanarskoj porodici strašne Amazonke. Ona konačno shvati da je sused doziva, priđe mu, i začusmo razgovor koji mi moje izvrsno pamćenje dozvoljava da ovde zabeležim ne propustivši nijedan slog.

— *Gospa Prova*, znate šta mi se desilo?

— Iju, Bože pomozi! Za kakvu sad nesreću imate da mi ispričate?

— Pa, pokrali me. Nema sumnje da su me pokrali. Posumnjao sam jutros, pošto sam čuo Sionu kako mi pretura po kovčezima. Otišla je u kupovinu, i u deset, kad sam video da je još nema, posumnjao sam još jače, hoću da kažem, zamalo da se moje sumnje potvrde. Pošto je sada jedanaest, ili računam da je tu negde, i pošto mi je i sat odnela, shvatio sam da sam stvarno pokraden, pregledao sam kovčege i nedostaje mi donje rublje, ama baš sve, a i neka odeća, samo ništa ne fali od svešteničke odežde. A od novca, koji se nalazio u kutiji na komodi, nije mi ostavila ni prebijene pare. A što je najgore... ovo je najcrnje od svega, *gospa Prova*... najgore je to što je i ono malo što sam imao u ostavi otišlo, i iz kuhinje su nestali ugalj i iverje za potpalu. I tako sam, gospođo moja, pokušao da napravim nešto čime bih se nahranio, a nemam ni hrane, ni komadića bajatog hleba, ni tanjira, ni činijice. Ostavila je samo meh i mengele, đevđir, levak i dva-tri olupana lonca. Iselila se po svim propisima, *gospa Provo*, i evo mene još našte srca, sav sam malaksao, ne znam gde da nađem nešto za jelo i... Dakle, vidite: meni je dosta da pojedem tek toliko da se održim na nogama. Ništa drugo mi nije važno, dobro znate.

– Daleko mu lepa kuća i mleku kojim su vas zadojili, oče Nazarene, i proklet bio zao čas kad su rekli: „Eto takav se čovek rodio!" Jer ja ne znam nikoga maleroznijeg, nikoga prostodušnijeg i mekšeg među stvorenjima prirode na kugli zemaljskoj...

– Pa, šta ćete, kćeri? Ja...

– Ja, ja!... Sami ste krivi, sami ste sebe pokrali i sami sebi naškodili, naivčino, duša vam je med i mleko, dobri ste ko lebac!

Bujicu nepristojnih reči koje su zatim usledile izbacujemo iz poštovanja prema onima koji ovo budu čitali. Ona zver je mlatarala rukama i drala se kroz prozor, sa pola tela ušavši u sobu, a sveštenik Arapin šetkao se mirno kao da sluša doskočice i sve same ljubaznosti, pomalo tužan, tačno, ali ne delujući naročito pogođen svojim nedaćama, kao ni kišom pogrda kojima ga je susetka tešila.

– Samo da se ne ustežem da bijem muškarca, pa još sveštено lice, sad bih ušla, zadigla vam te crne suknje i dobro vas izdevetala... Blentavo stvorenje, veće ste derište nego oni što se još od sise nisu odbili!...

A sad hoćete ja da vam napunim kljun!... Drž, ne daj... Ako ste ptica, odletite u polje pa kljucajte šta nađete, dok vam ne naleti neka mušica... A ako ste ludak, da pretpostavimo, neka vas vode u ludaru.

– Gospođo *Provo* – rekao je sveštenik spokojno i vedro, prišavši prozoru – ovom jadnom telu treba sasvim malo da se nahrani: komad hleba, ako nema ničega drugog, dosta mi je. Vas sam zamolio zato što ste mi susetka. Ali ako nećete da mi date, otići ću drugde gde će mi dati, nije na svetu toliko malo milosrdnih duša kao što vi mislite.

– Idite vi u krčmu Bestragiju, ili u kujnu *arhipostolskog Nucija*, gde kuvaju za prepodobne skitare, na primer za sveštenike žderonje!... I još nešto, oče Nazarene: da li ste sigurni da vas je Siona pokrala? Vi ste mnogo lakoverna i budalasta duša, u kuću vam ulaze i Kurta i Murta; ulaze i kćeri od zla oca i još gore majke, jedne zato da vam pričaju svoje grehe, da pretpostavimo; druge zato da vam ostave zalog, da se založe, da vam traže milostinju, da vas ilzuđuju. Ne pazite ko vam dolazi u posetu, sve i svakoga ljubazno dočekujete i blagosiljate. I šta se desi? Ovaj vas prevari, ona tamo vam se smeje, i svi zajedno su vas iz gaća istresli.

– To je bila Siona. Nemojte da krivite nikoga drugog osim Sione. Neka ide s milim Bogom, i neka joj je sa srećom, pošto ja nemam nameru da jurim za njom.

Ja sam bio zapanjen svim onim što sam slušao i gledao, a i moj prijatelj, mada mu nije bilo prvi put da prisustvuje takvim scenama, začudio se. Zatražio sam da mi ispriča ko je taj za mene krajnje čudni i neshvatljivi Nazaren na kojem sam sve jasnije video muslimanske crte, i on mi reče:

– To je neki mančanski Arapin, rodom ni manje ni više nego iz mesta Migeltura, i zove se Nazario Sarin ili Saharin. Ne znam o njemu ništa drugo osim imena i zavičaja; ali ako ste raspoloženi, pitaćemo ga da nam ispriča svoju priču i da nam kaže ko je i kakav je, pošto mi se čini da sve to mora biti sasvim jedinstvena stvar, jedinstvena koliko i njegov tip, i ono što smo iz njegovih usta maločas čuli. U susedstvu ga mnogi smatraju za sveca, a neki za budalu. Šta li će biti? Čini mi se da ćemo to sasvim pouzdano saznati iz razgovora sa njim.

3

Najcrnje je tek dolazilo. One četiri aždaje, Estefanijine prijateljice, čule su optužbe na račun Sione, kojoj je jedna od njih bila rođena sestričina, pa su kao lavice ili panterice nagrnule na prozor u dobroj nameri da odbrane okrivljenu. Ali, to su učinile tako surovo i podlo, da smo morali da se umešamo i da stavimo brnjice na njihova prljava usta. Nije bilo uvrede koju nisu izbljuvale na sveštenika Arapina i mančanca, ni grube reči kojom ga nisu gađale pravo među oči...
— Gledaj ga samo, budaletina, svinja jedna i ološ, ne najeo se majci, lopužo popovska! Ti da optužiš Sionu, *gospođu* koja ima više savesti nego ceo hrišćanski svet! Jeste, gospodine moj; ima ona više savesti nego popine što samo varaju pošten svet lažima koje izmišljaju!... Ko mi je pa on i šta mu znači ona mantija crna kao krilo mušice, kad ume da živi samo ako pruži kapu, i ništa ne ume da zaradi? Zašto taj mamlaz ne nađe sebi neko krštenje i sahranu, kao drugi sveštenici što su se lepo snašli u Madridu?... Za svakoga ima na tone misa da ih služi, samo za njega ništa; jad i beda, i topla čokolada za tri reala, džigerica i malo blitvice, one što je ni koze neće... Pa posle priča da su ga pokrali!... Ako mu ne bi uzeli kosti iz ko-

stura, i teme, i jabučicu, i laktove, ne znam šta bi mu drugo ukrali... Pa on nema ni rublje, ni čaršave, ni bilo kakvu *odeću* osim grančice ruzmarina kraj uzglavlja, da rasteruje đavole!... A biće da su ga oni i pokrali, oni su mu pokupili Jevanđelja i svetu vodicu, i Sveti Jelej za bogosluženje, i *Gospodi pomiluj*... Pokrali ga! Šta su mu ukrali? Dve sličice Presvete Bogorodice, i raspeće Gospodnje sa postoljem punim bubašvaba... Ha, ha... Đavo neka te nosi, gosn *Gospodi Posredinas*, tebe su baš lopovi našli!... Ni da si sto puta papski *Nucije*, ili Minerva sa jaganjcem katoličkim, sa svim Božijim spomenicima u kući, i Svetim grobom sa sve jedanaest hiljada devica! Beži tamo, pa neka ti daju krvavice!... Beži tamo, đavo da te nosi!... Pazi ti njega!...

– *U-haj!* – reče im moj prijatelj izbacujući ih otuda više guranjem nego rečima, pošto je već bilo odvratno gledati kako osobu dostojnu poštovanja, barem po izgledu, vređa onako bedna svetina.

Bilo je teško izbaciti ih: niz stepenice su silazile šireći oko sebe otrov a ne parfem, i u dvorištu su morale da se preganjaju sa Ciganima, pa čak i sa magarcima. Kada je teren raščišćen, nismo više ni na šta drugo mislili osim na to kako da se sprijateljimo sa Nazarenom, pa smo ga zamolili za dopoštenje i uvukli se u njegov stan, popevši se uz tesne stepenice koje su do njega vodile od kapije. Što god bismo rekli o bedi i zapuštenosti njegovog stana bilo bi malo. U dnevnoj sobici videli smo samo neku prastaru sofu punjenu slamom, dva kovčega, sto na kojem je stajao brevijar i još dve knjige, i komodu; kraj dnevne nalazila se još jedna sobica, koju ćemo nazvati spavaćom pošto se u njoj video krevet sa gvozdenim okvirom, sa slamaricom, tanušni jastuk, i ni traga od čaršava i jorgana. Tri sličice sa religioznim motivima i raspeće na noćnom stočiću upotpunjavali su opremu zajedno sa dva para iznošenih čizama poređanih pod konac i još nekoliko beznačajnih predmeta. Otac Nazaren primio nas je sa hladnom uljudnošću, ne pokazujući ni nezainteresovanost niti naročitu ljubaznost, kao da je ravnodušan prema našoj poseti ili da veruje kako nam ne duguje nikakvu veću gostoljubivost osim one osnovne koju nalaže lepo vaspitanje. Posedasmo moj prijatelj i ja na sofu, a on sede na klupicu naspram nas. Posmatrali smo ga sa živom radoznalošću, a on nas kao da nas je hiljadu puta video. Naravno, razgovarali smo o krađi, jedinoj temi koje smo mogli da se dohvatimo, i kada smo mu rekli da bi stvar trebalo hitno da prijavi policiji, odgovorio nam je sa najvećim spokojstvom na svetu:

– Ne, gospodo; nemam naviku da budem potkazivač...

– Ma, šta kažete!... Toliko puta su vas pokrali da vam je to već prešlo u naviku?

– Tako je, gospodine, mnogo puta, stalno...

– I to govorite tako mirno?

– Zar ne vidite da ništa ne čuvam? I ne znam šta su ključevi. Osim toga, ono malo što imam, to jest, što sam imao, ne vredi ni sitnog napora koji je potreban da se ključ okrene u bravi.

– Pa ipak, gospodine pope, svojina je svojina, i ono što bi u odgovarajućim srazmerama, što se ono kaže, za druge bilo malo, za vas bi moglo biti mnogo. Vidite i sami, danas su vas ostavili čak i bez skromnog doručka, i bez košulje.

– Čak i bez sapuna da operem ruke... Mira i strpljenja. Doći će već odnekud i košulja, i doručak, i sapun. Osim toga, gospodo moja, imam ja svoja uverenja, i ispovedam ih sa jednako dubokim ubeđenjem kao i veru u Hrista Oca našega. Svojina! Za mene je to samo prazna reč koju je izmislio egoizam. Ništa nije ničije. Svaka stvar pripada prvome kome je potrebna.

— Lepo bismo društvo imali kada bi takva uverenja prevladala! A kako bismo znali kome je prvom nešto zatrebalo? Morali bismo sa nožem u ruci da se nadmećemo oko prvenstva u nuždi.

Osmehnuvši se dobrodušno i malčice prezrivo, sveštenik mi je odgovorio ovim ili sličnim rečima:

— Ako stvari posmatrate sa stanovišta na kojem smo sada, razume se da izgleda besmisleno; ali treba biti na visini, gospodine moj, pa onda otuda dobro videti. Odozdo, okruženi tolikim prividima, ne vidimo ništa. Ukratko, pošto se ne trudim nikoga da ubedim, neću više ništa reći, i vi ćete me izviniti pošto...

U tom trenutku videli smo kako *gospa Prova* zamračuje prostoriju zauzevši svojom telesinom ceo prozor, kroz koji je pružila tanjir sa pola tuceta sardina i velikim komadom belog hleba, i još kositrenu viljušku pride. Sveštenik je sve to uzeo u ruke, i pošto nas je ponudio, počeo slatko da jede. Siromašak! Celog bogovetnog dana ništa nije stavio u usta. Bilo iz poštovanja prema nama, bilo zato što je sažaljenje prevladalo nad njenim prostačkim navikama, u svakom slučaju, *Provodadžika* nije svoj poklon propratila nikakvim psovkama. Pošto smo popici ostavili vremena da udovolji svojim potrebama, počeli smo diskretnije da ga ispitujemo.

— Kada bih bio ubeđen, oče Nazarene, da nećete smatrati da je to od mene nametljivo, dozvolio bih sebi da vam postavim dva-tri pitanja.

— Pitajte koliko god hoćete.

— Vi mi odgovorite, ili mi nemojte odgovoriti, kako vam je volja. A ako se petljam u nešto što me se ne tiče, samo mi recite da se manem ćorava posla, i gotova stvar.

— Recite.

— Da li razgovaram sa katoličkim sveštenikom?

— Nego šta, gospodine.

— Da li ste pravoverni, do kraja pravoverni? Da nema u vašim uverenjima ili običajima nečega što vas odvaja od nepromenljive doktrine Crkve?

— Nikako, gospodine — odgovorio mi je sa jednostavnošću koja je otkrivala njegovu iskrenost i nije pokazao da je uopšte iznenađen tim pitanjem. — Nikada nisam odstupio od učenja Crkve. Ispovedam Hristovu veru u svoj njenoj čistoti, i nema ničega što bi mi se moglo prebaciti.

— Da li su vas vaši nadređeni, oni koji su zaduženi da utvrđuju tu doktrinu i da primenjuju svete kanone, nekada kažnjavali?

— Nikada. Nikada nisam ni pomislio da bih mogao zaslužiti kaznu ili prekor...

— Još jedno pitanje. Da li držite propovedi?

— Ne, gospodine. Retko kada sam stajao za predikaonicom. Govorim tiho i prisno sa onima koji hoće da me slušaju, i kažem im šta mislim.

— I vaši drugovi nisu kod vas našli nikakav trag jeresi?

— Ne, gospodine. Slabo razgovaram sa njima, zato što mi se oni retko obraćaju, a oni koji to i čine dovoljno me poznaju da bi znali da u mojoj glavi nema ni trunke jeresi.

— A imate sve dozvole?

— Nego šta, gospodine, i nikada, koliko je meni poznato, nisu ni pomišljali da mi ih oduzmu.

— Držite mise?

— Kad god me pozovu. Nemam običaj da tražim da držim mise tamo gde nikoga ne poznajem. Držim ih u crkvi Svetog Kajetana kad se za mene nađe, i ponekad u Propovedaonici od Maslinjaka. Ali to nije svakodnevno, daleko od toga.

— Samo od toga živite?

— Jeste, gospodine.

— Vaš mi se život, nemojte se uvrediti, čini vrlo neizvestan.
— Prilično; ali moja prilagodljivost mu oduzima svaku gorčinu. Nemam ni najmanju potrebu za blagostanjem. Onoga dana kada imam štogod za jelo, jedem; a kada nemam šta da jedem, ne jedem.

Ovo je rekao sa tako jednostavnom prostodušnošću, bez ikakvog traga izveštačenosti, da je to mog prijatelja i mene dirnulo... nego šta, nego nas je dirnulo! Ali još mnogo toga smo imali da čujemo.

4

Neumorno smo ga ispitivali, a on nam je na sve odgovarao ne pokazujući da ga naše navaljivanje ljuti. Nije pokazivao ni onu prirodnu nadmenost kakva se javlja kod čoveka koga ispituju ili intervjuišu, kako se to sada kaže. Posle sardina, Estefanija mu je donela kotlet, goveđi, kako je izgledalo, i to ne naročito primamljiv; ali on ga nije hteo, uprkos navaljivanju Amazonke koja se ponovo raspomamila i zasula ga hiljadama pogrda. Ali ni to, kao ni ono što smo mu mi ljubazno govorili kako bismo ga podstakli da jede, nije ga moglo privoleti, a odbio je i vino koje mu je ona aždaja ponudila. Ručak je završio vodom i biskvitom od četvrt pezete, izjavivši da je zahvalan Gospodu na hlebu svagdašnjem.

— A sutra? — rekli smo mu.
— Pa, ni sutra mi neće nedostajati, a ako mi nedostane, sačekaćemo sledeći dan, pošto nikada ne dolaze dva beskrajno loša dana uzastopce.

Reporter je bio zapeo da ga počasti kafom; ali on, priznajući da kafu ne voli, nije hteo to da prihvati. Morali smo obojica najljubaznijim rečima da ga moljakamo kako bi se ipak rešio; naručili smo kafu iz obližnje kafanice, donela nam je ona ćora koja je u kapiji prodavala piće, i ispijajući je u udobnosti kakvu su tesni stočić i slaba usloga mogli da nam pruže, poveli smo razgovor o hiljadu stvari i čuli više shvatanja po kojima smo zaključili da je on prosvećen čovek.

— Izvinićete me — rekao sam mu — što ću izreći primedbu koja mi je ovoga časa pala na pamet. Jasno se vidi da ste prosvećen čovek. Veoma me čudi što ne vidim knjige u vašoj kući. Ili ih ne volite, ili ste, nesumnjivo, morali da ih se lišite u nekoj velikoj nevolji u životu.

— Imao sam ih, da, gospodine, i poklanjao sam ih dok mi nisu ostale samo ove tri koje ovde vidite. Najiskrenije izjavljujem da me osim knjiga iz kojih čitam molitve, nikakva druga, ni dobra ni loša, ne zanima, pošto iz njih duša i pamet izvlače slabu korist. Ono što se tiče Vere dobro sam utuvio u glavu, a ni komentari ni parafraziranje doktrine ničemu me ne uče. A ostalo, čemu služi? Ako je čovek svom urođenom znanju uspeo da doda još poneku ideju koju je stekao upoznajući ljude i posmatrajući društvo i Prirodu, ne treba od knjiga da traži ni bolji nauk ni nove ideje koje bi unele zbrku i pometnju u ideje koje je već stekao. Ne želim ništa ni od knjiga ni od novina. Sve što znam dobro sam upamtio, i moja su ubeđenja nesalomiva; to su osećanja čiji je koren u savesti, cvet u razumu, a plod u ponašanju. Čini vam se da sam cepidlaka? Ništa više neću da kažem. Samo ću dodati da su knjige za mene isto što i ivičnjak na ulici ili prašina na drumu. I kad prođem pored knjižare i vidim toliku hartiju naštampanu, obrezanu i opšivenu, i na ulici onakvu kišu novina iz dana u dan, sažalim se na sirotane koji izgaraju nad svećom ispisujući tako nekorisne stvari, i još se više sažalim na prevareno Čovečanstvo koje svakodnevno sebi nameće obavezu da ih čita. I toliko se piše i toliko objavljuje da će Čovečanstvo, koje čudovište Štampe davi, u slučaju nužde biti prinuđeno da ukine sve što je prošlost. Jedna od stvari koje moraju biti ukinute jeste svetovna slava, lovorike koje donose književni spisi, pošto će doći dan kada će biti toliko, toliko toga nagomilanog u bibliotekama, da neće biti materijalnih mogućnosti da se sve to čuva i održava. Videćete koliko će se tada Čovečanstvo brinuti za tolike pesme, tolike lažljive romane, tolike istorije koje nam pričaju o događajima čija se važnost vremenom troši i na kraju će potpuno nestati. Ljudsko pamćenje je previše kratko za toliku zbrku u Istoriji. Gospodo moja, bliži se doba kada će sadašnjost usisati u sebe ceo život, kada će ljudi iz prošlosti sačuvati samo večne istine koje su im date kroz otkrivenje. Sve ostalo biće samo ljuštura, otpaci koji će zauzimati previše prostora u pametima i u zgradama. U to doba – dodao je tonom koji bez oklevanja nazivam proročkim – Cezar, ili bilo ko drugi ko bude imao vlast, izdaće dekret u kojem će stajati sledeće: „Sav sadržaj javnih i ličnih biblioteka proglašava se ništavnim, nekorisnim i bez druge vrednosti osim materijalne izrade. Na osnovu procene hemičara da je papirna supstanca koju je uštavilo vreme najbolje đubrivo za zemlju, nalažemo da se stare i nove knjige poslažu na velikim poljanama na ulazu u naselja kako bi svaki stanovnik iz zemljoradničke klase uzeo onaj deo tako vrednog materijala koji mu pripada, u zavisnosti od toga koliko će zemlje obrađivati." Ne sumnjajte da će tako biti, i da ćemo imati kolosalna ležišta papirnog materijala, poput guana na ostrvlju Činća; koristiće se pomešan sa drugim supstancama koje će podsticati fermentaciju, i železnicom i parobrodima će se prevoziti iz Evrope u nove zemlje u kojima nikada nije bilo ni književnosti, ni štampe, niti bilo čega sličnog.

Mnogo smo se smejali njegovim dosetkama. Moj prijatelj je, sudeći po pogledima iskosa koje mi je upućivao dok ga je slušao, zacelo stekao vrlo nepovoljno mišljenje o sveštenikovom mentalnom stanju. Ja sam ga pre smatrao za nekog od onih humorista koji neguju originalnost. Naše ćaskanje po svemu sudeći, moglo je da se produži u nedogled, čas bismo se zakačili za jednu, čas za drugu temu. Dobri Nazaren čas mi je izgledao kao budista, čas kao čovek koji se ugleda na Diogena.

— Sve je to jako lepo — rekao sam mu — ali, ipak biste mogli, oče, da živite bolje nego što živite. Niti je ovo kuća, niti je ovo nameštaj, niti, kako mi se čini, imate bilo kakvu drugu odeću osim te koju nosite. Zašto ne biste težili, u okvirima sveštenog poziva, položaju koji bi vam omogućio da živite skromno ali bezbrižno? Ovaj moj prijatelj ima mnogo veza u oba zakonodavna Tela i u svim ministarstvima, pa mu ne bi teško palo, ako bih mu ja pomogao svojim dobrim vezama, da vam obezbedimo neku prebendu.

Sveštenik se osmehnuo sa izvesnom podrugljivošću i rekao nam da njemu ne treba nikakva prebenda i da glupavi život u stadu ne pristaje njegovoj nezavisnoj prirodi. Predložili smo mu i to da mu izradimo mesto koadjutora u nekoj madridskoj parohiji ili sveštiničko mesto u nekom selu, na šta je on odgovorio, kada bi mu takvo mesto dali, on bi ga prihvatio iz poslušnosti i bezuslovnog pokoravanja nadređenima.

— Ali budite ubeđeni da mi ga neće dati — dodao je sa uverenjem u kojem nije bilo gorčine. — I sa nameštenjem i bez nameštenja, uvek ćete me videti ovakvog kakvog me sada vidite, pošto je moje najsuštinskije stanje siromaštvo, i ako mi dozvolite, reći ću vam da je moja vrhunska težnja da nemam. Kao što su drugi srećni u snovima i sanjaju da stiču bogatstva, moja sreća sastoji se u tome da sanjam siromaštvo, da uživam misleći na njega i da, kada se nađem u lošem položaju, zamišljam još gori. To je težnja koja se nikada ne može zadovoljiti, jer što čovek više ima, više i želi, ili tačnije rečeno, što manje ima, manje želi. Pretpostavljam da me ne razumete, ili me gledate sa milosrdnim sažaljenjem. Ako je u pitanju ono prvo, neću se truditi da vas uveravam; ako je ovo drugo, zahvaljujem na sažaljenju i radujem se što je moje potpuno lišavanje od dobara poslužilo tome da izazove to hrićansko osećanje.

– A šta mislite – upitali smo ga cepidlački, rešeni da *intervju* sprovedemo do kraja – o trenutnim teškoćama, o sadašnjem stanju u društvu?

– Ne razumem se ja u to – odgovorio je sležući ramenima. – Ne znam ništa drugo osim da, što više napreduje ono što vi podrazumevate pod kulturom, što se više širi takozvani napredak, što je veća mašinerija, što se bogatstva više gomilaju, to je veći broj siromaha i siromaštvo postaje to crnje, tužnije, neugodnije. To bih ja želeo da izbegnem: da siromasi, to jest, moji, budu tako pogođeni prokletom mizantropijom. Verujte mi da od svega što je izgubljeno, nijedan gubitak nije tako žalostan kao gubitak strpljenja. Ima ga još nešto malo, tu i tamo, ali onoga dana kada potpuno nestane, zbogom svete. Neka se otkrije nova žila te velike vrline, prve i najlepše kojoj nas je Isus Hristos učio, pa ćete videti kako će se brzo sve dovesti u red.

– Kako mi se čini, vi ste apostol strpljenja.

– Nisam ja apostol, gospodine moj, niti želim da budem tako nešto.

– Poučavate primerom.

– Radim onako kako mi nalaže savest, i ako iz toga, iz mojih postupaka, proistekne neki primer i neko poželi da ga sledi, utoliko bolje.

— Vaš kredo u društvenim odnosima je, kako vidim, trpeljivost.
— Sami ste rekli.
— Zato što puštate da vas pokradu i ne bunite se.
— Tako je, gospodine; puštam da me pokradu i ne bunim se.
— Zato što ne želite da imate bolji položaj i ne tražite od nadređenih da vam pruže sredstva za život u okviru vašeg sveštenčkog poziva.
— Tako je; ne želim, i ne tražim.
— Jedete kad imate za jelo, a kad nemate, ne jedete.
— Baš tako... ne jedem.
— A ako bi vas izbacili iz kuće?
— Otišao bih.
— A ako ne biste našli nikoga da vam da drugu?
— Spavao bih pod vedrim nebom. Ne bi mi bio prvi put.
— A ako nema ko da vas nahrani?
— Pod vedrim nebom, pod vedrim nebom...
— I, kao što sam video, vređaju vas kojekakve ženetine, a vi ćutite i trpite.
— Tako je, gospodine; ćutim i trpim. Ne umem da se naljutim. Ne znam šta je to neprijatelj.
— A ako bi vas uvredili delom, ako bi vas ošamarili?...
— Podneo bih, strpljivo.
— A ako bi vas lažno optužili za zločin?...
— Ne bih se branio. Ako mi je savest mirna, optužbe me se uopšte ne bi ticale...
— Ali, znate li vi da ima zakona i sudova koji bi vas branili od zlonamernika?
— Sumnjam da ima bilo čega takvog; sumnjam da štite slaboga protiv jakoga; ali čak i kada bi postojalo sve to što kažete, moj sud je sud Božiji, i da bih dobio hiljadu parnica na njemu, ne treba mi ni papir sa

pečatom, ni advokat, niti treba da tražim pisma preporuke.
— U toj vašoj trpeljivosti, dovedenoj do takve krajnosti, vidim junačku hrabrost.
— Ne znam... Za mene to nije nikakva zasluga.
— Zato što prkosite uvredama, gladi, bedi, proganjanju, klevetama i svim zlima koja vas okružuju, bilo da dolaze od Prirode, bilo od društva.
— Ne prkosim ja njima, samo ih trpim.
— I ne mislite na sutra?
— Nikada.
— I ne brine vas pomisao da sutra nećete imati krevet da u njemu spavate, ni komad hleba da stavite u usta?
— Ne, gospodine; to me ne brine.
— Računate na milosrdne duše kao što je ova gospođa *Provodadžika*, koja liči na đavola, a to i jeste?
— Ne, gospodine; nije.
— I ne verujete da svešteničko dostojanstvo nije u skladu sa poniženjem da se prima milostinja?
— Ne, gospodine; milostinja ne ponižava onoga ko je prima, i ni po čemu ne vređa njegovo dostojanstvo.
— Znači, ne osećate da vam je povređeno samoljublje kada vam pružaju pomoć?
— Ne, gospodine.
— I pretpostavljam da nešto od onoga što primite prelazi u ruke drugih, većih nevoljnika, ili onih koji tako izgledaju.
— Ponekad.
— I primate milostinju samo za sebe, kad vam je potrebna?
— Nesumnjivo.
— Ne stidite se što je primate?
— Nikad. Zašto bih se stideo?

– Znači, ako bismo mi sada... na primer... sažalivši se na vaš tužni položaj, ako bismo vam stavili u ruke... deo onoga što imamo u džepovima?
– Uzeo bih.

Rekao je to tako bezazleno i prirodno da nismo mogli ni pomisliti da ga ni cinizam ni lažna skrušenost, maska prekomernog ponosa, ne navode da tako misli i govori. Bilo je vreme da završimo sa svojim ispitivanjem, koje je već prelazilo u neumesno zabadanje nosa u tuđe stvari, pa smo se od don Nazarija oprostili iskrenim rečima slaveći srećni slučaj kojem smo imali da zahvalimo na našem upoznavanju. On nam je mnogo zahvalio na poseti i tolikim izrazima ljubaznosti, i ispratio nas do vrata. Moj prijatelj i ja ostavili smo na stolu nešto srebrnih novčića, koje nismo ni pogledali, ne mogući da procenimo u kolikoj je nuždi taj čovek koji žudi za siromaštvom: đuture smo se oprostili od te skromne sume koja jedva da je bila veća od pola pezete, ne dosegavši ni do tri četvrti.

5

– Ovaj čovek je pravi bestidnik – rekao mi je reporter – vrlo talentovani cinik koji je pronašao kamen mudrosti lenčarenja; ništarija sa bujnom maštom koji parazitizam gaji kao umetnost.
– Nemojmo žuriti, prijatelju moj, i donositi na prečac presude koje bi stvarnost mogla opovrgnuti. Ako nemate ništa protiv, hajde da se vratimo i natenane razmotrimo njegove postupke. Što se mene tiče, još se ne usuđujem da kategorično tvrdim bilo šta u vezi ličnosti koju smo upravo videli i koja mi i dalje jednako liči na Arapina kao i u prvom trenutku, makar se iz njegove krštenice pokazalo da je, kao što ste vi rekli, mančanski Mavarin.

— Pa ako nije cinik, tvrdim da mu glava nije sasvim u redu. Tolika trpeljivost prevazilazi granice hrišćanskog ideala, naročito u ovo doba kada je svako sin svojih dela.
— I on je sin svojih.
— Šta hoćete: ja karakter tog čoveka određujem kao odsustvo bilo kakvog karaktera i negaciju ljudske ličnosti.
— A ja, u iščekivanju više podataka i boljeg svetla u kojem bih ga upoznao i o njemu sudio, slutim ili nagađam da taj srećnik Nazaren ima snažnu ličnost.
— Zavisi kako se razume snaga ličnosti. Lenština, bonvivan, pokvarenjak može se po izvesnim sposobnostima uzdići na visinu genija; može da doteruje i neguje jednu veštinu nauštrb ostalih, i da otuda proiziđe... šta ja znam... čudo maštovitosti i mudrost kakvu ne možemo ni da zamislimo. Taj čovek fanatično uživa u parazitiranju, i mirno se može reći da nema nikakvih drugih poroka, pošto su sve njegove sposobnosti usredsređene na negovanje i razvijanje te veštine. Taj slučaj je novina? U to ne sumnjam; ali mene neće uveriti da ga pokreću čisto duhovni ciljevi. Zar je on, po vama, mističar, pustinjak, gastronom koji obožava travke i čistu vodu, budista, čovek opijen ekstazom, samopregornošću, *nirvanom*, ili kako god to hteli da nazovete? Pa, ako je i tako, ja od svoga mišljenja ne odustajem. Društvo, po tome što je tutor i bolničar, na te tipove mora da gleda kao na one koji kvare Čovečanstvo, prema valjanom ekonomsko-političkom zakonu, i da ih iz milosrđa zatvori u ludnicu. I pitam: da li taj čovek svojim mahnitim *altruizmom* čini neko dobro svojim bližnjima? I odgovaram: ne. Razumem da religiozne ustanove pomažu Dobročinstvu u njegovom velelepnom delu. Milosrđe, privatna vrlina, najbolji je pomoćnik Dobročinstva, javne vrline. Da li su oni usamljeni dobročinitelji, pojedinci,

ljudi Srednjeg veka, možda doprineli okopavanju vinograda Države? Nisu. Oni okopavaju samo svoj lični vinograd, i milostinju, jednu tako svetu stvar kada se udeljuje metodično i raspodeljuje prema određenim merilima, pretvaraju u sramnu trgovinu. Društveni zakon, a ako hoćete, i hrišćanski, jeste da svako radi, svako u svojoj oblasti. Rade robijaši, deca i starci u ubožnicama. A ovaj muslimanski sveštenik mančanski rešio je problem kako da živi ne radeći ništa, čak ni nešto tako malo naporno kao što je držanje mise. Ništa pod milim Bogom, živi na lepe oči i uskrsava Zlatno doba, ni manje ni više nego Zlatno doba. Bojim se da ne stvori učenike, pošto je njegova doktrina od onih koje se uvlače neosetno, i kladim se da bi bila neizrecivo zavodljiva za onolike lenčuge što se vuku po svetu. Ukratko, šta se može očekivati od čoveka koji predlaže da knjiga, da sveta knjiga, i novine, presvete novine, svi proizvodi civilizatorske Štampe, te poluge, tog čarobnog izvora... svo staro i moderno znanje, grčka poezija, Vede, hiljade i hiljade povesti, treba da se poslažu u gomile kao đubrivo za zemlju? Homer, Šekspir, Dante, Herodot, Ciceron, Servantes, Volter, Viktor Igo, pretvoreni u prosvećeni guano, da se na njima gaji dobar kupus i krastavac! Ne znam kako nije prorekao i da će se Univerziteti pretvoriti u staje, i Akademije, Ateneumi i Konzervatorijumi u pivnice i staje za magarice muzare!

Niti je moj prijatelj mogao mene da ubedi svojim odista zabavnim zapažanjima, niti sam ja mogao da ubedim njega. U najmanju ruku, donošenje suda o Nazarenu morali smo da odložimo. Tražeći nove izvore obaveštenja ušli smo u kuhinju, gde se *Provodadžika* utaborila pred gomilom lonaca i tiganja, ovde prži, tamo džara vatru, znojava, sa belim čuperima posutim čađi, neumornih ruku, desnom radi, a levom briše slinice koje joj cure iz nosa. Smesta je shvatila šta hoćemo da joj kažemo, pošto je to bila žena neuobičajene pronicljivosti, i preduhitrila naše pitanje rekavši nam:

– On je svetac, verujte mi, gospodo; svetac je to. Ali pošto je meni svetaca preko glave... jao, očima ne mogu da ih vidim!... ja bih oca Nazarena išamarala, samo da nije sveštenik, da izvinite... Čemu služi svetac? Ničemu pod milim Bogom. Jer, u davna vremena *reko* bi čovek da su činili čuda, i uz pomoć čuda hranili ljude, pretvarali kamen u ribu, ili dizali upokojene mrcine iz mrtvih, i terali đavole iz čovekovog tela. Ali sad, u ovo vreme tolike pameti, sa tim *tefelonom* ili *terofonom*, i *železnom ulicom* i tolikim lažama i paralažama što lete tamo-amo po svetu, čemu služi svetac osim da zabavlja decu po ulicama?... Onom nesrećniku koga ste videli srce je kao golubica, savest mu čista i bela kao sneg, usta kao u anđela, nikad od njega niste mogli čuti ružnu reč, i ceo je kao od majke rođen, hoću da kažem, sahraniće ga sa palmovom grančicom u ruci... To vam je sigurno... Ma koliko da kopate, nećete mu naći nikakvog greha, ni velikog ni malog, osim greha što je razdao sve što je imao... Ja se prema njemu odnosim kao prema detetu, i grdim ga do mile volje. Da se naljuti? Nikad. Ako mu date prut, da pretpostavimo, on vam na tome zahvali... Takav je... A ako mu kažete, pseto čivutsko, on se osmehne kao cvećem da ste ga zasuli... I još da znate, one ga popine iz Svetog Kajetana uzele na zub zato što je takav, tako kilav, i daju mu da drži misu samo kad im ostane viška... I tako, sve što on zaradi od svog popovskog zanata, evo u čelo mi zakucajte. Ja sa ovom svojom naravi mu kažem: „Oče Nazarene, nađite vi sebi drugi poso, makar nosili mrtvace u pogrebnom zavodu"... a on se smeje... Kažem mu i da je kao stvoren za učitelja, zbog onog njegovog, trpen, spasen... a on se smeje... Jer to, svakako... leporekijeg čoveka ne bi našli ni svećom da ga traže. Jednako će da primi od vas komad mekog hleba ili zalogaj džigerice. Ako mu date jagnjeća crevca, poješće ih, a ne gadi se ni na koren kupusa. Ee, kad bi umesto sveca bio čovek, žena koja bi se o njemu brinula mogla bi Bogu da zahvali!...

Morali smo da prekinemo *tetka Provinu* bujicu reči koja, kako je izgledalo, ne bi prestala ni za šest sati. I siđosmo da pročavrljamo sa starim Ciganinom koji je, nagađajući šta želimo da ga pitamo, požurio da nas prosvetli svojim autoritativnim mišljenjem.

– Gospodo – rekao nam je sa šeširom u ruci – Bog vas čuvao. I ako ne pitam previše, može li se znati jeste li dali neku banku onom veselniku don *Našarilju*? Jer bolje bi bilo da ste to dali *naske*, tako bi nam uštedeli trud da se penjemo da mu tražimo, ili da ne da u pogrešne ruke... A mnogo je takvih, razumete šta oću da kažem? Iskamče neku milostinju, i vazduh iz usta mu uzmu pre nego što stigne da dâ onom ko je zaslužio... Nego šta, dobar je on, i još bolji nego što vam kažem. A ja ga smatram za cara među serafimima krunisanim, tako mi presvete kreste pevca od Muka!... I kod njega bih se ispovedio pre nego kod Njegovog Veličanstva Pape Božijeg... Dobro mi vidimo kako njima voda curi na usta zbog toga što je on onakav anđeo, i što mu u oku igra čudotvorna zvezda vodilja presvete Bogorodice koja je na Nebu... Znači, gospodo, sluga sam pokorni, vama i celoj vašoj familiji...

Nismo hteli više obaveštenja, niti nam je u tom trenutku bilo potrebno više. Na kapiji smo morali da prokrčimo sebi put kroz gomilu bednih maškara koje su navalile na kiosk sa rakijom. Izišli smo gazeći po blatu, razbacanim dronjcima i komadićima maski, i nogu pred nogu se vratili u gornji Madrid, u naš Madrid, koji nam se učinio kao drugo, uglednije mesto, uprkos prostačkoj gluposti modernog Karnevala i nesnosnih maškara nametljivaca na koje smo nailazili u svakoj ulici. Nema potrebe da kažemo da smo ostatak dana proveli u razgovoru o krajnje neobičnoj i još ne sasvim dobro shvaćenoj ličnosti, čime smo posredno dokazivali važnost koju je dobio u našim glavama. Vreme je proticalo, i ja i reporter, zaokupljeni drugim poslovima, polako smo zaboravljali na Arapina sveštenika, mada bismo ga povremeno pominjali u razgovorima. Iz prezrive ravnodušnosti sa kojom je moj prijatelj o njemu govorio zaključio sam da je on ostavio slab trag, ako ga je uopšte i ostavio, u njegovom pamćenju. Meni se dešavalo suprotno, i bilo je dana kada sam samo na Nazarena mislio, rastavljao ga i sastavljao u pameti, komad po komad, poput deteta koje rasklapa mehaničku igračku kako bi se zabavilo sklapajući je ponovo. Da li sam na kraju novog Nazarena sklopio iz temelja, od materijala uzetih iz mojih ličnih ideja, ili sam uspeo da se intelektualno domognem istinske i stvarne ličnosti? Ne mogu nedvosmisleno da odgovorim. Da li je ono što se pripoveda u nastavku istinita povest ili jedna od onih izmišljotina koje po svojim dvostrukim svojstvima spretne veštine onoga ko ih piše i lakovernosti onoga ko ih čita postaju iluzija stvarnosti? A osim toga, čujem i druga pitanja: „Ko je, dođavola, napisao to što sledi? Da li ste to bili vi, ili reporter, ili *tetka Provodadžika*, ili stari Ciganin?..." Ništa ne mogu da odgovorim, pošto bih i sam bio vrlo zbunjen kada bih pokušao da utvrdim ko je napisao ovo što pišem. Za postupak ne odgovaram; ali odgovaram za tačnost činjenica. Pripovedač se skriva. Pripovedanje, braneći se osećajem za stvari i za istorijsku istinu, pokazuje se samo po sebi, jasno, precizno, iskreno.

Drugi deo

1

Jedne večeri u mesecu martu, vedre i sveže, osvetljene blistavim mesecom, nalazio se dobri Nazaren u svojoj skromnoj kući duboko utonuo u slatka razmišljanja, i čas bi se šetao sa rukama na leđima, čas odmarao telo na neudobnoj klupici kako bi posmatrao, kroz zamagljena stakla, nebo i mesec i snežnobele oblake, u čijim pramenovima se noćna zvezda igrala žmurke. Već je bilo dvanaest; ali on to nije znao i nije mu ni bilo važno, kao čoveku kadrom da sa savršenom ravnodušnošću gleda kako nestaju svi časovnici koji postoje na svetu. Kada bi zvona odzvonila malo puta na obližnjim zgradama, obično bi primetio; ako bi odzvonila mnogo puta, njegova glava nije bila ni dovoljno smirena ni pribrana da bi tako dugo brojala. Njegov noćni časovnik bio je san, ono malo puta kada bi zaista osetio pospanost, a te noći telo ga još nije obaveštavalo da čezne za ležajem na kojem bi se odmorilo ono malo vremena koliko je imalo običaj.

Iznenada, dok je moj čovek bio u najdubljoj ekstazi, rastačući svoje misli u predivnoj mesečevoj svetlosti, prozor se zamračio i gotovo celog ga je zaklonila prilika koja mu se približavala iz hodnika. Zbogom svetlosti, zbogom meseče i zbogom preslatka meditacijo oca Nazarena.

Kada je prišao prozoru, začuo je tiho kucanje spolja, koje kao da mu je zapovedalo ili zahtevalo od njega da otvori. „Ko li je to?... U ovo doba!..." Još jednom kucanje savijenom šakom, kao jeka doboša. „Pa, po prilici – rekao je Nazaren u sebi – liči mi na ženu. Hajde da otvorimo, da vidimo ko je ta gospođa i zašto je došla kod mene."

Kada je otvorio prozor, sveštenik je začuo prigušen i pritvoran glas, kao pod maskom, koji mu je turobno govorio:

– Pustite me da uđem, oče, pustite me da se sakrijem... jure me, i nigde neću biti tako bezbedna kao kod vas.

– Ali, ženo!... Pri tom, ko si ti, ko ste vi, šta vam se desilo?

– Pustite me da uđem, pa ću vam reći... Uleteću unutra kao munja, ne ljutite se. Vi ste tako dobri, sakrićete me... dok ne... Ući ću, gospodine, nego šta nego ću ući.

I proprativši reči delom, u brzom skoku mačke u lovu, uvukla se unutra kao munja i za sobom zatvorila okna.

– Ali, gospođo, shvatate da...

– Oče Nazarene, nemojte se brinuti... Vi ste dobri, ja sam zla, i baš zato što sam tako jako zla, rekla sam sebi: „Samo blagosloveni Nazaren će mi u ovoj nevolji priteći u pomoć." Još me niste prepoznali, ili se pravite ludi?... Zlo i naopako!... Ja sam, *Landara*... Ne znate ko je *Landara*?

– Znam, znam... jedna od one četiri... gospođe koje su bile ovde onoga dana kada su me pokrali, i za utehu me udesile za vrbicu.

– Ja sam bila ona koja vas je najviše psovala, i rekla sam vam mnoge grozote, zato što... Siona mi je tetka... Ali sad vam kažem da je Siona veća lopuža od hajduka Kandelasa, a vi ste svetac... Stvarno sam po-

želela to da vam kažem zato što je to najistinskija istina... Zlo i naopako!
— Znači, Landara?... Ali mene zanima...
— Ma ništa, oče mili, evo ovakva kakvu me vidite, tako mi života Hristovog, ubila sam čoveka.
— Isuse!
— Ne zna žena šta radi kad joj uvrede *dostojinstvo*... Svakom naiđe loš trenutak... Ubila sam... ili ako nisam ubila, dobro sam mlatnula... I ranjena sam; jesam, oče... Sažalite se... Ona druga me ugrizla za ruku i otkinula mi parče mesa... Bogorodice Presveta: kuhinjskim nožem me pogodila u ovo rame, i curi mi krv.

Kada je to rekla, srušila se na pod kao prazna vreća, kao da se onesvestila. Otac joj je opipao puls, dozivajući je imenom: „Landara, gospođa Landara, osvestite se, ako se ne osvestite i umrete od te strašne rane, barem pokušajte u pameti da se pokajete, da se zgozite pred svojom krivicom, kako bi se Gospod udostojio da vas primi u svoje sveto okrilje."

Sve se ovo događalo u gotovo potpunoj pomrčini, pošto se mesec bio sakrio, kao da želi da ide naruku nesrećnoj ženi da pobegne i sakrije se. Nazaren je pokušao da je uspravi, što nije bilo teško, pošto Landara nije bila naročito ugojena; ali ona mu se ponovo stropoštala iz ruku.

— Kad bismo imali svetla — govorio je sveštenik, veoma uznemiren — videli bismo...

— Ali, zar nemate svetla? — promrmljala je konačno ranjena aždaja povrativši se iz nesvesti.

— Imam sveću; ali čime da je upalim, Presveta Bogorodice, kad u kući nema palidrvaca?

— Imam ja; potražite u mom džepu, ne mogu da pomerim desnu ruku.

Nazaren je opipavao telo nesrećnice odozdo naviše, kao kad se udara u daire, sve dok konačno nešto

poput praporca nije zvecnulo u odeći natopljenoj smradom koji se lažno dičio imenom parfem. Prevrćući uz ne mali napor našao je štrokavu kutijicu, i evo već je kresnuo palidrvcem da osvetli, kada se ženturača uspravila, uplašeno rekavši:
— Prvo zatvorite kapke. Mogao bi da me vidi neki komšija, u prolazu, ne daj Bože, pa bi se onda lepo provela...

Kada je zatvorio kapke i upalio sveću, Nazaren je mogao da se uveri u jadno stanje nesrećne žene. Desna ruka bila joj je sva iskasapljena, izgrebana i izgrižena, a na plećki je imala ranu od hladnog oružja iz koje je liptala krv koja je natopila košulju i gornji deo haljine. Prvo što je popica učinio bilo je da joj skine ogrtač, a zatim joj je otkopčao ili pocepao, kako je već mogao, gornji deo haljine, od tartana. Ne bi li joj bilo udobnije, doneo je onaj jedini jastuk koji je imao na krevetu i najprimitivnijim sredstvima uzeo da joj pruža prvu negu, oprao joj ranu, uvezao je krpama, radi čega je morao da iskida na komade košulju koju su mu tog dana poklonili neki prijatelji iz susedstva.

Aždaja za to vreme nije zatvarala usta, prepričavajući mu tragični događaj koji je otišao u onakvu krajnost.

— To je bila *Šugavica*.
— Šta kažeš, ženo?
— Da sam se potukla sa *Šugavicom*, i *Šugavicu* sam ubila, ako sam je ubila, pošto već sumnjam u to. Majku mu! Kad sam je dohvatila za punđu i bacila je na zemlju, au, zabila sam joj nož iz sveg srca, da probodem njeno... zlo i naopako! Ali sada... radovala bi se da čujem da je nisam ubila...

— Tako, znači. Znači, *Šugavica*? A ko je ta gospođa?
— Jedna od onih što su jutros bile sa mnom ovde, znate; ona najružnija od sve četiri, sa očima kao u po-

lucrknute ovce, rasečenom usnom, očenutim uvetom, što su ga cimnuli da joj otmu minđušu, i vratom punim ožiljaka. Zlo i naopako! Kakva je grozna, nema te koja bi se s njom mogla meriti, pa i ja sam pored nje kao... boginja iz *Olimpije*. Nego... i sve to zbog nekog paketića igala sa crnom glavicom koji joj je dao *Škembara*... oko toga smo se sporečkale... A onda smo se gadno posvađale oko toga da li je *Škembara* gospodin čovek ili nije... Pošto sam ja rekla da je on običan žderonja i mrtvo puvalo, dođe debela i kaže da sam ja ovo i ono, i... stvari koje ženi ne smeju da se kažu. Vidite, oče, ja sam prava lopuža, lopuža sam kakve nema, ali neću da mi to govore, a najmanje ona, lopuža stara i prevejana, ni mačke je više neće...

— Ćuti, ne huli, umukni ako nećeš da te prepustim tvojoj nesrećnoj sudbini — rekao joj je sveštenik strogo. — Izbaci iz sebe srdžbu, nesrećnice, i pomisli da si svojim strašnim zločinima dodala i ubistvo, da ti na duši nema ni jedne tačke, ni tačkice za koju bi je mogli uhvatiti i izvući iz paklene vatre.

— Pa ja... Vidite, oče... Samo kažem da ja, kad mi dirnu u *dostojinstvo*... Zlo i naopako! Jer, makar bio i obična krpa, svako ima svoje parčence stida i hoće da ga poštuju...

— Umukni, rekoh ti... i ne objašnjavaj ništa. Ispričaj mi šta je bilo, jasno i glasno, da znam treba li da te zaštitim ili da te predam Pravdi. A kako si pobegla iz te gužve koja se morala napraviti u tvojoj kući, na ulici, ili gde već bilo?... Kako si uspela da te odmah ne uhvate? Kako si stigla ovamo a da te niko ne vidi, i sakrila se u mojoj kući, i zašto si mi natovarila na vrat da sad moram da te krijem?

— Sve ću vam ispričati tako kako tražite; ali mi prvo dajte vode, ako imate, a ako nemate, idite da nađete, pošto gorim od žeđi kako ni u paklu...

— Vode imam, na sreću. Pij i pričaj, ako od pričanja nećeš još više da malakšeš i da se uznemiriš.

— Neću, gospodine; pričaću ja, ako me puste, sve do Sudnjega dana, i kad umrem, pričaću još malo i pošto ispustim poslednji dah. Pa vidite... Ubola sam je nožem na ono mesto, i na ono drugo mesto, da izvinete... i da me nisu makli, načisto bi je ucmekala... Pola kose sam joj odnela u ruci, i ova dva prsta sam joj zabila u oko... Sve u svemu, otrgli su je od mene i hteli da me vežu; ali ja sam se otimala kao lavica, iščupala se, bacila nož i pobegla na ulicu, i to dobro potrčala, pre nego što su uspeli da me povijaju, i završim u Ulici Penjon. Onda sam se vratila, sve krišom... čula neke glasove... sakrila se. *Krnja* i *Verginija* su vrištale, a Herundija je govorila: „To je Landara, to je Landara..." I stražar i ostali... Te gde li sam se zavukla, te drž' tamo, drž' ovamo... tražili me da me odvedu na Galiju[1] i na vešala... Kad sam to čula, iskradem se, iskradem, pribijem se uza zid, sve kroz pomrčinu, dok nisam ušla u Ulicu Amazonki, i niko me nije video. Svi ostali tamo, a ovamo nema ni žive duše. Pitam se ja tako kojem li svecu da se molim, tražim u koju rupu da se zavučem, makar i u slivnik. Ali ne mogu da stanem, ma koliko se usukala; nisam mogla da stanem, Gospode! A ruka boli, krv lipti iz rane! Zlo i naopako! Dovučem se do kapije na ovoj kući, koja pravi duboku senku... gurnem, i vidim, otvara se... Oo, kakva sreća! Sreća moja!... Cigani je obično ostave otvorenu, znate? Šmugnem tiho, kao dašak vetra, i krenem da se šunjam, sve mislim, ako me vide Cigani, gotova sam... Ali nisu me videli, prokletinje. Spavali kao zaklani, a pas izišo na ulicu. Blagoslovena da je kučka koja ga je na ulicu izvela!... I eto, gospodine, šunjam se ja tako preko dvorišta kao puž golać, i

---

[1] Popularni naziv pod kojim je bio poznat madridski ženski zatvor. *Prim. prev.*

govorim sebi: „Ali kud ću sad? Od koga da tražim da me sakrije?" Od *Prove*, ni pomisliti. Od Hesusite i od *Ćelave*, još manje. Ako me vide *Uštogljenci*, još gore... I onda mi sine, ako me ne spase otac Nazaren, niko neće. U četiri skoka sam prešla hodnik. Onda sam se setila da sam vam za Karneval žestoko sasula u lice, po naravi sam tako drčna. Peče me savest, zlo i naopako, gore nego rana. Ali kažem ja sebi: „Taj ti je svetac, mnogo je prostodušan čovek i dobričina, neće se on setiti onih reči, majka mu stara, pa pritrčim do prozora i pokucam, i... auu, kako me sad boli... jao, jao!... Oče, da nemate možda sirće?

— Nemam, kćeri; znaš da ovde nema nikakve raskoši, i da u ostavi nemam nikakvu hranu, ni da te nahrani, ni da te okrepi. Sirće! Misliš da si došla u Zemlju Dembeliju?

2

U zoru je sirotici toliko pozlilo da don Nazario (jer nećemo ga valjda doveka zvati Nazaren, kao da smo braća) nije znao šta da radi ni šta da preduzme kako bi srećno izišao na kraj sa teškim sukobom u koji ga je njegova dobrota, o kojoj se pričalo na sva usta, u zao čas dovela. Ona Landara (koju su tako prozvali skrativši njeno ime, Ana de Ara) bila je uznemirujuće malaksala, često se onesvešćivala i buncala. Da nesreća bude gora, mada je dobri pop shvatio da sva nevolja dolazi od iscrpljenosti koju je izazvao veliki gubitak krvi, nije mogao odmah da je zaleči pošto u kući nije imao nikakve zalihe osim malo hleba, komad mladog belog sira i tuce oraha, što baš i nije pogodno za lečenje ranjenika. Ali, pošto nije bilo ničega drugog, morao je da se snađe sa hlebom i orasima do dana kada Nazaren bude uspeo da dođe do bolje hrane.

Rado bi joj dao malo vina, koje joj se najviše pilo; ali u onako sirotoj i skromnoj kući nikada nije bilo tog pića. Pošto nije mogao da joj pomogne da povrati snage, potrudio se da jadničino telo smesti što udobnije na krevetu manje tvrdom nego pod na kojem je ležala otkako je ušla; kada je, posle uzaludnih pokušaja, uvideo da je nemoguće pomeriti Landaru sa onog mesta pošto su joj mišići postali kao krpe, a kosti kao olovo, dobri Nazaren nije mogao ništa drugo nego da iz svoje slabosti izvuče svu snagu i uz neverovatan napor digne na krkače onaj grozni teret. Na sreću, Landarina težina nije bila velika, pošto nije bila naročito potkožena (što je bila još veća nesreća u njenom stanju) i svaki čovek osrednje snage mogao bi da je podigne kao da diže do pola punu mešinu.

Tako se siroti pop dobro preznojio, i umalo nije pao na pola puta. Ali je na kraju uspeo da spusti zavežljaj lomnih kostiju i mlitavog mesa tako da je, sručivši se na dušek, devojka rekla:

– Bog vam platio.

Već se bližio dan, i u trenutku prisebnosti, pošto je prethodno izrekla hiljadu budalaština u vezi sa *Škembarom*, *Šugavicom* i ostalim ološem sa kojim se obično družila, aždaja je svom dobročinitelju rekla:

– Gospodine Nazarene, ako već nemate ništa za jelo, pretpostavljam da imate novca.

– Nemam ništa osim onoga što sam dobio za današnju misu, što još nisam taknuo, i niko mi nije tražio.

– Utoliko bolje... Onda, čim svane, donesite mi četvrt kilca mesa da mi napravite čorbicu. Donesite i četvrt litrice vina... Ali pazite, dođite ovamo. Vi ne znate za zlobu i sve radite kao svetac, pa tako i nehotice nanosite štetu. Pazite, slušajte šta ću vam reći. Poslušajte me, ja sam... iskusnija. Nemojte da kupujete vino u krčmi kod lepe Hesuse, niti kod Hosea Uštogljenka, gde vas poznaju. „Pazi, pazi! – reći će –

blagosloveni Nazaren kupuje vino, a ne pije!" Pa bi počelo da se govorka, te ovo, te ono, pa bi neko počeo da njuška i, eto ti ga na! Otkrili bi me... A šta bi tek o vama rekli!... Idite da ga kupite u krčmi u Medveđoj ulici, ili u Ulici Opata, gde vas ne poznaju, a osim toga, tamo ljudi imaju više savesti nego ovde, da tako kažem, ne krštavaju ga toliko!

— Nema potrebe da mi govoriš šta da radim — ponovio je sveštenik. — Osim što me se uopšte ne tiče šta svet misli o meni, ne valja da primam tvoje savete, a ne valja ni to što se ti usuđuješ da me savetuješ. Nemoj ni da smatraš za sigurno, nesrećna Landara, da je ovaj moj bedni stan skrovište za zločince i da ćeš u mojoj senci uspeti da prođeš nekažnjeno. Ja te neću prijaviti; ali ne mogu, zato što ne smem, razumeš, ni da varam one koji te jure, ako te jure sa pravom, niti da te oslobodim od ispaštanja na koje će te Gospod, pred Sudom, nesumnjivo osuditi. Ja te Pravdi neću predavati: dok si ovde, učiniću ti svako dobro koje budem mogao. Ako te ne otkriju, idi s milim Bogom.

— Dobro, gospodine, dobro — odvratila je aždaja uzdišući duboko. — To ne znači da ne treba da kupite vino tamo gde vam kažem, pošto je tamo manje kršteno nego ovde. A ako nemate dovoljno para, potražite u džepu na mojoj kućnoj haljini, tamo mora biti ima jedna pezeta i tri-četiri pare. Uzmite sve, meni sad to ništa ne treba, a uzgred, kad već idete po vino, donesite i kutiju cigareta za sebe.

— Za mene! — uzviknu sveštenik zapanjeno. — Pa, znaš da ne pušim!... A čak i kada bih pušio... Čuvaj ti svoje pare, mogu ti ubrzo zatrebati.

— Pa bar biste duvanski porok, samo taj i nijedan više, mogli da imate, zlo i naopako! Hajdete, ako čovek nema nikakav porok, što 'no kažu, ni jedan jedini, i to je porok. Ali nemojte da se ljutite...

— Ne ljutim se. Samo ti kažem da su prazne reči i nepribran duh novo zlo koje dodaješ onima koja već imaš na duši. Presaberi misli, nesrećnice; moli se Bogu i Božijoj Materi, preispitaj savest, razmisli o mnogim ružnim stvarima koje si učinila, pomisli na mogućnost da se iskupiš i da dobiješ oproštaj, ako i jedno i drugo budeš tražila sa verom i ljubavlju. Ja sam tu da ti pomognem ako budeš razmišljala o nečemu ozbiljnijem nego što su skrovište, pezeta, vino i cigarete... osim ako one nisu potrebne tebi, i u tom slučaju...

— Ne, gospodine, ne, ja ne... — gunđala je devojka.

— Mislila sam... Sve u svemu, ako hoćete da uzmete onu pezetu, uzmite je, pošto nije lepo da ceo trošak ide na vaš račun.

— Meni tvoja pezeta ne treba. Da mi je potrebna, tražio bih ti... Hajde, misli na svoju dušu, na pokajanje. Seti se da si ranjena, da ja ne mogu dobro da te lečim, da ti Gospod može poslati, kad se najmanje nadaš, gangrenu, tifus, ili bilo koju drugu pošast. Ah, nikada neće biti onolika koliku zaslužuješ, niti onako teška kao što je trulež koja ti proždire dušu. Na to treba da misliš, nesrećna Landara; jer, ako smo u svakom u slučaju ostavljeni na milost i nemilost smrti, tebi je sada svakako stala za vrat, i ako bi došla iznenada, što se može desiti, i stigne te kad joj se ne nadaš, znaš već gde bi završila.

Ni dok je Nazaren govorio, a ni mnogo posle toga, Landara nije ni zinula, pokazujući svojim ćutanjem da su joj njegove opomene ulile izvestan strah u dušu. Posle duže vremena, ponovo je počela da uzdiše i uzdiše, žalosnim glasom govoreći, ako treba da umre, ne ostaje joj ništa drugo nego da se pomiri sa sudbinom. Ali lako bi se moglo desiti da preživi, ako nešto pojede, popije malo vina, i njime polije i rane. A ako se desi, svakako će da se pokaje koliko god može, kako bi je smrtni čas zatekao spremnu i sa dušom ispunjenom hrišćanskim osećanjima. Osim toga, ako se otac ne ljuti, rekla bi mu da ona ne veruje u Pakao. *Škembara*, koji je mnogo načitan čovek, i svako veče kupuje *Korespondenciju*, rekao joj je da je to sa Paklom i Čistilištem obična budalaština, a i *Melem* joj je rekao isto.

— A ko je *Melem*, kćeri moja?

— Pa neki što je bio crkvenjak, i učio za popa, i zna sve horske pesmice, i responzorijum pride. Posle je ostao slep, pa je počeo da peva po ulicama, sa gitarom, i onda je po nekoj mnogo zabavnoj pesmici koja se svaki put završava napevom *melem ljubavi* dobio nadimak i zauvek mu ostalo to *Melem*.

— A ti se onda odluči između mišljenja tog gospodina *Melema* i mog mišljenja.

— Ne, ne, oče... Vi znate više... Šta vam je! Kako bi se to moglo porediti!... Ama, taj o kojem vam pričam je nesrećnik, gori je od šuge. Živi s nekom što je zovemo *Kamila*, visoka je i ima dugačke noge, sva koščata. Ime joj je došlo otuda što su je pre, kad je bila od nekog značaja, zvali *Dama s kamelijama*.

— Ne zanimaju me nikakve *kamile* i *kamelije*, razumeš? Zaboravi na sve te besprizorne ljude i misli kako ćeš dušu da izlečiš, nije to mali zadatak. Sad pokušaj da zaspiš; ja ću ovde, na klupici, naslonjen na zid, sačekati dan, brzo će nam stići njegovi prvi zraci.

Zaspali, ne zaspali, u svakom slučaju, oboje su ućutali, i ćutali su kada su kroz proreze na kapcima i na zakovanim vratima ušli prvi odsjaji jutarnjeg svetla. Prošlo je još neko vreme dok nisu osvetlili svu onu bedu i ocrtali obrise predmeta, dajući svakome njegovu prirodnu boju. Landara je u svitanje pala u dubok san, a kada se probudila, dan je već bio odmakao, i videla je da je sama. Pošto je čula šumove u kući, ljude kako ulaze i izlaze kroz dvorište, žamor stanara, iz kuhinje gromki glas *Provodadžike*, uplašila se. Mada je sav taj žamor dolazio od uobičajenog kretanja u kući, nesrećnica nije bila sasvim pri sebi, i onako zbunjena, čvrsto je rešila da ostane šćućurena na tankoj slamarici, trudeći se da ne napravi nikakav šum, da se ne mrda, da ne kašlje, da ne diše više nego koliko joj je neophodno da se ne bi ugušila, kako nikakvom nepažnjom ne bi odala svoje prisustvo u sveštenikovoj kući.

Jača od straha koji joj nije dao da spava, bila je iscrpljenost koja ju je uspavala, i po drugi put je pala u težak san, iz kojeg ju je probudio Nazaren, tresući joj glavu, da joj ponudi vino. Jao, kako ga je samo željno popila, i koliko joj je prijalo! Potom je ženturača i po ranama polila isti lek koji je koristila i za unutrašnju upotrebu, i toliko je verovala u njegovo lekovito dejstvo, nesumnjivo zato što je hiljadu puta svojim očima videla koliko je delotvorno, da se već od same te vere, u nedostatku druge, nesrećnica osetila bolje. Svest o bespomoćnosti pred opasnošću navela ju je na hiljadu domišljatih predostrožnosti, između ostalog, i tu da sa ocem Nazarijem razgovara samo pomoću znakova, kako njen glas nikako ne bi dopro do ušiju znatiželjnog komšiluka. Mašući rukama i kreveljeći se, govorili su jedno drugome sve što su imali da kažu; i razume se da je Landara muku mučila dok mu tim nesavršenim jezikom nije objasnila izvesne stvari koje su se ticale čorbice koju je dobri popa hteo da pristavi. Nije bilo druge, morali su da pređu na reči, izgovarajući ih jedva čujnim šapatom; na kraju su se sporazumeli. Nazaren je stekao dragocena znanja iz kulinarske veštine, a bolesnica je pojela čorbu koja zacelo nije bila previše hranljiva, ali je bila dobra za nju; uz vrele supice koje je kasnije pila, polako se oporavljala i dolazila sebi. Pošto je obavio te dužnosti koje mu je nalagalo milosrdno gostoprimstvo, Nazaren je izišao, ostavivši kuću zaključanu, a ranjenu devojku samo u društvu svojih nemirnih misli i ponekog miša koji se, nanjušivši mrve hleba, zavukao ispod kreveta.

3

Preostali deo dana dobro devojče provelo je samo, pošto otac nije žurio da se vrati kući. Nesrećnu ženu predveče su spopale sumnje i strahovi kakvi more zločinca. „Onaj će dobri gospodin mene da prijavi! – govorila je sebi, ne mogući da misli ni na šta drugo osim da prođe nekažnjeno, za čim je čeznula. – Ne znam, ne znam... jedni ga smatraju za sveca, a drugi za teškog mangupa, ama teškog... Ne zna žena šta da misli... Nije nego! Zlo i naopako! Ma ne, ne verujem da će me prijaviti... Stvar je u tome što će, ako ga otkriju i pitaju ga da li sam ovde, da odgovori da jesam, pošto neće slagati ni ako treba sebe da spase. Izem ti tu svetost! Ako je tačno da postoji Pakao gde ima mnogo ognja i pečenja na vatri, tamo treba da idu oni koji govore istinu koja nekog jadnika posle košta života, ili ga strpaju u zatvor."

Posle podne provela je neko vreme u jezivom strahu slušajući *Provu* kraj prozora. Pričala je sa drugom ženom, koja je, reklo bi se po krkljavom i hripavom glasu, izgleda bila *Kamila*. A *Kamila* je takav namćor, tako voli svuda da tura nos, i olajava! Pošto su se dobro nakokodakale, Estefanija je pokucala u prozor; ali pošto otac nije bio kod kuće da joj odgovori, one gadure su otišle. I drugi ljudi, i neka deca iz susedstva, takođe su kucali tokom dana, što je sasvim prirodno i nije bilo razloga za uzbunu, jer je sirotinja iz onog kraja često dolazila kod čoveka koji je bio prijatelj i uteha za siromahe. Kada se smrknulo, ženica više nije mogla da izdrži neizvesnost i strah, i čeznula je da se sveštenik vrati kako bi znala može li računati na mir u svom mračnom skrovištu ili ne može. Minuti su joj izgledali kao sati; na kraju, kada ga je videla gde ulazi, već skoro po mraku, umalo ga nije izgrdila što se zadržao, a ako to nije učinila, bilo je to zato što joj je radost što ga vidi rasterala ljutnju.

— Ne moram ja tebi da polažem račune gde sam bio i šta sam radio, ni na šta trošim vreme — rekao joj je Nazaren odgovarajući na prva neumesna i nametljiva pitanja one koja se s pravom mogla nazvati njegovom štićenicom. — I kako smo? Dobro nam je? Manje te boli rana? Jesi li povratila snage?

— Jesam, čoveče, jesam... ali od *prpe* ne mogu da živim... Svaki čas mi se čini da dolaze po mene da me odvedu u zatvor. Da li sam bezbedna? Recite mi iskreno, kao čovek, a ne kao svetac.

— Znaš već — odgovorio je sveštenik skidajući ogrtač i šešir — ja te neću prijaviti... Ti se potrudi da ovde ne radiš ništa po čemu bi te otkrili... i tišina, u hodniku ima sveta.

Odista, Estefanija je ponovo zakucala i kada je Nazaren otvorio prozor, malo su popričali.

— Vidi ti moju blagoslovenu dušu, kako mi se samo našetao po našoj Prestonici — govorila je Amazonka. — Šta je bilo? Jeste li išli da titrate Biskupu, kao što sam vam savetovala? Ako ne laskate, ništa vam neće dati. I, šta? Jel bilo danas mise? Dobro. Tako valja, prionite, idite od parohije do parohije, što bi se stideli, dignite malo nos... Videćete, ima da padne neka misa. Čujte, oče, žao mi je... čini mi se da se kroz prozor oseća nešto... kao ona prokleta parfimerija na onim ženturačama... Zar ne osećate? Ama, zaudara, da se onesvestite!... Razume se, ništa novo. Kod vas dolazi svakojaki svet, a vi ne pravite razliku, nit znate kome pomažete...

— Biće da je tako — odvratio je Nazaren mirno. — Ovamo ulazi mnogo raznog sveta. Jedni se osećaju, drugi ne.
— A nešto mi pahne i na vince... Da nam se niste dali na poroke, časni oče?... Neće biti da je od vina za misu.
— Onaj drugi miris — reče sveštenik savršeno iskreno — ne poričem. Miomiris ili zadah, istina je, oseća se u mojoj kući. I osećam ga, i osetio bi ga svako ko ima nos. Ali miris vina ne osećam, iskreno, ne osećam ga uopšte, ali to ne znači da ga danas nije bilo u kući... Moglo ga je biti; ali ne oseća se, gospođo, ne oseća se.
— A ja vam kažem da *probija*... Ali, nećemo se raspravljati oko toga, biće da moj i vaš nos nisu jednako *prodorni*.
Zatim mu je gospa *Prova* ponudila ručak, a on je odbio, primivši samo, pošto je navaljivala, krofnu sa cimetom i dve salamantinske kobasice. Time je okončan i razgovor i jezivi strah koji je obuzeo pobegulju.
— Znala sam — progovorila je neutešno kada je čula da se Amazonka udaljava — da će me odati ovo *parfinisanje* haljina. Celu bi je spalila, samo kad bih odavde mogla da iziđem u košulji. Ni na kraj pameti mi nije bilo, kad sam stavljala mirise, da bi mogli toliko da mi naškode. A lepo miriše, jel tako, oče? Ne sviđa vam se kako miriše?
— Meni se ne sviđa. Ja volim samo miris cveća.
— I ja. Ali ti su skupi, pa žena može samo da ih gleda u bašti. Nekad davno, imala sam prijatelja koji mi je donosio mnogo cveća, najboljeg; samo je bilo malo prljavo.
— Od čega?
— Od prljavštine sa ulice. Taj prijatelj je bio čistač, što skuplja đubre svakog jutra. Ponekad, u vreme Karnevala ili kad je neka igranka, čistio je ispred vra-

ta pozorišta i velikih kuća, pa bi metlom pokupio i mnogo *kamilija.*
— Kaže se, kamelija.
— Kamelija, pa čak i ruža. Sve to onda pažljivo uvije u hartiju, pa mi donese.
— Ala je otmen!... Hoćeš li konačno prestati da misliš na gluposti i početi da razmišljaš o onome što je važno, na pročišćenje duše?
— Koliko god oćete, mada mi se nešto čini da ovog puta neću da je ispustim. Imam ja sedam života, kao mačka. Dvaput sam bila u bolnici sa čaršavom preko lica, svi misle, gotova sam, a ja se izvučem, i izlečim se.
— Ne treba se pouzdati, gospođo moja, u srećnu okolnost što si se dva puta spasla. U svakom trenutku je smrt naša nerazdvojna družbenica i prijateljica. Nosimo je u sebi od rođenja, i sve nedaće, jadi, slabosti i stalna patnja samo su milovanja kojima nas obasipa iznutra. I ne znam zašto bismo se plašili njenog lika kada je vidimo izvan nas, kad je taj lik stalno u nama. Ti se sigurno prepadneš ako vidiš mrtvačku lobanju, a još više ako vidiš kostur...
— Jao, jeste, kako se samo uplašim!
— E, tu mrtvačku lobanju koja te toliko plaši i sama nosiš, evo ovde: to ti je glava...
— Ali neće biti da je tako ružna kao one na groblju.
— Ista istijata; samo je presvučena mesom.
— Znači, oče, ja sam svoja mrtvačka lobanja? I moj kostur je kao sve one kosti složene onako kao što sam jednom videla u pozorištu, u lutkarskoj predstavi? I kad igram, igra moj kostur? I kad spavam, moj kostur spava? Zlo i naopako! I kad umrem, moj dragi kostur će da dohvate i da strpaju u zemlju?
— Tačno tako, kao nešto što više ničemu ne služi.
— I kad žena umre, i dalje zna da je mrtva, i seća se da je živela? A gde se ženi nalazi duša? U glavi ili

u grudima? Kad se žena potuče s nekom drugom, mislim, da li joj duša izlazi na usta i na ruke?

Nazaren joj je na to o duši odgovorio ono najosnovnije i najrazumljivije, što je njena neotesana pamet mogla shvatiti, pa su nastavili razgovor u pola glasa, u prvi sumrak, pošto su nešto večerali, ne obazirući se na komšiluk, koji, na sreću, isto tako nije obraćao pažnju na njih. Landara je, nesumnjivo zbog prisilne nepomičnosti koja joj je podjarivala maštu, htela sve da zna, pokazujući do izvesne mere naučnu radoznalost, kojoj je dobri sveštenik u nekim slučajevima udovoljavao, a u nekim nije. Želela je da zna *kako se to žena rađa*, i kako pilići izlaze iz jaja onako isti istijati kao pevac i kokoška... Otkud to da je broj trinaest tako loš, i zašto je sreća kad se nađe potkovica nasred puta... Za nju je bilo neobjašnjivo kako sunce svakoga dana izlazi, i kako to da su svi sati jednaki, i koliko je dana u godini, i u svakom godišnjem dobu, i kako to da su jednaki kao i svake godine... Gde se zavuku anđeli čuvari *kad je žena devojčica*, i zašto lastavice odlaze u zimu i vraćaju se u leto, i kako pogode isto gnezdo?... I mnogo je čudno što broj dva uvek donosi sreću, i što donosi nesreću kad se upale dve sveće u sobi... I kako to da su miševi onako pametni, kad su onako mali, a bika, koji je veliki, možeš da prevariš običnom krpom?... A buve i druge bube, da li i one imaju svoju dušu?... Zašto mesec raste i opada, i zašto, kad žena ide ulicom i sretne neku osobu koja liči na neku drugu, prođe još malo, pa sretne tu drugu?... I još je mnogo čudno što srce govori *ženi* šta će se desiti, i kad trudna žena poželi nešto, na primer, patlidžan, posle joj dete ispadne sa patlidžanom na nosu. Ne razume ni zašto duše izlaze iz Čistilišta kad se popovima da neka para na bogosluženju, i zašto sapun skida prljavštinu, i zašto je utorak tako baskuzan dan da tad ne valja ništa da se radi.

Nazaren je s lakoćom odgovarao na mnoge njene nedoumice, ali druge nije mogao da razjasni, i sve što je spadalo u glupo sujeverje oštro je pobijao, govoreći joj da izbaci iz glave tako sumanute ideje. Tako su proveli veče, i mirna noć bez ikakvih nesrećnih događaja omogućila je bolesnici da povrati snage. Tako je prošlo tri, četiri dana; Landara se brzo oporavljala od rana i jačala; dobri don Nazario svako jutro je izlazio da drži mise i kasno se vraćao kući, i nikakav događaj nije poremetio tu monotoniju, i nije bilo otkriveno gde se nevaljalica skriva. Mada je verovala da je bezbedna, ipak je dobro pazila i preduzimala sve mere predostrožnosti kako se u kući ne bi čuo nikakav šum ili naznaka njenog prisustva. Posle tri dana, ustala je sa valjane slamarice; ali nije se usuđivala da iziđe iz spavaće sobe, i čim bi začula glasove, drhteći bi zadržala dah. Ali varljiva sreća nije više htela da je služi, pa su tako petog dana sve predostrožnosti postale uzaludne, i nesrećnica se našla u neposrednoj opasnosti da padne u šake Pravde.

U smiraj dana, Estefanija je prišla prozoru, zovnula oca, koji je upravo bio ušao, i rekla mu:

– E, ludo jedna, ne vredi vam više da se prenemažete, već se sve zna, i zna se ko je ta veštica koju krijete u svojoj jazbini! Otvarajte vrata, oću da uđem i da pričam sa vama, da me ne čuje komšiluk.

4

Landara, koja je to čula, pobelela je kao zid, što, ako ćemo pravo, nije bila neka preterana belina, i već je videla sebe na Galiji, sa bukagijama na nogama i lisicama na rukama. Cvokotala je i čula kako ulazi Provodadžika, koja je uletela pravo u spavaću sobu, govoreći:

— Dosta je bilo prenemaganja. Slušaj ti, ništarijo: od prvog dana sam znala da si tu. Po mirisu sam te nanjušila. Ali ništa nisam htela da kažem, ne zbog tebe, nego da ne dovedem u nezgodan položaj oca, koji se upleo u te petljavine sa dobrom namerom i svom svojom anđeoskom naivnošću. I sad, da znate oboje, ako ne uradite ovo što ću vam reći, gotovi ste.

— Jel umrla *Šugavica*? — upitala ju je Landara, kao na iglama od radoznalosti, koja je u tom trenutku prevladala strah.

— Nije umrla. Eno je u bolnici, *sa nanetim povredama*, i kako kažu, ovog puta neće baciti kašiku. A ako bi umrla, tebi ne bi ginula vešala. Znači... čisti se odavde. Idi kud znaš, jer neće proći ova noć, a ovamo će doći svetli Sud.

— Ali ko...?

— Jao, kakva glupača! *Kamila* ima nos...! Pre neko veče je došla pod prozor i prilepila nos uz dovratak kao pas tragač kad nanjuši miša. Njuškala je, njuškala, sa kapije je moglo da se čuje kako dahće. E, pa ona i ostale su te otkrile, i više nema vrdanja. Brzo beži odavde i sakrivaj se gde znaš.

— Evo odmah — reče Landara, umotavajući se u ogrtač.

— Ne, ne — dodala je *Prova* skidajući joj ga. — Daću ti svoj, stariji, da se bolje prerušiš. Daću ti i staru kućnu haljinu. Ostavi ovde sve haljine umrljane krvlju, ja ću ih sakriti... I da se zna da ovo ne radim zbog tebe, nesnosni stvore, nego zbog pope, koji se našao u nebranom grožđu, da ga uhapse ili da ga ne uhapse zbog takve gadure kao što si ti. Pravda je velika kučka, svuda mora da tura njušku. A sad ovaj serafim mora da radi šta mu se kaže; inače će i njega da skembaju, pa posle anđeli neka dolaze da ga oslobađaju iz zatvora.

— Šta ja treba da radim?... Da znam — upita sveštenik koji je, ako je u početku i delovao smireno, potom bio malo zamišljen.
— Pa, vi, poričite, poričite i poričite, stalno. Ova ptičica ide odavde, ima da se krije gde zna i ume. Ima da se skloni svaki, ama *psolutno* svaki njen trag: ja ću da počistim dnevnu sobicu, opraću pod, a vi, grešni gospodine Nazaričiću, kada dođe Pravda, samo vičite nije, ova nije tu bila, lažu ljudi. Pa nek dokazuju, majka im stara, nek dokazuju!

Popica je ćutao; ali đavolska Landara je vatreno podržala Estefanijine žustre reči:
— Muka živa — nastavila je ova druga — ne može da se skine ovaj prokleti miris... Ama, kako da ga uklonimo?... Ee, teško meni, lopužo jedna preispoljna, uštvo prokleta! Umesto što si ovamo navukla taj *pačuli* što zaudara na đavola, što nisi donela sve miomirise sa madridskih đubrišta, svinjo neopevana?

Pošto je dogovoreno Landarina *kidavela*, muškobanjasta gazdarica, koja je u škripcu postajala živa vatra, smesta je donela haljine koje je zločinka trebalo da obuče umesto onih krvavih, kako bi tako prerušena mogla lakše da umakne u potrazi za novim skrovištem.

— Hoće li brzo doći? — upitala je *Provu*, rešena da što pre krene.
— Imamo još vremena da ovo dovedemo u red — odgovorila je ova — pošto su sad krenule da te prijave, pa *kajafe* neće stići najmanje do deset, pola jedanes. Reko mi Blas Portela, koji je prokljuvio sva ta policijska zamešateljstva i zna i kad gospodu sudije buva ujede. Imamo vremena da operemo i da sklonimo i poslednji trag ovog stida i srama... A vi, gospodine Sveti Naivčino, ovde ste nam samo na smetnji. Idite da prošetate.

— Ne, imam neki posao da obavim — reče don Nazario stavljajući šešir. — Pozvao me je gospodin Rubin, iz Svetog Kajetana, da dođem posle večernja.
— Gubite se, onda... Donećemo kofu vode... A ti dobro gledaj na sve strane, da ti nije ostala nikakva podvezica, ni dugme, ni češljić, ili neko drugo tvoje đubre, traka, cigareta... Nije šala škripac u kojem se zbog tebe našao ovaj blaženi čovek... Hajde, lepi moj don Nazarene, napolje. Nas dve ćemo ovo da sredimo.

Sveštenik je otišao, a one dve žene ostale su da rmbaju.

— Otvori četvore oči, pretresi celu slamaricu, da ti nije nešto ostalo — govorila je *Prova*.

A ona druga će na to:

— Slušaj, Stefo, ja sam kriva, ja sam sve to... a pošto me je popica sakrio, neću da mu posle zbog mene i nekog zaostalog parfema sutra kažu ovo i ono... Ja sam zgrešila, pa ću i da radim ovde dok ne ostane ni najmanji trag mirisa koji nosim... I kad već imamo vremena... kažeš, u deset? Idi ti za svojim poslom, pusti mene samu. Da vidiš kako ću da sredim, ima sve da blista...

— Dobro, ja moram pčelarima i onoj četvorici iz Viljavisiose da dam večeru... Doneću ti vodu, a ti...

— Nemoj da se mučiš, ženo. Zar ne mogu sama da donesem vodu sa ćoška? Evo, ovde je neka kofa. Prebaciću maramu preko glave, i ko će me poznati?

— Istina: hajde ti, a ja ću u kujnu. Vratiću se za pola sata. Ključ od ulaznih vrata je u bravi.

— Uopšte mi ne treba. Neka stoji tu gde jeste. Idem ja po tu prokletu vodu, doneću je dok lupiš dlanom o dlan... I još nešto: sad sam se setila... daj mi jednu pezetu.

— Šta će ti, lopurdo?

— Imaš li ili nemaš? Daj mi, pozajmi, znaš da ću ti vratiti. Treba mi da cugnem nešto i kupim cigare. Zar sam nekad slagala?
— Nekad, nisi; uvek lažeš. Ajde, drž tu bednu pezetu i ni reči više. Znaš šta ti je činiti. Na poso! Idem ja. Tu me čekaj.

Strašna Amazonka je izišla, a za njom, dva minuta kasnije, ona druga aždaja, pošto je svoju pezetu pridružila onoj koju joj je prijateljica dala i iz kuhinje pokupila bocu i neveliko vedro. Na ulici je bilo mračno kao u buretu. Nestala je u pomrčini i, prešavši u Ulicu Santa Ana, ubrzo se vratila sa istim posudama skleptanim ispod ogrtača. Brzo kao veverica popela se tesnim stepeništem i šmugnula u kuću.

Za vrlo kratko vreme, nikako više od sedam-osam minuta, Landara je ušla u sobičak pored kuhinje, izvukla gomilu šaše iz rasporene slamarice, sve to odnela u spavaću sobu, umotala u platno sa slamarice i prostrla ispod kreveta, posuvši odozgo petrolej koji je donela u vedru i boci. I to joj se učinilo malo, pa je skroz rasporila još jednu slamaricu, takođe od šaše, meku prostirku na kojoj je prespavala nekoliko noći, i sve naslagala jedno preko drugog; i radi veće sigurnosti, odozgo je stavila platno sa obe slamarice i sve krpe koje su joj došle pod ruku, pa preko kreveta klupicu, pa čak i sofu. Kada je napravila lomaču, izvadila je kutiju palidrvaca i, kvrc!... Kao suvi barut, majka mu stara! Otvorila je prozor da napravi promaju, zastala na trenutak da osmotri svoje delo, i nije pobegla sve dok od gustog dima koji je kuljao iz gomile paleži više nije mogla da diše. Izašavši na vrata, sa najvišeg stepenika je nekoliko trenutaka posmatrala kako se plamen razbuktava, kako ga vetar raznosi, kako se gustim crnim dimom puni stan dobroga Nazarena, pa se sruštila niz stepenište i zaždila na kapiju koliko je noge nose, govoreći sebi u ogrtač: „Sad neka traže miris... zlo i naopako!"

Niz strminu Rastra spustila se u Ovčiju ulicu; zatim, u Ulicu Pogled na Reku, i tu zastala da pogleda mesto gde se, kako joj se činilo, nalazi *Provodadžikino* svratište. Nije se smirila dok nije videla stub dima, koji je morao da joj objavi da je njen pokušaj čišćenja dimom uspešan. Ako se dim ne bi uskoro podigao, to bi bio znak da su komšije ugušili vatru... Ali ne, pa svako bi očas posla mogao da ugasi ono malo vatrice koju je ona potpalila! Nije mogla da se svrti nekih deset minuta, gledajući u nebo i razmišljajući kako će je, u slučaju da se vatra ne razgori dobro, njen podvig, daleko od toga da je konačno spase, još više optužiti. Sve bi ona istrpela, čak i da je pošalju da trune na Galiji; samo nije htela da dozvoli da oklevetaju božanskog Nazarena, na primer, da je imao ili nije imao veze s nevaljalkom... Na kraju je, blagosloven bio Bog, videla kako se iznad krovova diže stub crnog dima, crnjeg nego duša Judina, i penje se u nebo uvijajući se u jezive spirale, i kao da su ti oblaci dima govorili, zajedno sa njom: „Sad neka otkriju miris!... Sad neka *Kamila* nabije svoju njušku kao kučka-tragačica!... Ajde, teli ste da vam tukne, gospodo kajafe od murdarluka? Evo sad nek vam se oseća na, dabogda vam na nos izišlo, majkoviću, a pametnjaković koji bi sad hteo da otkrije miris... nek turi prste u žar... pa nek vidi... kako će da se osmudi..."

Odmakla je još malo, i sa dna Ulice Argansuela videla plamen. Cela grupa krovova izgledala je kao da ima krestu od crvenkaste svetlosti koju je aždaja posmatrala sa divljim ponosom. „Može žena da bude i obična budala, ali opet ima savest, i zbog savesti ne dozvoljava da dobrom čoveku kažu da je loš, i da mu to dokažu po mirisu na češljiću, po zadahu koji se širi iz haljine koju je nosila... Ne... na prvom mestu, savest. Neka gori Troja!... Budi miran, Nazarene, ako si i izgubio kuću, nisi mnogo izgubio, i naći će se već neka druga rupa..."

Požar je dobijao čudovišne razmere. Landara je videla kako su tamo žurno pritrčavali ljudi; čula je zvona. Mogla je pomisliti, u zanosu mašte, da sama u njih udara. Ding, dang, dong.

– Kakva je magarica ta *Provodadžika*! Misli da će pranjem da skine smrad! Ne, vala, to sa vodom neće otići, kako reče onaj... Ružan zadah samo se vatrom tera, zlo i naopako, vatrom!

5

Četvrt sata pošto je đavolska žena izišla iz don Nazarijevog stana, on se već pretvorio u peć, i plamen se šetao po tesnim sobama proždirući sve na šta bi naišao. Doleteli su prestravljeni susedi; ali pre nego što su doneli prve kofe sa vodom, što je osnovna zaštita od malih požara, kroz prozor su već kuljali vatra i dim od kojih niko živi nije mogao da priđe. Stanari su jurcali tamo-amo, penjali se i silazili ne znajući šta da preduzmu; žene su vrištale, muškarci psovali. U nekom trenutku plamen u sobi se ugasio ili smanjio, pa su se neki usudili da uđu preko malog stepeništa od kapije, a drugi su sipali vedra vode kroz prozor iz hodnika. Uz dobru pumpu, valjano punjenu vodom, požar bi bio ugašen istog časa; ali dok je stigla pomoć pumpi i vatrogasaca, bilo je dovoljno vremena da se razbukti cela kuća i da u njoj izgore svi stanari, ako ne bi požurili da se sklone. Pola sata kasnije videli su kako se pramenovi dima probijaju kroz crepove (kuća je imala sprat i potkrovlje, sve iz jednog komada) i više nije bilo sumnje da se vatra neprimetno proširila na visoke grede. A pumpe? O, moj Bože! Kada je stigla prva, ruševni krov već je plamteo kao suvo grmlje, i hodnik, i severno krilo dvorišta. Pomislio bi čovek da je cela zgrada od samog crvotočnog drveta posutog barutom; vatra se okomila na nju halapljivo i žestoko, proždirala ju je; gorelo je crvotočno drvo, pa čak i gips i cigla, pošto je sve bilo trulo i dotrajalo, prekriveno korom vekovne prljavštine. Gorelo je od srca, sa besom. Od sagorevanja se vazduh razgalio, poklanjajući samom sebi prizor vatrometa.

Nema potrebe da opisujemo jezivu paniku nesrećnih stanara. Pred užasnom snagom i širinom požara moralo se pomisliti da će cela zgrada ubrzo goreti na sve četiri strane i da se neće spasti nijedan iverak. Ugasiti onakav pakao bilo je nemoguće, čak ni kada bi ga polivala sva vatrogasna creva katoličkog sveta. U pola jedanaest niko više nije mislio ni na šta drugo osim da spasava svoju kožu i ono malo starudije od koje se sastojao nameštaj po bednim stanovima. Tako su se u čoporu sjurili kroz hodnike u dvorište, a zatim na ulicu, muškarci, žene i deca, a pobegli su i ciganski magarci, mačke i psi, pa čak i pacovi koji su napravili gnezda među gredama i po rupama od podruma do krova.

Ubrzo je ulica bila ispunjena krevetima, sanducima, komodama i hiljadama drangulija, a vazduh žagorom bede i očaja, kojima se pridružilo razbuktalo hučanje vatre, što je sve činilo zlokoban skup. Susedi i vatrogasci brinuli su se samo kako da spasu starudiju i ljude, među kojima su bili i neki bogalji, hromi i slepi. Svi izuzev jednog, koji se izvukao oprljene brade, spaseni su bez ikakvih gubitaka ljudskih života. Nestalo je, istina, mnogo živine, ali više nego u požaru, zato što je u onoj žurbi promenila vlasnika, a poneki magarac završio je, od silne trke, u Ulici Studija. Do kasno u noć, vatrogasci su radili kako bi sprečili da se požar raširi na susedne kuće, i kada su u tome uspeli, mir na zemlji, i slava na nebu.

Nema potrebe da pominjemo kako je Provodadžika, od trenutka kada je svojom nosinom nanjušila paljevinu, mislila samo na to kako da spase svoj nameštaj, koji je, mada je sam po sebi valjao samo za ogrev, bio najbolji u kući. Uz pomoć pčelara i drugih vrednih stanara, izvlačila je *svoje stvari*, pa je na ulici napravila ceo bazar. Njene ruke i noge nisu ni na trenutak mirovale, kao ni njen nasrtljivi jezik, koji je zasipao divljačkim i prostačkim rečima celu onu svetinu, pa i same vatrogasce. Od odsjaja plamena, kao i od uzburkanosti njene proklete krvi, zacrvenelo joj se lice.

I baš kad su bili izneli sve njene stvari na ulicu, osim kuhinjske sudopere, koju nije uspela da spase te je uzela da ih čuva i brani od pljačke, pred nju stade otac Nazaren, mrtav hladan. Gospodine moj, tako hladan kao da se ništa nije desilo, i anđeoskim glasom joj reče:

– Znači, tačno je da smo ostali bez konačišta, gospa *Provo*?

– Jeste, ćurane Božiji, tako nas sve zajedno zla varnica ne opekla!... I kako to samo mirno govorite!... Razume se, pošto vi ništa niste ni imali da izgubite, i Bog vam se smilovao da vam uništi onu vašu bedu, briga vas za nas, imućne ljude, koji moramo stvari da iznesemo na ulicu. E, pa, noćas ćete spavati pod vedrim nebom, kao vitez. Šta kažete na ovaj grozan požar? Zar ne znate da je krenuo iz vašeg stana, kao da je bure baruta puklo?... Meni neka niko ništa ne priča, to nije bilo prirodno. To je neko namerno uradio, nego šta, gospodine moj, takva vatra... ma hajde... neću ni da kažem. Sva sreća što će se vlasnik kuće obradovati, pošto sve ono nije vredelo ni prebijene pare, a osiguranje će nešto da mu plati, inače bi se o ovoj katarstrofi mnogo pisalo u novinama, pa bi neko nagrabusio, neko koga neću pominjati, da ga ne kompromitujem.

Dobri don Nazario slegnu ramenima, ne pokazujući da je utučen i neutešan što je izgubio svoje bedno imanje, pa je zabacio ogrtač preko leđa i stavio se na raspolaganje susedima da im pomogne da dovedu u red svoje prnje i da ih prebace sa jednog mesta na drugo. Radio je do duboko u noć, i na kraju, iscrpljen i bez snage, prihvatio gostoprimstvo koje mu je u susednoj Ulici Maldonada ponudio neki mlad sveštenik, njegov prijatelj, koji je baš prolazio pored *mesta nesreće* i zatekao ga u poslu koji ne dolikuje čoveku koji služi za oltarom, što mu je i rekao.

Pet dana proveo je u kući i društvu svoga prijatelja, ugodno i u dokolici, kao čovek koji ne mora da razbija glavu zbog materijalnih problema svakodnevnog života; zadovoljan u svojoj siromaškoj slobodi, prihvatajući bez protivljenja sve što mu se pruži i ne tražeći ništa; osećajući kako iz njegovog života nestaje svaka nužda i potreba; ne priželjkujući ništa zemaljsko i ne tugujući za onim što u mnoge ljude unosi nemir; sa odećom na sebi kao celom imovinom, i sa brevijarom koji mu je poklonio prijatelj. Bio je na sedmom nebu, potpuno bezbrižan, kao čovek koji živi oslanjajući se na čvrste temelje svoje savesti, čiste kao dijamant, ne pomišljajući na uništeno konačište, ni na Landaru, ni na Estefaniju, niti na bilo šta što ima veze sa tim svetom i tom kućom, kada su ga jednog jutra pozvali iz Suda da da iskaz povodom postupka koji se vodi protiv neke posrnule žene po imenu Ana de Ara, i tako dalje.

— Vidi, vidi — rekao je sebi uzevši ogrtač i šešir, spreman da smesta izvrši sudsku zapovest — ta stvar već je izišla na videlo. Šta li se desilo sa onom Landarom? Da li su je uhvatili? Idem ja tamo da im kažem celu celcatu istinu o onome što se mene tiče, neću se uplitati u ono što ne znam i što nema nikakve veze sa gostoprimstvom koje sam pružio nesrećnoj ženi.

Naravno, njegov prijatelj, koga je ukratko obavestio o toj stvari, nije bio oduševljen kad je to čuo, niti je propustio da pokaže izvestan pesimizam u proceni toka i posledica celog tog nezgodnog slučaja. To za Nazarena nije bio razlog da ustukne, nego je izišao pred predstavnika Pravde, koji ga je primio veoma ljubazno i uzeo od njega izjavu pridržavajući se svih obzira prema svešteničkom položaju koji su davaocu izjave pripadali. Nesposoban da kaže, bilo u teškom, bilo u lakom slučaju, ništa što bi se kosilo sa istinom, koja je bila norma njegove savesti; rešen da bude verodostojan ne samo iz obaveze koju je imao kao hrišćanin i sveštenik, nego i iz neizrecivog uživanja koje je u tome osećao, ispričao je sudiji od reči do reči šta se desilo, i na sva pitanja koja su mu postavljena odlučno je odgovarao, potpisao izjavu, i posle toga ostao mrtav hladan. U vezi sa Landarinim zločinom, što je bilo delo u kojem nije učestvovao, izražavao se sa velikodušnom uzdržanošću, ne optužujući i ne braneći nikoga, dodavši kako ne zna ništa o tome gde se nalazi posrnula žena, koja je zacelo napustila skrovište one noći kada je izbio požar.

Iz Suda je izišao veoma zadovoljan, ne primećujući, koliko je bio zanet preispitivanjem savesti, da se sudija posle izjave prema njemu više nije odnosio onako blagonaklono kao pre nego što ju je dao, da ga posmatra sa sažaljenjem, sa prezirom, možda sa zazorom... Sve bi mu to bilo malo važno, čak i da je primetio. U prijateljevoj kući, ovaj je ponovio svoje pesimističke komentare u vezi sa zaštitom koju je pružio onoj varalici, uporno ponavljajući kako prost svet i sveštenstvo u don Nazariju neće videti čoveka koji izgara u vatri milosrđa, nego zaštitnika zločinaca, zbog čega je trebalo preduzeti mere predostrožnosti da ne izbije skandal, ili se potruditi da se on izbegne ako bude izbio. Sa svim tim, veseli popica nije ga puštao na miru. Bio je to ljubopitljiv i nametljiv čovek, sa mnogim dobrim vezama u Madridu, nepodnošljivo agilan kada bi se prihvatio nečega što ga se ne tiče. Video se sa sudijom, i uveče je imao neizrecivo zadovoljstvo da don Nazariju saspe u lice sledeću pridiku:

— Slušajte, druže, što smo veći prijatelji, treba da budemo to otvoreniji. Vi ste pustili svoju dušu na otavu, i ne vidite opasnost koja se *nadvila* nad vama... nadvila se, nego šta. Sudija, koji je pravi gospodin čovek, prvo me je pitao da li ste vi ludi. Odgovorio sam mu da ne znam... Nisam se usudio da poreknem, jer ako ste pri sebi, vaše ponašanje je još neobjašnjivije. Na šta ste kog vraga mislili kad ste u svoj stan primili onakvu profuknjaču, zločinku, onu...? Za Boga miloga, don Nazario! Znate li vi za šta vas optužuju oni koji su je prijavili Sudu? Optužuju vas da ste imali sramne, gnusne i nečasne odnose sa njom i drugima *ejusdem furfuris*[1]. Kakva sramota, dragi prijatelju! Dobro znam da je to laž. Pa, znamo se!... Vi niste kadri... čak i ako biste dopustili da vas đavo pohote iskušava, to biste nesumnjivo učinili sa ženom boljeg kova... Slažemo se mi!... Smem da se zakunem da je sve to kleveta!... Ali, znate li vi šta ste sebi natovarili na vrat? Onima koji su vas oklevetali lako je da vas ocrne; biće teško, i preteško, da razbijete tu zabludu; ogovaranja nađu mesta u svakom srcu, prenose se od usta do usta, a u opravdanja niko ne veruje, i niko ih ne širi. Svet je mnogo zao, Čovečanstvo je opako, zlobno, i ništa drugo ne radi nego večito traži da puste Varavu, a

---

[1] Od iste pleve *(lat.)*. Prim. prev.

Isusa da raspnu... I još nešto da vam kažem: i u podmetanje požara hoće da vas upletu.

— U podmetanje požara!... Mene! — uzviknuo je don Nazario, više iznenađen nego uplašen.

— Jeste, gospodine moj; kažu da je onaj pakleni bazilisk podmetnuo požar u vašoj kući, a ta vatra se, prema zakonima fizike, raširila po celoj zgradi. Ja dobro znam da ste vi nevini i u tome kao i u drugim nevaljalstvima; ali budite spremni da vas uhvate i da vas vodaju od Iroda do Pilata, da vam uzimaju izjave, da vas upliću u gnusne stvari, na čiji sam pomen vam se diže kosa na glavi.

Odista; samim tim što je ovo izgovorio, njemu kao da se kosa digla na glavi od užasa i stida, dok je onaj drugi, slušajući ta fantastična predviđanja, ostao spokojan.

— I na kraju, dragi moj Nazario, znate da sam vam prijatelj, *ex toto corde*[1], da vas smatram za besprekornog čoveka, za čistog čoveka, *pulcherrimo viro*[2]. Ali vi živite u oblacima, a to ne samo što škodi vama, nego i prijateljima sa kojima ste u ovako bliskoj vezi kao što je da živite sa njima pod istim krovom. Nije da vas izbacujem, druže; ali ja ne živim sam. Moja gospođa majka, koja vas veoma ceni, nema mira otkako je saznala da se naš gost povlači po sudovima. I nemojte misliti da smo ona i ja jedini koji za to znamo. Sinoć se o tome naveliko pričalo na večerinki kod Manolite, sestre gospodina provizora Biskupije. Jedne su vas osuđivale, druge vas branile. Ali, kako mama kaže: „Dosta je da se samo šuška, makar i ne bilo istina, pa da ne možemo tog grešnika da zadržimo u kući..."

---

[1] Od sveg srca *(lat.)*. *Prim. prev.*
[2] Predivnog čoveka *(lat.)*. *Prim. prev.*

6

– Ne treba više ništa da kažete, druže – odvrati don Nazario smirenim tonom kakvim je uvek govorio. – Ionako sam nameravao da danas-sutra odem. Ne volim da opterećujem prijatelje, niti sam i pomišljao da zloupotrebim viteško gostoprimstvo koje ste mi vi i vaša gospođa matera, predobra gospa Marija de la Konkordija pružili. Idem odmah... Imate li još nešto da mi kažete? Pitate li me kakav je moj odgovor na opake klevete? Pa, morali biste da pretpostavite, prijatelju i druže moj. Odgovaram da je Hristov nauk da trpimo, i da najbolji dokaz njegove primene mi koji nastojimo da budemo njegovi učenici dajemo kada sa mirom, pa čak i sa uživanjem prihvatamo patnju koja nam dolazi raznim putevima ljudske zlobe. Nemam šta drugo da kažem.

Pošto je stvari mogao vrlo lako da spakuje, jer je sve nosio na sebi, pet minuta pošto je čuo pridiku oprostio se od popice i od gospa Marije de la Konkordije, i izišao na ulicu, zaputivši se ka Ulici Kalatrava, gde je imao neke prijatelje koji će ga zacelo primiti na nekoliko dana. Bili su to muž i žena, stari ljudi, koji su tamo živeli još od pedesetih godina prodajući espadrile, pertle, kominu od maslina, za ogrev, opremu za mazge, plutane pampure, štapove od jasena i nešto grnčarije. Dočekali su ga onako kako je i očekivao i smestili ga u tesni sobičak u dnu dvorišta, namestili mu pristojan ležaj između gomila samara, ručica i koturova konopca... Bili su siroti, i raskoš su nadoknađivali dobrom voljom.

Za tri duge nedelje koliko je anđeoski Nazaren tamo proveo desili su se toliki nesrećni događaji i nedaće mu se tovarile na vrat takvom brzinom, da je izgledalo kao da Bog hoće da ga stavi na presudno iskušenje. Za početak, ni u jednoj parohiji nije bilo mise za njega. Svuda su ga primali loše, sa prezirom i sažaljenjem, i premda nikada nije izgovorio nijednu neumesnu reč, morao je da sluša oštre i surove, u sakristiji i za sakristijom. Niko mu nije objašnjavao zašto tako postupa, a ni on nije tražio objašnjenja. Sve je to sirotom popici život činilo nemogućim, pošto se sa *Kosmatima* (tako su zvali njegove prijatelje iz Ulice Kalatrava) dogovorio da će im svakodnevno plaćati po toliko i toliko za stan i hranu, a nikako nije mogao da održi obećanje. Na kraju je odustao od daljeg trčkaranja po crkvama i oratorijumima u potrazi za misama kojih za njega više nije bilo, i zatvorio se u svoje mračno stanište, provodeći i dan i noć u meditaciji i tuzi.

Jednoga dana posetio ga je neki stari sveštenik, njegov prijatelj, zaposlen u Kapelaniji, koji se sažalio na njegovu bednu sudbinu, i popodne mu doneo rublje da se presvuče. Taj mu je rekao da nikako ne treba da se plaši, nego da se obrati neposredno provizoru i da mu otvoreno i iskreno ispriča svoje brige i razloge koji su do toga doveli, i da pokuša da povrati ugled koji je izgubio iz sopstvenog nemara i zbog zlobe bezočne svetine koja ga je omrzla. Dodao je da je već izdato saopštenje da mu se oduzimaju dozvole i da se poziva u Biskupsku kancelariju da mu se izrekne kazna, ako njegova izjava pokaže da zaslužuje kaznu. Toliki udarci malo su utukli odvažni duh onoga čoveka, naizgled toliko skrušenog, a iznutra onako osnaženog hrišćanskim vrlinama. Stari sveštenik više mu nije dolazio u posetu, i njegov mračni stan bio je okružen melanholičnom samoćom i turobnom tišinom. Ali žalosna usamljenost bila je sredina u kojoj je njegov duh živnuo prodornom snagom, i on je rešio da se suoči sa položajem u koji su ga dovela ljudska dela i odlučio da sledi želju za boljim životom, u skladu sa davnašnjom čežnjom svoje duše.

Sada je iz svoje mračne jazbine izlazio samo u svitanje, i kretao put Toledske kapije, u želji da vidi i uživa u poljanama Gospodnjim, da posmatra nebo, da sluša jutarnji poj dragih ptičica, da udiše svež vazduh i odmara oči u nasmejanom zelenilu drveća i livada, koji u aprilu i maju čak i u Madridu očaravaju i zanose pogled. Odlazio je daleko, daleko, tražeći više polja, veći vidik, bacajući se u naručje Prirode, iz čijeg okrilja je mogao gledati Boga do mile volje. Kako je lepa riroda, kako je ružno Čovečanstvo!... Njegove jutarnje šetnje, odlasci tamo, sedenja onamo, potpuno su ga učvrstili u ideji da mu Bog, govoreći njegovom duhu, zapoveda da se odrekne svake svetovne koristi, da prigrli siromaštvo i da otvoreno raskine sa svim onim veštačkim, što nazivamo civilizacija. Njegova čežnja za takvim životom bila je tako neodoljiva, da je više nije mogao gušiti. Živeti u Prirodi, daleko od bogatih i iskvarenih gradova, kako je to čarobno! Verovao je da će se samo na taj način povinovati božanskoj zapovesti koja mu se stalno javljala u duši; samo na taj način doći će do sveg pročišćenja koje je moguće u okvirima ljudskog, i steći večna blaga, i činiti milosrdna dela u obliku kojem je tako vatreno težio.

Po povratku kući, kada bi dan već odmakao, kakva tuga, kakav jad, kako su samo svakodnevne nedaće slabile njegovu zamisao! Jer, on bi se drage volje odrekao svih materijalnih prednosti svog sveštenčkog poziva, prestao bi da opterećuje sirote i časne *Kosmate*, i bilo dobijajući milostinju, bilo radeći, zarađivao bi za hleb. Ali kako da se lati bilo posla, bilo prosjačenja, u onoj popovskoj odeždi koja bi ga prikazala kao ludaka ili nevaljalca? Iz te pomisli proizišla je odbojnost prema odeždi, prema groznoj i neudobnoj crnoj odeći, koju bi rado zamenio za odelo od najgrubljeg sukna. I jednoga dana, kada je video da mu je obuća sva poderana, a on nema čime da plati popravku, pomislio je da bi sa čizmama prošao najbolje i najjeftinije kada ih uopšte ne bi nosio. Odlučio je da isproba taj sistem, ceo dan proveo je bos, gazeći po dvorištu preko šljunka i barica, pošto je prilično padala kiša. Bio je zadovoljan; ali kada je pomislio da se i na bosonogost, ako i na sve drugo, treba navići, rešio je da ponavlja istu lekciju iz dana u dan, sve dok ne uspe da potpuno izmisli večitu obuću, što je bio jedan od ideala njegovog života u pozitivnom poretku.

Jednoga jutra kada je izišao malo pošto je svanulo i krenuo u šetnju po okolini Toledske kapije, pošto je seo da se odmori otprilike kilometar daleko od mosta, u pravcu Karabančela, video je kako mu prilazi neki vrlo mršav čovek, suvonjavog tela, lica boje voska, ukrašen mnogim ožiljcima, bedno odeven, po svemu sudeći torbar, trgovac konjima, ili nešto slično. I sa poštovanjem, baš tako kako zvuči, sa poštovanjem koje Nazaren ni kao čovek ni kao sveštenik nije viđao kod onih koji su mu se obraćali, onaj neprijatni čovek mu se obratio sledećim rečima:

– Gospodine, zar me ne prepoznajete?
– Ne, gospodine... nisam imao zadovoljstvo...
– Ja sam onaj što ga zovu Pako Pardo, *Crkvenjakušin* sin, znate?
– Dragi moj gospodine...
– Živimo u onoj kući što se vidi odmah iznad groblja... E, tamo je Landara. Videli smo vas, vaše preosveštenstvo, nekoliko puta kako izjutra sedite na ovom kamenu, i Landara je rekla, kaže, sramota je da dođe ovamo da razgovara sa vama... E, pa, danas me je *namolila* da ja dođem... sa poštovanjem, i vidite, došao sam, i... sa poštovanjem vam kažem da vam Landara kaže da će vam oprati sav veš što imate... jer da nije bilo vašeg preosveštenstva, ona bi sad bila među kaluđericama u Ulici Kinjones iliti na *Galiji*... I još da vam kažem... sa poštovanjem. Pošto moja se-

stra iz Madrida donosi đubre i otpad i druge *materijale*, čime hranimo svinje i kokoške, i od toga svi živimo, ona je eto, pre dva dana... prevario sam se, tri dana, donela neki popovski šešir koji su joj dali u nekoj kući... A to je, da znate, taj šešir, mada je od pokojnika, noviji je nego sunce, pa je Landara rekla, ako vi hoćete da ga uzmete, nema šta da se ustežete, doneću vam ga ja gde god zapovedite... sa poštovanjem.
— Budalo jedna, šta to pričaš? Šešir? Šta će meni šeširi i širdžije? — odvrati sveštenik žustro. — Čuvajte vi to za onoga ko ga bude hteo, ili ga upotrebite za neko strašilo, ako tamo imate, kao što mi se čini, zasejano povrće, grašak ili šta već hoćete da odbranite od ptica... i dosta. Mnogo hvala. Doviđenja... Ah, a što se tiče pranja rublja, cenim ja to — to je rekao već odlazeći — ali nemam rublja za pranje, Bogu hvala... pošto sam ono koje sam skinuo kad sam obukao ovo što nosim... razumeš li? Sâm sam ga oprao u bari u dvorištu, i veruj mi da je kao upisano. Lično sam ga prostro preko konopca, pošto tamo ničega nema, ali konopaca ima... Znači, zbogom...

I po povratku kući, ceo dan je proveo vežbajući da hoda bos, što mu je posle pete ili šeste lekcije već pričinjavalo olakšanje i radost. Uveče je večerao nekoliko listova pržene blitve i malo hleba i sira, razgovarao sa svojim dobrim prijateljima i zaštitnicima o tome kako ne može da im plati račun osim ako mu ne nađu neko zanimanje ili posao na kojem bi nešto mogao zaraditi, makar i najniži i najbedniji. *Kosmati* se zapanjio kada je čuo takvu besmislicu.

— Gospodin sveštenik! Bože me sačuvaj!... Šta bi reklo *društvo*, kad bi sveti popica!...

Gospođa *Kosmata* nije se raznežila zbog planova svog stanara, i kao praktična žena je rekla da rada niko ne treba da se stidi, pošto je i sam Bog *radio* da bi stvorio svet, i da zna kako na Buvljoj stanici daju pet reala svakome ko ide da utovaruje ugalj. Ako smerni popica hoće da obesi mantiju o klin i da ode da pošteno zaradi neku pezetu, ona će mu naći *kuću* u kojoj dobro plaćaju pranje ovčijih creva. I jedno i drugo, duboko ubeđeni u bedu koja je pritiskala nesrećnog sveštenika, videći u njemu Božiju dušu koja nije kadra da zaradi za hleb, rekoše mu da se ne brine za plaćanje tog malog duga, i da mu oni, kao veliki hrišćani koji ni sami nisu bez zrna svetosti u sebi, poklanjaju *pripadajuću* hranu. Gde jedu dvoje, ješće i troje, a u komšiluku ima mačića i kučića koji više *konzumiraju* od sirotog oca Nazarena... *Daklem* ne treba da se usteže i da se oseća *kao dužnik* za takvu sitnicu, jer se za ljubav Božiju sve može oprostiti, ili zato što nikad ne znamo na čemu smo, i ko danas daje, sutra će morati da traži.

Don Nazario im se zahvalio, dodavši da je to poslednja noć što će im njegova nekorisna osoba biti na smetnji u kući, na šta su mu oboje odgovorili odvraćajući ga da ne kreće ni u kakve pustolovine, muškarac zaista iskreno i srdačno, žena tek reda radi, nesumnjivo zato što je želela da mu što pre vidi leđa.

– Ne, ne: to je dobro promišljena odluka, i nećete moći, i pored sve vaše dobrote koju veoma cenim, da me odvratite od toga – rekao im je sveštenik. – A sad, prijatelju *Kosmati*, imate li vi neki stari plašt koji vam ničemu ne služi i koji biste hteli da mi date?

– Plašt?

– Onaj deo odeće koji je samo veliki komad debele tkanine, sa rupom u sredini, da se proturi glava.

– Ogrtač? Imam, kako da nemam.

– Pa, ako vam ne treba, bio bih vam zahvalan da mi ga ustupite. Zaista ne verujem da postoji udobnija odeća, koja u isti mah bolje greje i komotna je... A da nemate neku šubaru?

– Imam nove kape u radnji.

— Ne, hoću neku staru.
— Ima i starih, čoveče — reče *Kosmata*. — Sećaš li se, ona koju si nosio kad si došao iz svog sela da se oženiš sa mnom. Otad nije prošlo više od četres pet godina.
— Tu kapu hoću, staru.
— I biće vaša... Ali bolje bi vam stajala ova od zečijeg krzna koju sam nosio dok sam bio vozar u kolima za Truhiljo...
— Dajte.
— Hoćete i pojas?
— Poslužiće mi.
— A ovaj prsluk od sargije, koji bi mogo u izlog da se metne da mu laktovi nisu poderani?
— Moj je.

Tako su mu davali komad po komad odeće, i on ju je primao sa oduševljenjem. Svi su polegali, i sledećeg jutra blagosloveni Nazaren se, bos, opasavši se preko prsluka od sargije, prebacivši ogrtač odozgo, natukavši kapu, sa štapom u ruci, veselo oprostio od svojih časnih dobročinitelja i srca punog ogromne radosti, lakog koraka, misli upućenih Bogu, očiju dignutih nebu, izišao iz kuće u pravcu Toledske kapije: kada ju je prošao, pomislio je da izlazi iz mračne tamnice kako bi stupio u carstvo sreće i slobode u kojem je njegov duh čeznuo da bude podanik.

Treći deo

1

Ubrzao je korak, već prošavši kroz Kapiju, u želji da se što pre udalji od naseljene varoši i stigne tamo gde neće videti zbijene kuće, niti čuti žamor nemirnog stanovništva, koje je već u taj rani čas počelo da vri poput roja pčela koje izlaze iz košnice. Jutro je bilo lepo. Begunčeva mašta ustostručavala je čari neba i zemlje i u njima videla, kao u ogledalu, sliku svoje sreće, zbog slobode u kojoj je napokon uživao, bez ikakvog drugog gospodara osim svoga Boga. Nije bez muka sproveo u delo tu pobunu, pošto je to bila pobuna, i nikako je ne bi ni ostvario, onako pokoran i poslušan, da u savesti nije čuo da mu to zapoveda glas njegovog Učitelja i Gospoda. U to nije mogao sumnjati. Ali njegova pobuna, ako prihvatimo da ona zaista zaslužuje tako ružno ime, bila je čisto formalne prirode; sastojala se samo u tome što je izbegao prekore svog nadređenog i pobegao od natezanja i proganjanja pravde koja uopšte nije pravda niti bilo šta slično... Kakve on ima veze sa sudijom koji obraća pažnju na bezočna potkazivanja svetine bez savesti? Bog, koji je prozreo sve što je u njemu, znao je da ni od provizora, ni od sudije nije bežao iz straha, pošto njegova odvažna duša nikada nije znala za kukavičluk, niti su patnja i bol, kakvi god bili, mogli da slome postojanu volju čoveka koji se odvajkada naslađivao tajanstvenim uživanjem koje bi osećao kada bi bio žrtva ljudske nepravde i zlobe.

Nije bežao od muka, nego je krenuo u potragu za njima; nije bežao od nedaća i siromaštva, nego je išao za najtežom bedom i patnjama. Bežao je, to da, od sveta i od života koji nisu odgovarali njegovom duhu, opijenom, ako se tako može reći, iluzijom o asketskom i pokajničkom životu. I kako bi se čvršće uverio u beznačajnost i gotovo bezazlenost svoje pobune, pomišljao je kako na nivou dogme njegove ideje ne odstupaju ni za dlaku od večne doktrine, kao ni od učenja Crkve, koja je dobro proučio i znao ih u prste. Nije, dakle, jeretik, niti bi ga mogli optužiti i za najmanju jeres, mada se on zbog optužbi nije nimalo brinuo, i svu je Inkviziciju na svetu nosio u sopstvenoj savesti. Pošto je ona bila mirna, on se nije pokolebao u svojoj rešenosti, nego je odlučnim korakom izišao na *ledinu*; jer, tako su mu izgledala ona pusta polja.

Kada je prešao most, neki prosjaci koji su se tamo bavili svojim najslobodnijim zanatom pogledali su ga iznenađeno i podozrivo, kao da kažu: „Kakva je ovo ptica zašla u naše posede, a da joj mi nismo dali dozvolu? Moraćemo da vidimo..." Nazaren ih je pozdravio prijateljski klimnuvši glavom, i ne upuštajući se u razgovor sa njima produžio svojim putem, želeći da odmakne dok sunce ne upeče. Išao je i išao, neprestano analizirajući u glavi kakav to novi život započinje, dohvatao je i ostavljao njegovu dijalektiku u različitim tačkama, proučavajući je u svim zamislivim fazama i perspektivama, bilo povoljnim, bilo nepovoljnim, kako bi došao, kao u protivrečnom sudu, do najčistije istine. Zaključio je time što je oprostio sebi svaki greh neposlušnosti, i nije oborio samo jedan argument svojih zamišljenih optužitelja, na koji nije imao zadovoljavajući odgovor: „Zašto ne zatražite da stupite u Trećeredce?"[1] I uvidevši snagu tog zapažanja, rekao je sebi: „Bog zna da bih, naiđem li na ovom puteljku na neku kuću Trećeg reda, zatražio da me prime, i stupio bih u njega radosno, makar mi nametnuli i najmučnije iskušeništvo. Jer slobodu koju želim imao bih jednako ako bih sam tumarao po brdima i jarugama, ili ako bih bio podvrgnut strogoj disciplini neke svete ustanove. Složili smo se da sam izabrao ovaj život zato što mi najbolje leži i zato što je na njega Gospod ukazao mojoj savesti, tako neosporno jasno da ne mogu da to ne uvidim.

Osetio je mali umor na pola puta do Donjeg Karabanćela, pa je seo da pojede mrvu dobrog i bogatog hleba koji mu je *Kosmata* stavila u zobnicu, i uto mu priđe neki mršav pas, smerno i melanholično, pa je i on učestvovao u gozbi, i samo zbog tih mrva postao mu prijatelj i pravio mu društvo sve vreme dok se tamo odmarao posle skromnog ručka. Kada je ponovo krenuo, u pratnji psa, pre nego što je stigao do sela osetio je žeđ, pa je u prvom svratištu zatražio vode. Dok je pio, tri čoveka koja su izišla iz kuće u veselom razgovoru odmerila su ga sa neumesnom radoznalošću. Nema sumnje da je na njemu bilo nečega što je odavalo tobožnjeg ili improvizovanog prosjaka, i to ga je donekle uznemirilo. Kada je rekao „Bog vam platio" ženi koja mu je dala vodu, prišao mu je jedan od one trojice i rekao mu:

– Gospodine Nazarene, prepoznao sam vas po zvuku glasa. Vidi, vidi, kako ste se dobro prerušili. Sme li se znati... sa poštovanjem, kud ste pošli obučeni u siromaha?

---

[1] Treći red bio je milosrdna družba vezana za neki redovnički ili svetovni verski red, sastavljena od vernika koji nisu živeli u samostanima, nego uobičajenim svetovnim životom. *Prim. prev.*

— Prijatelju, pošao sam da tražim ono što mi nedostaje.
— Neka je uzdravlje... A vi me ne prepoznajete? Ja sam onaj...
— Jeste, onaj... Ali ne mogu da se setim...
— Što je pričao sa vama pre neki dan tamo niže... i ponudio vam... sa poštovanjem, šešir.
— Aa, da!... šešir koji sam odbio.
— Pa, tu smo, vama na usluzi. Hoćete li, vaše preosveštenstvo, da vidite Landaru?
— Neću, gospodine... Reci joj u moje ime neka bude dobra, ili neka uradi sve što je moguće da takva bude.
— Pogledajte je... Vidite one tri žene tamo, tačno sa druge strane puta, što beru popovu gaću i tušac? E, ona u crvenoj suknji je Landara.
— Mnogaja leta. Hajd! Ostaj s Bogom... A, trenutak: da li bi bio tako dobar da mi pokažeš neku prečicu kojom bih mogao da pređem sa ovog puta na onaj drugi, što kreće od Segovijskog mosta i vodi za Truhiljo?
— Pa, ovuda, pored ovih plotova, izići ćete pravo... Idite pored Logora, pa još napred, napred, neće vas prevariti staza, sve dok ne stignete baš do kuća u Brugadasu. Tamo se ukršta sa putem za Ekstremaduru.
— Veliko hvala, i zbogom.
Krenuo je, i za njim pas, koji je po svemu sudeći rešio da ga prati celog dana, i nije prešao ni stotinu metara kada je iza sebe čuo viku žene koja ga je žurno dozivala:
— Gospodine Nazarene, don Nazario!...
Stao je i video kako za njim kao bez duše trči crvena suknja i mršavo telo iz kojeg su se širile ruke koje su mahale poput krila na vetrenjači.
„Da se kladimo da je ova što trči srećnica Landara?", rekao je, zastavši.

Odista, bila je to ona, i putniku bi bilo prilično teško da je prepozna da nije znao da se ona tu nalazi. U prvi mah bi se moglo pomisliti da je to neko strašilo, napravljeno od motki i stare odeće kako bi od vrabaca zaštitilo seme, kakvim čudom oživelo i trčalo i govorilo, pošto je sličnost između devojke i neke od tih seoskih naprava bila savršena. Vreme, koje razara i najtvrđe stvari, ogulilo je i sljuštilo sa njenog lica krečnjački sloj rumenila i otkrilo crveno lice, mestimično zborano, a mestimično podbulo. Jedno oko bilo joj je veće od drugog, a oba ružna, mada ne toliko koliko usta, sa ispucalim usnama koje su pokazivale veći deo crvenih desni i nejednake zube od kojih su neki nedostajali, a mnogi bili krnjavi. Njeno telo nije imalo nikakvih oblina, ni traga od bilo kakve jedrine; sve sami čvorovi, vreća kostiju... i kakve crne ruke, kakvi dotrajali i prljavi nazuvci! Ali ono što je Nazarena najviše iznenadilo bilo je to što mu je ženica, kada ga je sustigla, izgledala postiđena, ustezala se pomalo kao dete, što je bilo najneobičnije i neviđeno u njenom preobražaju. Ako je otkriće stida na onom licu iznenadilo sveštenika-lutalicu, ništa manje zaprepašćenje nije kod njega izazvalo ni to što je primetio kako Landara ne pokazuje nikakvo čuđenje što ga vidi kao prosjaka. Njegov preobražaj nju nije iznenadio, kao da ga je već bila predvidela, ili ga smatrala za prirodnu stvar.

— Gospodine – rekla je nevaljalica – nisam htela da prođete a da ne razgovarate sa mnom... a da ja ne razgovaram sa vama. Znajte da se ovde nalazim od dana kad je bio požar, i da me niko nije video, i da se ne bojim Pravde.

— Dobro, Bog s tobom. Šta sad želiš od mene?

— Samo da vam kažem da je *Crkvenjakuša* moja rođaka i zato sam došla ovamo da se sakrijem, i prema meni se ponašaju kao da sam princeza. U svemu

im pomažem, i neću više da se vraćam u onaj smrdljivi Madrid, koji je prava propast za poštene ljude. Znači...
– Dobar dan želim... Zbogom.
– Čekajte malo. Kud se žurite? Recite mi, jesu vas gnjavile *kajafe* iz Suda? Lopuže nijedne! Srce mi kaže da su vam nešto uradili, i da je *Kamila*, profuknjača jedna, svašta napričala pred Sudom.
– Šta se mene više tiču i *Kamile* i *kajafe*, i bilo šta. Pusti to... I neka ti je sa srećom.
– Čekajte...
– Ne mogu da se zadržavam; žurim se. Jedino ti kažem, pokvarena Landaro, da ne zaboraviš ono na šta sam te upozoravao u mojoj kući; da se pokaješ...
– Ama pokajala sam se!... Kunem vam se, čak i kad bi opet bila lepa ili makar osrednja, ali neće mene ta sreća, ne bi se ponovo sa đavolom hvatala. Sad, pošto me se plaši prosto zato što sam grozna, poganac mi se i ne primiče. *Daklem*, ako se ne ljutite, da vam kažem nešto.
– Šta?
– Hoću da pođem sa vama... kud god pošli.
– Nemoguće, kćeri moja. Mnogo bi se mučila, patila, gladovala, žedna bila...
– Ne smeta mi. Pustite da pođem sa vama.
– Nisi dobra. Varaš se ako misliš da si se pokajala; to je samo odraz besa koji je kod tebe izazvalo to što si izgubila privlačnost; ali srce ti je i dalje nečisto, pa ovako ili onako, nosiš zlo u sebi.
– Nije, kad vam kažem?
– Znam te ja... Ti si podmetnula požar u kući u kojoj sam ti pružio utočište.
– Istina je, i nije mi žao. Zar nisu hteli da me otkriju i da vas upropaste zbog mirisa? E, smrad se vatrom isteruje.
– To ti kažem, da se pročistiš vatrom.

— Kakvom vatrom?
— Božije ljubavi.
— Pa ako krenem sa vama... zakačiću i ja tu vatru.
— Ne verujem... Nevaljala si, nevaljala. Ostani sama. Samoća je velika učiteljica duše. Ja je tražim. Misli na Boga, i pokloni mu svoje srce; seti se svojih greha, priseti se svih, da bi se zgadila i zgrozila nad njima.
— Pa pustite me da pođem...
— Nikako. Ako jednoga dana budeš bila dobra, naći ćeš me.
— Gde?
— Kažem ti da ćeš me naći. Zbogom.

I ne slušajući više njene reči, udaljio se brzim korakom. Landara je ostala sedeći na ivici puta, skupljajući kamenčiće sa zemlje i bacajući ih nedaleko od sebe, ne skidajući oči sa staze kojom se udaljavao sveštenik. On se osvrnuo dva-tri puta, i poslednji, već vrlo daleko, video ju je samo kao crvenu tačku usred zelenog polja.

2

Begunac je tog prvog dana svoga hodočašća imao susrete koji zaista ne zaslužuju da budu ispričani, i pominju se samo zato što su bili prvi, odnosno, što su označili početak njegovih hrišćanskih pustolovina. Ubrzo pošto se rastao sa Landarom začuo je pucnje iz topova koji su odjekivali sve bliže i bliže uz jezivo gruvanje koje je paralo vazduh i ulivalo strah u srce. Na strani sa koje je dopirala sva ta buka video je čete vojnika koji su se kretali tamo-amo, kao da vode bitku. Shvatio je da se nalazi u blizini terena za manevre na kojem se naša vojska uvežbava u vođenju bitke. Pas ga je pogledao ozbiljno, kao da mu govori: „Ne bojte se, gospodine gazdo moj, sve je to laža, tako vojnici po celu godinu, pucaju i trčkaraju jedni za drugima. Uostalom, kad bismo im prišli u vreme užine, verujte da bi nam nešto zapalo, jer to je svet mnogo široke ruke i prijatelj sirotinje."

Nazaren je malo postojao posmatrajući onu lepu igru i gledajući kako se raspršuje dim iz topova, i malo dalje na putu sreo je nekog pastira koji je vodio pedesetak koza. Bio je star, delovao vrlo prepredeno, i pogledao pustolova sa nepoverenjem. To nije bio razlog da ga naš hodočasnik ne pozdravi ljubazno i upita ga da li je daleko od staze koju traži.

– Čini mi se da ste novak u ovom poslu – rekao mu je pastir – i da nikad ovud niste prošli. Odakle dolazite, čoveče? Iz Argande? E, pa, dajem vam na znanje da gardisti imaju naređenje da pohvataju svu prošnju i da je vode u *privatilišta* što su u Madridu. Istina, posle *i* opet *pušte*, pošto tamo nema *rane* za tolike lenštine... Ostajte s Bogom, brate. Ja nemam šta da *vi* dam.

– Imam hleba – reče Nazaren, spuštajući ruku u zobnicu – i ako hoćete...

– Šta je to, dobri čoveče? – odvrati onaj drugi merkajući polovinu hleba koja mu se nudila. – Pa taj ti je iz Madrida, beli, dobar.

– Da podelimo ovaj komad, imam još jedan koji mi je *Kosmata* spremila kad sam pošao.

– Zahvaljujem, dobri priko. Dođte vamo. Znači, samo pravo, pravo, i za dvadeset minuta ste na drumu za Mostoles. Nego, recite, imate li dobrog vina?

– Nemam, gospodine; ni lošeg ni dobrog.

– Čudo... Zdravi da ste, zemljače.

Zatim je sreo dve žene i nekog dečka, koji su išli natovareni blitvom, zelenom salatom i listovima raštana, onim što se čupaju oko podnožja biljke i daju se svinjama. Tu je Nazaren oprobao svoj novi-novcati prosjački zanat, i seljanke su bile tako širokogrude da su mu, čim su čule prve reči, dale dve zbrčkane zelene salate i pola tuceta mladih krompirića koje je jedna od njih izvukla iz neke vreće. Hodočasnik je stavio milostinju u svoju zobnicu, misleći da, ako uveče naiđe na neki ugarak na kojem uzmogne da ispeče krompire, već ima obezbeđenu, uz zelenu salatu pride, izvanrednu večeru. Na drumu za Truhiljo video je neke zaglibljene taljige i tri čoveka koji su se mučili da izvuku točak iz rupe. Pomogao im je a da mu to nisu ni tražili, uloživši u to svu snagu svojih mišića, koja nije bila velika, i kada je operacija srećno završena, oni mu baciše neku sitnu paru na zemlju. Bio je to prvi novac koji je pokupila njegova prosjačka ruka. Do tada je sve išlo dobro, i Čovečanstvo koje je sretao u onoj nedođiji izgledalo mu je sasvim drugačije prirode od onoga koje je ostavio u Madridu. Razmišljajući o tome, zaključio je tako što je priznao da događaji prvoga dana nisu pravilo, i da ga svakako moraju snaći izvanredne nevolje, i da će ga kasnije zadesiti muke, jadi, nedaće i jezive patnje koje je njegova razbuktala mašta tražila.

Nastavio je dalje prašnjavim drumom sve do sumraka, kada je video kuće za koje nije znao da kaže da li je to Mostoles ili nije, niti ga je zanimalo. Bilo mu je dovoljno to što je video čovečija staništa, i uputio se ka njima da zamoli da mu dopuste da prespava, makar i u ostavi za drva, oboru ili pod nadstrešnicom. Prva kuća bila je velika, nalik staji, sa nekom sasvim bednom krčmicom ili bifeom sagrađenim uza zid sa strane. Pred kapijom se pola tuceta svinja valjalo u blatu. Nešto dalje, putnik je video tor gde su žigosane mazge, neka kola sa rudom podignutom uvis, kokoške koje su ulazile jedna za drugom, neku ženu kako pere suđe u bari, posečene izdanke loze poređane na gomilu, i neko polusasušeno drvo. Prišao je ponizno trbušastom starčiću sa licem crvenim od vina, u običnom odelu, koji je izlazio na kapiju, i smerno ga zamolio da mu dozvoli da provede noć u nekom uglu u dvorištu. Samo što je to čuo, Majko Božija, kadli je počeo da sipa drvlje i kamenje na ona usta. Najblaža reč bila je da mu je više dosta da ugošćava lopove na svom imanju. Don Nazariju nije bilo potrebno više ništa da čuje, nego ga je pozdravio sa kapom u ruci i udaljio se.

Žena koja je prala u bari pokazala mu je neku utrinu, delom ograđenu razvaljenim plotom, a delom kupinama i koprivama. Ulazilo se kroz uzan prolaz, i unutra se nalazila započeta zgrada, potporni stubovi od cigle do visine od jednog metra koji su ocrtavali arhitektonski oblik i bili ovenčani žutom travom. Iz zemlje je bila izrasla čemerika, pedalj visoka, a između dva zida, naslonjena na visoku ogradu u dnu, videla se nadstrešnica sklepana od motki, šiblja, slame i blata, vrlo krhka građevina, ali ne potpuno nekorisna, pošto su se pod nju sklonila tri prosjaka: jedan par, ili bračni par, i još jedan mlađi čovek sa drvenom nogom. Udobno smešteni u tako primitivnom staništu, zapalili su vatru i na nju stavili lonac, sa kojeg je žena skidala poklopac da promeša sadržaj, dok je muškarac raspirivao vatru duvajući iz petnih žila. Šepavac je svojim nožićem seckao štapiće kojima je pažljivo džarao vatru.

Nazaren ih je zamolio da dopuštenje da se sakrije pod tim krovom, i oni su mu odgovorili da je nadstrešnica u slobodnom vlasništvu i da do mile volje može ulaziti i izlaziti odatle, bez propusnice. Nisu se, dakle, protivili da pridošlica zauzme neko mesto, ali ne treba da očekuje da će učestvovati u toploj večeri, pošto su oni siromašniji nego onaj ko je izmislio siromaštvo, i mogu samo da primaju, ali ne i da daju. Pokajnik je požurio da ih umiri, rekavši im da ne traži ništa osim dozvole da primakne neke krompiriće vatri, a zatim ih je ponudio hlebom, koji su oni uzeli bez prenemaganja.

– I, kako je u Madridu? – rekao mu je stariji prosjak. – Mi, kad *odradimo* sva ova sela, mislimo da stignemo tamo oko Svetog Isidora[1]. Kako vam se čini ova godina? Ima li bede, jel trgovina još loše ide?... Rekoše mi da će Sagasta da padne.[2] Ko nam je sad gradonačelnik?

Don Nazario mu je odgovorio na lep način kako ništa ne zna ni o trgovini, ni o poslovima, niti ga zanima hoće li Sagasta vladati ili neće, i da gospodina gradonačelnika poznaje koliko i cara Trapezunta. Time je razgovor završen; oni drugi večerali su iz zemljanog lonca, ne ponudivši novog gosta; ovaj je ispekao svoje krompire, i sve četvoro više nisu razmišljali ni o čemu osim da legnu, tražeći najskrovitiji kutak. Novajliji su ostavili najgore mesto, gotovo izvan zaštite nadstrešnice; ali ništa od toga nije povredilo njegov snažni duh. Našao je kamen koji će mu poslužiti kao jastuk i umotao se u svoj ogrtač najbolje što je mogao, pa je legao tako udobno, računajući na to da će mu mirna savest i umor tela pomoći da dobro spava. Kraj njegovih nogu sklupčao se pas.

U neko doba noći probudilo ga je režanje životinje, koja je ubrzo počela oštro da laje, i kada je podigao glavu sa pretvrdog jastuka, Nazaren je ugledao neku priliku, muškarca ili ženu, što u prvom trenutku nije mogao da utvrdi, i začuo glas koji mu je rekao:

---

[1] Na dan svetog Isidora, zaštitnika Madrida, u tom gradu su se priređivala, uostalom kao i danas, ulična slavlja i borbe bikova, te su to vreme smatrali unosnim i za prošnju. *Prim. prev.*

[2] Praksedes Mateo Sagasta (1825-1903) španski političar, dugogodišnji predsednik Liberalne partije i u nekoliko navrata predsednik Vlade. *Prim. prev.*

— Ne bojte se, oče, ja sam; ja sam, Landara, iako niste hteli, pošla sam sinoć za vama.
— Šta tražiš ovde, ludo? Zar ne vidiš da smetaš ovoj... *gospodi*?
— Ne, pustite me da završim. Prokleti pas je počeo da laje... ali ja nisam ni šušnula. Pa, pratila sam vas i videla da ste ušli ovamo... Nemojte da se ljutite. Htela sam da vas poslušam i da ne pođem: ali noge su me same povele. To vam je bilo nešto *bez razmišljanja*... Ne znam šta mi se dešava. Moram sa vašim preosveštenstvom da idem, i na kraj sveta, inače, nek me pokopaju... Ajde, spavajte, a ja ću da prilegnem ovde na travu, da se odmorim, neću da spavam, neće mi san na oči, zlo i naopako!
— Gubi se odavde i umukni — rekao joj je dobri sveštenik, ponovo spustivši bolnu glavu na kamen. — Šta će reći ova gospoda! Čuješ li? Već se bune zbog buke koju praviš.

Odista, onaj sa drvenom nogom, koji im je bio najbliži, počeo je da se meškolji, i pas je nametljivu devojku još jednom pozvao na red. Napokon je ponovo zavladala tišina, koja bi bila duboka da je nije remetilo strašno hrkanje starijeg para. U zoru su se svi probudili, čak i don Nazario, koji se iznenadio što ne vidi Landaru, zbog čega je posumnjao da je njeno pojavljivanje usred noći bio san. Troje prosjaka sa stalnim nameštenjem i prosjački šegrt malo su čavrljali, i starci su predstavili tako tužnu sliku o tome koliko im je loše te godine išlo, da se Nazaren veoma sažalio na njih i ustupio im sav svoj kapital, odnosno onaj novčić koji su mu dali vozari. Ubrzo potom Landara je ušla na gradilište, pravdajući se zašto je iznenada otišla malo pre nego što se on probudio. A to je bilo zato što se, pošto nije mogla da spava na tako tvrdom krevetu, razbudila pre zore, i kada je izišla na drum da izvidi mesto na kojem se nalazi, videla da to nije ništa drugo do velika varoš Mostoles, koju je vrlo dobro poznavala pošto je više puta ovamo dolazila iz svog sela. Dodala je, ako don Nazario dozvoljava, raspitaće se da li tu još žive dve sestre, njene prijateljice, po imenu Beatris i Fabijana, jedna od njih dve bila je u vezi sa nekim kasapinom iz Madrida, pa su se posle venčali, i on je otvorio krčmu u ovom mestu. Sveštenik nije imao ništa protiv da ona potraži svoje poznanike i vidi se sa njima, makar zbog toga morala da ode na kraj sveta i da se ne vrati, pošto nije želeo takvu ženu da vodi sa sobom. I sat kasnije, dok je hodočasnik ćaskao sa nekim kozarom koji ga je velikodušno počastio hlebom udrobljenim u mleko, video je svoju pratilju kako dolazi sva snuždena, i *velis nolis*,[1] morao da sluša njene priče koje mu odjednom uopšte nisu bile zanimljive. Kasapin-krčmar je umro od posledica uboda rogovima koje mu je zadao neki junac na koridi u Mostolesu, i suprugu ostavio u bedi, sa devojčicom od tri godine. Sestre su živele u ruševnoj krčmi ukraj neke staje, bez igde ičega, sirotice, i već bi otišle za Madrid, trbuhom za kruhom (što Beatris, mladoj i zgodnoj, ne bi teško palo) da se devojčica nije mnogo razbolela, ima mnogo težak tifus, koji će je van svake sumnje za manje od dvadeset i četiri sata poslati na Nebo.

– Anđele Božiji! – uzviknuo je asketa prekrstivši ruke. – Nesrećna majka!

– A meni – nastavila je skitara – čim sam videla kakva ih je beda snašla, i majku kako plače, i Beatris kako šmrca, i devojčicu kojoj je na licu pisana smrt... došlo nešto teško... i onda osetim kako mi bije srce, i utroba onako kao da je počela da mi arlauče, znate?... Ee, tu neću promašiti... Obradovala sam se kad sam to osetila, i rekla sam sebi: „Idem da ispričam ocu

---

[1] Hteo, ne hteo *(lat.)*. *Prim. prev.*

Nazarenu, da vidim oće li da pođe, da vidi devojčicu i da je izleči.
— Ženo Božija! Šta to pričaš? Zar sam ja lekar?
— Lekar niste... ali vi ste nešto drugo, što vredi više nego sve lekarije. Ako vi to hoćete, don Nazario, devojčica će ozdraviti.

3

— Poći ću — rekao je mančanski Arapin pošto je po treći put saslušao Landarine molbe — ići ću, ali samo zato da sirotim ženama pružim utehu bogobojažljive reči... Moje sposobnosti ne idu preko toga. Samilost, kćeri moja, Hristova ljubav i ljubav bližnjeg jesu lek za telo. Hajdemo, da, pokaži mi put; ali ne zato da bih izlečio devojčicu, jer to može da uradi nauka, a ako je slučaj beznadežan, samo Bog Svemogući.
— Meni ste našli da pričate priče? — odvratila je devojka onako bestidno kao što je to imala običaj tokom svog zatočeništva u Ulici Amazonki. — Nemojte, vaše preosveštenstvo, preda mnom da se prenemažete; znam ja da ste vi svetac. Ajde, ajde. Meni ćete vi!... I što vam je teško da učinite čudo, ako oćete?
— Ne huli, neznalice i bezbožnice. Ja da činim čuda!
— Pa, ako vi ne činite čuda, ko će?
— Ja... bezumnice; ja da činim čuda, poslednji među slugama Božijim! Otkud ti to da je meni, koji nisam ništa, koji ne vredim ništa, Njegovo Božansko Veličanstvo moglo da udeli čudesni dar koji su na Zemlji uživali samo retki, malobrojni izabrani, pre anđeli nego ljudi? Nesrećnice, sklanjaj mi se sa očiju, tvoje budalaštine, koje nisu kćeri vere, nego lakoverne praznoverice, ljute me više nego što bih želeo.
I odista, delovao je tako ljutito da je čak i zamahnuo štapom kao da će je udariti, što je za njega vrlo

neobična stvar koja se dešavala samo u izvanrednim slučajevima.

— Za koga ti mene smatraš, dušo puna greha, pameti iskvarena, prirodo nezdrava telom i duhom? Zar sam ja možda varalica? Zar hoću da obmanjujem ljude?... Prizovi se pameti i ne pričaj više o čudima, jer ću pomisliti ili da se sprdaš sa mnom, ili da su tvoje neznanje i nepoznavanje zakona Božijih danas jednako veliki kao što je to bila tvoja izopačenost.

Landara se nije dala ubediti, pripisujući reči svoga zaštitnika skromnosti; ali, ne pominjući više čudo, navaljivala je da ga odvede svojim prijateljicama i devojčici na samrti.

— To hoću... Da posetim te sirote ljude, da ih utešim i da molim Gospoda da im da snage u njihovim nedaćama, to ću učiniti... nego šta! To mi je najveće zadovoljstvo. Hajdemo tamo.

Nije im trebalo ni pet minuta da stignu; aždaja ga je tako žurno vodila blatnjavim uličicama punim kopriva i krhotina. U bednoj krčmi, sa zemljanim podom, ispucalim zidovima koji su pre ličili na žaluzine kroz koje se probijao vazduh i svetlost, sa krovom koji se gotovo nije ni video od silne paučine, sa posvuda razbacanim praznim bačvama, bezobličnim predmetima, Nazaren je ugledao jadnu porodicu, dve žene umotane u ogrtače, očiju pocrvenelih od plača i neispavanosti, koje su se tresle i podilazila ih jeza. Fabijana je preko čela čvrsto vezala maramu u visini obrva: bila je crnomanjasta, smežurana, suvonjava, bedno obučena. Beatris, mnogo mlađa, mada je već bila napunila dvadeset i sedmu, nosila je maramu vezanu na madridski način, ljupko, i njene haljine, mada siromašne, otkrivale su da voli da se gordi. Njeno lice, mada ne lepo, bilo je prijatno; bila je skladnih oblika, visoka, vitka, gotovo nadmena, crne kose, bele puti i plavih očiju okruženih tamnocrvenim kolutovima. U ušima je nosila minđuše od filigrana, a na rukama, koje su bile više građanske nego seljačke, negovane, prstenje male ili nikakve vrednosti.

U dnu sobe bile su razapele uže o koje je bila obešena zavesa, kao u pozorištu. Iza nje se nalazila spavaća soba, a u njoj krevet, ili tačnije kolevka bolesne devojčice. Dve žene su dočekale pustinjaka-lutalicu ukazujući mu ogromno poštovanje, nesumnjivo zbog onoga što im je Landara ispričala; ponudile su ga da sedne na klupicu i poslužile ga šoljom kozijeg mleka sa hlebom, što je on uzeo da ih ne bi ražalostio, podelivši obrok sa ženturačom iz Madrida, koja je imala osrednji apetit. Ušunjale su se dve stare susetke, da pronjuškaju, i čučeći na podu, više sa radoznalošću nego sa čuđenjem posmatrale dobrog Nazarena.

Svi su pričali o bolesti malecke, koja se od početka pokazala kao veoma teška. Onog dana kad se razbolela, njena majka je od svitanja nešto predosećala, pošto je, kada je otvorila vrata, videla kako proleću dva vrana gavrana, i tri svrake nasađene na motki ispred kuće. Već od toga joj se steglo u želucu. Posle je izišla u polje, i videla pticu mračnjaka kako poskakuje pred njom. Sve je to bilo loše znamenje. Kad se vratila kući, devojčica u groznici, sva gori.

Kada ih je don Nazario pitao da li joj dolazi lekar, odgovorile su da dolazi. Don Sandalio, seoski lekar, dolazio je tri puta, i poslednji put je rekao da samo Bog nekim čudom može da spase malu. Doveli su i neku vračaru, koja je dobro vidala. Stavila joj je obloge od repova daždevnjaka skupljenih tačno u ponoć... Na to devojčica kao da je reagovala; ali nada je kratko trajala. Vračara je, neutešna, rekla im je da to što repovi daždevnjaka ne deluju zato što je mesec u opadanju. Kad raste, stvar je sigurna, savršeno sigurna.

— Ali, kćeri moje, kako hoćete ja da je izlečim? Nemojte biti lude. Materinska ljubav vas je zaslepila.

Ja ne umem da lečim. Ako Bog hoće da vam uzme devojčicu, zna zašto to radi. Pomirite se sa tim. A ako odluči da vam je sačuva, uradiće to prosto ako ga vi za to budete molile, mada ne škodi ni da mu se i ja pomolim.

Toliko su ga molile da je pogleda, da je Nazaren ušao iza zavesice. Seo je pored detetovog kreveta i dugo ga posmatrao u tišini. Karmensita je imala lice pokojnice, usne gotovo crne, oči upale, koža joj sva u vatri, i celo telo malaksalo, nepomično, najavljujući nepomičnost u grobu. One dve žene, majka i tetka, ponovo su počele da liju suze kao Magdalene, i susetke koje su onamo ušle učinile su isto, i sred hora ženske tuge, Fabijana se obratila svešteniku:

— Pa, ako Bog hoće da učini čudo, ima li bolje prilike? Znamo da ste vi, oče, od fele božanskih anđela, i da ste obukli tu odeću i idete bosi i prosite kako biste se bolje ugledali na Našega Gospoda Isusa Hrista, koji je takođe išao bos i nije jeo ništa osim onoga što mu daju. A ja kažem da su ova vremena kao ona druga, i ono što je Gospod tada činio, zašto ne bi i sad? Sve u svemu, ako hoćete da nam spasete devojčicu, spašćete nam je, kao što je evo sada dan. I u to verujem i u vaše ruke stavljam svoju sudbinu, blagosloveni gospodine.

Sklonivši ruke da mu ih ne bi ljubile, Nazaren smirenim i odlučnim glasom reče:

— Gospođe moje, ja sam jadni grešnik poput vas, nisam savršen, nisam ni na stotinu hiljada milja od savršenstva, i ako me vidite u ovom skromnom odelu, to je zato što volim siromaštvo, zato što verujem da na taj način služim Bogu, i to bez ikakvog hvalisanja, i ne verujem da zato što idem bos vredim više od onih koji nose duboke cipele, niti zamišljam da sam, zato što sam siromah, što sam bedan, bolji od onih koji imaju bogatstva. Ja ne umem da lečim; ne umem da činim čuda, niti mi je ikada palo na pamet da bi Bog mogao da čini čuda pomoću mene, a on je jedini koji ume da promeni, kada mu je tako po volji, zakone koje je dala Priroda.

— Možete, nego šta, nego možete, možete! — povikale su prisutne žene u glas, stare i mlade.

— Ne mogu, kažem vam... i samo ćete uspeti da me naljutite, hajdete! Nikada ne očekujte da se ja pojavim pred svetom zaodeven moćima koje nemam, niti da preotimam neku višu ulogu umesto uloge neznatnog i skromnog čoveka koja mi pripada. Ja nisam niko, nisam svetac, nisam čak ni dobar...

— Nego šta, nego jeste, jeste vi takvi.

— Hajde, nemojte mi protivrečiti, inače ću otići iz vaše kuće... Teško vređate Našega Gospoda Isusa Hrista kada pretpostavljate da ovaj njegov siroti sluga može da se meri, ne sa Njim, što bi bilo sumanuto, nego čak ni sa izabranim ljudima kojima je dao moći da čine čudesa kako bi poučavali pagane. Ne, ne, kćeri moje. Cenim vašu prostodušnost; ali ne želim da u vašim dušama raspaljujem nade koje će stvarnost rasprštiti. Ako je Bog odlučio da devojčica umre, to je zato što joj je namenjena smrt, kao što i je vama namenjena patnja zbog nje. Prihvatite vedrog duha volju nebesku, što ne znači da ne treba da preklinjete sa verom i ljubavlju, da se molite, da sa žarom tražite od Gospoda i njegove Presvete Matere da devojčica ozdravi. A što se mene tiče, znate li šta jedino mogu da učinim?

— Šta, gospodine, šta?... Učinite to, brzo.

— Isto to: da se molim Bogu da vrati zdravlje i lepotu ovoj nevinoj devojčici, da ponudim svoje zdravlje, svoj život, na koji god način hteo da ih uzme; da u zamenu za uslugu za koju ga molimo na mene sruči sve nedaće, sve nevolje, sve boljke i boli koji mogu mučiti Čovečanstvo na kugli zemaljskoj... da na mene sruči svu bedu u najužasnijem obliku, pretužno slepilo, jezivu gubu... sve živo, sve neka je na meni, samo neka vrati u život ovo nežno i nevino biće, a vama neka udeli nagradu za vaše muke.

To je rekao sa tako vatrenim oduševljenjem i tako dubokim i čvrstim ubeđenjem, verno prenetim u reč, da su žene počele da zapomažu, iznenada obuzete nezdravim ushićenjem. Sveštenikovo oduševljenje prenelo se na njih kao kada varnica padne na gomilu baruta, i tu nasta neobuzdano plakanje i grčevito kršenje ruku, pomešaše se krici molbi sa bolnim jecajima. Hodočasnik za to vreme, ćutljiv i ozbiljan, spusti ruku na čelo devojčice, kao da hoće da proveri koliko je jaka groznica muči, i u tom položaju pusti da prođe izvesno vreme, ne obraćajući pažnju na kuknjavu neutešnih žena. Ubrzo potom se oprostio od njih, uz obećanje da će se vratiti, a kada je upitao gde se nalazi mesna crkva, Landara se ponudila da mu pokaže, pa su otišli, i on je tamo proveo ceo bogovetni dan. Aždaja nije ulazila u crkvu.

4

U smiraj dana, kada je izišao iz hrama, prve osobe na koje je Nazario naišao bile su Landara i Beatris, koje su pošle po njega. „Devojčica nije ništa gore – rekle su mu. – Čak izgleda da se malo smirila... Otvorila je oči na trenutak, i gledala nas... Videćemo kako će provesti noć."

Dodale su kako su mu spremile skromnu večeru, koju je prihvatio da ne bi delovao kao osobenjak i nezahvalnik. Kada su se svi okupili u krčmi, Fabijana kao da je malo živnula, pošto je na devojčici oko podneva primetila neko poboljšanje; ali predveče se stanje ponovo pogoršalo. Nazaren joj je zapovedio da nastavi da joj daje lekove koje joj je propisao lekar.

Pod svetlošću čkiljavog fenjera koji je visio sa tavanice, večerali su, a gost je svoju uzdržanost doveo do takve krajnosti da je uzeo samo pola kuvanog jajeta i tanjirić minestre uz komadić hleba. Vino, ni da pogleda. Mada su mu pripremile meku postelju od sena i ćebadi, odbio je da tu prenoći, i braneći se kako je znao i umeo od ljubaznog navaljivanja onog dobrog sveta, odlučio je da prespava sa svojim psom na prostranoj građevini gde je proveo prethodnu noć. Pre nego što je otišao na počinak nakratko su zapodenuli razgovor, ali se nije moglo govoriti ni o čemu drugom osim o bolesnoj devojčici i o tome koliko su uzaludne, kad god je bolest u pitanju, sve nade u olakšanje.

– Pa i ova je – rekla je Fabijana pokazujući na Beatris – nešto bolešljiva.

– Ne izgleda tako – primetio je Nazaren, posmatrajući je pažljivije nego do tada.

– To vam je – rekla je Landara – od prokletih živaca. Takva je otkako se vratila iz Madrida; ali joj se ne vidi na licu, zar ne? Svakog je dana sve lepša... I sve to od straha, od velikog straha koji je pretrpela zbog onog momka.

– Ćuti, glupačo.

– Pa dobro, neću da kažem...

– Ma nju je uhvatio – dodala je Fabijana – grč u srcu, da kažemo, zle čini, jer verujte, oče Nazarene, po selima ima zlobe, i ljudi mogu da vam naškode samo tako što vas pogledaju iskosa.

– Nemojte biti sujeverne, rekao sam vam, i ponavljam.

– Ma mene je uhvatilo – reče Beatris, ne bez izvesnog ustezanja – to što sam pre tri meseca izgubila želju da jedem, ali toliko da nisam u usta ni koliko za pšenično zrno mogla da stavim. Da li su me uvračali ili nisu, ne znam. Prvo nisam mogla da jedem, a onda nisam više mogla ni da spavam; po cele noći sam provodila šetajući se po kući, i ovde mi se spustio neki teret, u želucu, kao da su preko mene stavili granitnu stenu, od najvećih kojih ima.

— A posle — dodade Fabijana — dobije tako jake napade, ali tako jake, gospodine Nazarene, da je ni svi zajedno nismo mogli da obuzdamo. Rikala je i bacala penu na usta, pa onda počne da urla i da govori stvari od koje bi ženu živ sram pojeo.

— Nemojte biti naivne — rekla je Landara sa iskrenim ubeđenjem — tako je to kad đavo uđe u telo. I meni se to desilo kad sam bila šiparica, pa sam se izlečila nekim praškom što se zove... nešto kao *bromovična kiselina* ... ili šta ja znam.

— Bili đavoli ili ne bili — oglasi se Beatris — mučila sam se da ne mogu da vam opišem, gospodine pope, i kad me uhvati, mogla sam i majku da ubijem, da sam je imala, uzela bih živo dete ili nečiju nogu da je pojedem, zubima da je rastrgnem... kako sam samo htela da umrem! Ponekad sam samo na smrt mislila, i kako sve žena može da se ubije. A najgore do svega je bilo što mi uđe neki strah od stvari. Nisam mogla da prođem pored crkve a da ne osetim da mi se kosa diže na glavi. Da uđem? Pre bih umrla. Kad vidim popa u mantiji, ili kosa u krleci, ili grbavca, ili svinju sa prasićima, to me je najviše užasavalo. A da čujem zvona? To me je izluđivalo.

— Pa to — reče Nazaren — nije nikakva vradžbina ni đavoli; to je prilično uobičajena bolest, dobro proučena, koja se zove histerija.

— *Isterija*, nema sumnje; to je i lekar rekao. Uhvati me napad a uopšte ne znam zašto, i prođe me, a ne znam kako. Da uzmem nešto? Bože moj, šta sve nisam uzimala! I vrbove prutiće koje sam potapala petkom, surutku od mleka crne krave, mrave istucane sa lukom! I kakve sve krstove, medaljone, i zube mrtvaca nisam kačila oko vrata!

— Pa, jeste li se izlečili? — upita je Nazaren, pogledavši je ponovo.

— Izlečila se nisam. Pre tri dana me uhvatila neka pakost, omrzla sam neku ženu; ali je slabije nego pre. Bolje mi je.

— Pa, žao mi je. Ta bolest je zacelo vrlo teška. Kako se leči? U tome veliku ulogu igra mašta, i uz pomoć mašte treba da se leči.

— Kako to, gospodine?

— Tako što ćete se truditi da dobro prihvatite ideju da su ti napadi izmišljeni. Zar niste rekli da se plašite Svete Crkve? Onda treba da pobedite taj strah i da uđete unutra, i da od sveg srca molite Gospoda da vam donese olakšanje. Uveravam vas da u telu nemate nikakvog đavola, recimo da ćemo tako nazvati one čudne promene osetljivosti koje stvara naš nervni sistem. Verujte da te pojave ne znače da vam je bilo šta u telu povređeno ili bolesno, i više nećete bolovati od toga. Otrgnite se od tuge, šetajte, zabavite se, jedite koliko god možete, izbacite iz glave mračne misli, pokušajte da spavate, i već ćete biti zdravi. Hajde, gospođe, kasno je, i ja idem na počinak.

— Nemojte misliti, oče — rekla mu je Beatris opraštajući se — mnogo ste me utešili onime što ste mi rekli o boljci koja me muči. Ako su đavoli, zato što su đavoli; ako nisu, zato što su živci... stvar je u tome što više vere imam u vas nego u sve seoske lekare i lekarije na svetu... I tako... laka vam noć.

Nazaren se dugo molio, a potom spavao kao blažen sve do zore. Ljupka pesma ptičica koje su se nastanile u onom trnovitom žbunju probudila ga je, i ubrzo zatim stigla je Landara sa prijateljicom da mu javi dobre vesti. Devojčici je bolje! Provela je mirni-

ju noć, i od rane zore je bila vedrija i oči su joj sijale, što su znaci poboljšanja.
— Ako to nije čudo, nek dođe Bog, pa nek vidi!
— Nije čudo — rekao im je ozbiljno. — Bog se smilovao na nesrećnu majku. Možda bi to uradio i bez naših molitvi.

Zajedno su pošli onamo i zatekli Fabijanu ludu od sreće. Zagrlila je popicu, čak je htela i da ga poljubi, čemu se on odlučno suprotstavio. Bilo je nade, ali još ne i razloga da se veruje kako je devojčica izlečena. Moglo bi da dođe do pogoršanja, a koliko bi onda bio veći bol sirote majke! Ukratko, kakav god da bude ishod, one će već videti, jer on, ako nemaju ništa drugo da od njega traže, kreće istog trenutka, pošto pojede sasvim skroman doručak. Uzalud su ga one tri žene nagovarale i obasipale ga ljubaznostima ne bi li ga zadržale. On tu više nije imao nikakvog posla; gubio je vreme savršeno bez potrebe, i morao je da krene kako bi ostvario svoju svetu hodočasničku zamisao.

Rastanak je bio nežan, i mada je više puta upozorio naprasitu Madriđanku da ne kreće za njim, ona je rekla, onako grubo kako ume, da bi ga sa uživanjem pratila i na kraj sveta, jer joj srce tako traži, jer je njena volja nemoćna da odoli toj zapovesti. Krenuli su, dakle, zajedno, a za njima mnoštvo dečurlije i poneka starica iz sela; bilo ih je toliko da se Nazaren, ne bi li se oslobodio pratnje koja mu nije prijala, udaljio od druma i krenuvši preko polja sa leve strane od carskog druma, pošao pravo prema šumarku koji se video u daljini.

— Znate? — rekla mu je Landara kada su se i poslednji ostaci pratnje vratili — Beatris mi je sinoć rekla da će, ako devojčica ozdravi, učiniti isto što i ja.
— Pa šta će to da uradi?
— Ići će za vama kuda god krenete.

— Da joj nije palo na pamet. Ne želim da me bilo ko prati. Bolje mi je samom.
— Pa, ona tako želi. Kaže, radi pokore.
— Ako hoće da čini pokore, u dobri čas; ali radi toga ne mora da ide za mnom. Neka ostavi sve svoje imanje, čime, kako mi se čini, neće podneti prevelike žrtve, i neka krene u prošnju... ali sama. Neka svakoga sa svojom savešću, i svakoga sa svojom samoćom.
— Pa, ja sam joj odgovorila da može, da ćemo je povesti...
— A ko tebe pita?...
— Ja se pitam, nego šta, gospodine, zato što volim Beatris, i znam da će joj ovaj život prijati. Kao što će joj dobro doći da čini pokore da se oslobodi onoga što joj ubija dušu, a to je neki nevaljalac po imenu *Kicoš*, ili *Lepotan*, nisam sigurna. Ali znam ga ja: zgodan momak, udovac, sa dlakavim mladežom ovde. E, taj joj je mozak popio, i đavole joj u telo ubacio. Vuče je za nos; danas neće ni da je pogleda, sutra je drži kao malo vode na dlanu, i eto ti zašto je ona onako *poisterisala*. Valjaće joj, nego šta, gospodine, valjaće joj da pođe da hodočasti, da pročisti glavu od nevaljalstava, jer ako nema đavole u stomaku i u grudima, ni u slabinama, u mozgu u glavi ih svakako ima nebrojeno. I to sve od jednog pobačaja; u stvari, bila su dva...
— Zašto mi pričaš sve te prazne priče, opajdaro nesnosna? — reče joj Nazaren ljutito. — Kakve ja veze imam sa Beatris, i sa *Kicošem*, i sa...?
— Pa zato što morate da je zaštitite, jer ako brzo ne krene sa nama kao pokajnica, i počne malo da pazi na svoju dušu, upašće opet u neko zlo, u vezi sa telom, zlo i naopako! Pa ovoliko je falilo! Kad se devojčica razbolela, ona je već bila spakovala stvari u kovčeg da krene za Madrid. Pokazala mi pismo od Seve koja je zvala, i...
— Aman, ne pričaj mi ništa!

— Evo, završavam... Ta Seve joj je rekla da brzo dođe, i da će tamo... pa...
— Umukni!... Neka ide Beatris kud god joj je volja... Ne; to, nikako; nikako neka se ne odaziva na poziv te pokvarenice... neka ne zagrize udicu koji joj baca đavo, isprazan, varljiv mamac... Reci joj neka ne ide, da je tamo čekaju greh, pokvarenost, porok, i gnusna smrt, kada više neće imati vremena da se pokaje.
— Ali kako sve to da joj kažem, oče, ako se ne vratimo u Mostoles?

5

— Idi ti, a ja ću te sačekati ovde.
— Neće poslušati ono što joj ja kažem. Ako odete vi lično i lepo joj kažete, nikako neće propasti. Vama veruje, jer zbog ono malo što vas je slušala kako objašnjavate njenu bolest već misli da je izlečena i da više neće dobijati napade. Hajdemo, onda, ako hoćete.
— Pusti me, pusti me da razmislim.
— A tako ćemo saznati i da li je devojčica na kraju umrla ili je preživela.
— Nešto mi govori da je preživela.
— Hajde onda da se vratimo, gospodine... da vidimo.
— Ne; ti se vrati, i reci svojoj prijateljici... Ukratko, sutra ću odlučiti.
Zaklon su našli u nekom toru, pošto su kupili večeru za nekoliko novčića koje im je donela prošnja toga dana, i pošto je u osvit sledećeg dana Nazaren krenuo istim putem kojim je pošao iz Mostolesa, Landara mu reče:
— Znate li vi kuda idemo?
— Kuda?

— Pa u moje selo, zlo i naopako!
— Rekao sam ti da preda mnom više ne izgovaraš nikakve ružne reči. Ako ti se još jednom desi, neću ti dozvoliti da ideš sa mnom. Dobro, kuda kažeš da smo krenuli?
— Prema Polvoranki, a to je moje selo, gospodine; i ja, ako ćemo pravo, ne bih volela da idem u svoj kraj, gde imam rodbinu, neki su i na dobrom položaju, i sestra mi je udata za trošarinca. Nemojte misliti da je Polvoranka luk i voda, imamo mi tamo bogatih ljudi, ima ih i koji imaju po šest pari... mazgi, htedoh da kažem.
— Shvatam da se stidiš da zađeš u svoj zavičaj — odvratio je hodočasnik. — Eto ti! Da si dobra, svuda bi mogla da odeš i da ne pocrveniš. Nećemo tamo, dakle, nego da krenemo na onu drugu stranu, što se našeg cilja tiče, isto je.

Išli su celog tog dana, i nije im se dogodilo ništa dostojno pomena osim što ih je napustio pas koji je Nazarena pratio još od Karabanćela. Bilo zato što je životinja takođe imala časnu rodbinu u Polvoranki, bilo zato što nije volela da napušta svoj teren, a to je bila uža zona Madrida, u svakom slučaju, u predvečerje se *oprostio* kao nezadovoljan sluga i šturnuo u pravcu Prestonice u potrazi za boljim nameštenjem. Pošto su proveli noć pod vedrim nebom, u podnožju nekog jasena, putnici su ponovo ugledali Mostoles, kuda ih je vodila Landara, a da don Nazario nije ni znao kuda idu.

— Vidi, vidi! Opet smo u selu tvojih prijateljica? Pa, slušaj, kćeri, ja neću ulaziti. Idi ti i saznaj kako je devojčica, a uzgred reci u moje ime onoj sirotoj Beatris ono što sam ti rekao, da se ne obazire na pozive poroka, i ako želi da krene u hodočašće i da živi siromaškim životom, ja joj za to uopšte nisam potreban... Hajde, kćeri, hajde. Kod onog starog dolapa što se vidi tamo između ona dva žgoljava drveta, na četvrt milje od sela, tamo te čekam. Nemoj dugo.

On je polako otišao do dolapa, popio malo vode, odmorio se, i nije prošlo ni dva sata otkako je ona skitara otišla, kada ju je Nazaren ugleda kako se vraća, i to ne sama, nego u društvu još jedne poput nje, u kojoj je, kada su mu se primakle, prepoznao Beatris. Za njima je išla seoska dečurlija. Pre nego što su stigle do mesta na kojem ih je čekao prosjak, one dve devojke i dečurlija povikali su uzbuđeno.

– Zar ne znate?... Devojčica ozdravila! Živeo sveti Nazaren! Živeeeooo!... Devojčica ozdravila... sasvim ozdravila. Govori, jede, kao da je uskrsnula.

– Kćeri, ne budite lude. Nema potrebe da dižete toliku buku kako biste mi javile dobre vesti.

– Nego šta, nego ćemo da dižemo buku! – vikala je Landara, poskakujući.

– Hoćemo da znaju i ptice u vazduhu, i ribe u reci, čak i gušteri što gmižu između kamenja – reče Beatris sva sijajući od sreće, sa očima kao žeravice.

– Pa to je čudo, majka mu stara!
– Tišina!
– Možda i nije čudo, oče Nazarene; ali vi ste mnogo dobri, i Gospod vam daje sve što ga molite.

– Nemojte da mi pričate o čudima i nemojte da mi govorite da sam svetac, jer ću se od stida i srama sakriti tamo gde me nikada više nećete videti.

Dečurlija je dizala graju ništa manju od one koju su podigle žene, ispunivši vazduh veselom cikom.

– Ako gospodin uđe u selo, na rukama će ga nositi. Veruju da je devojčica bila umrla i da ju je on vratio u život samo tako što joj je stavio ruku na čelo.

– Isuse Hriste, kakva budalaština! Mnogo se radujem što nisam išao tamo! Neka je slava beskonačnom milosrđu Gospodnjem... A kako li samo Fabijana mora biti radosna!

— Luda je, gospodine, luda od radosti. Kaže, ako ne dođete u kuću, devojčica će umreti. I ja u to vreujem. Znate li šta rade starice iz sela? Ulaze u naš kućerak i mole nas da ih pustimo da sednu na istu klupicu na kojoj je sedeo blagosloveni Bog.

— Aman, kakva budalaština! Kakva prostodušnost! Kakva naivnost!

Tada don Nazario primeti da je Beatris bosa, u crnoj suknji, sa kratkom maramom prekrštenom preko grudi, sa zobnicom na leđima, i sa drugom maramom uvezanom oko glave.

— Ideš na put, ženo? — upita je; nije ni čudo što joj se obratio na ti, jer je to bio drevni običaj među ljudima na selu.

— Ide sa nama — izjavila je Landara otresito. — Vidite, gospodine. Pred njom stoje samo dva puta: onaj za koji znate, tamo, kod Seve, ili ovaj.

— Pa nek sama krene u svoj pobožni pohod. Idite zajedno, a mene ostavite.

— To, nikako — odgovori ona iz Mostolesa — pošto ne valja da idete sami. Ima mnogo zlobnih ljudi na ovom svetu. Povedite nas, nemajte brige, umećemo mi da vas branimo.

— Ne, ne brinem ja ni zbog čega, i ničega se ne bojim.

— Ali zašto vam smetamo? Kakav ste vi to čovek!... — reče ona iz Polvoranke, mazeći se malo. — A ako nam u telo uđu đavoli, ko će ih isterati? I ko će nas naučiti dobrim stvarima, o duši, o božanskoj slavi, o milosrđu i siromaštvu? Ona i ja same! Baš bismo dobro prošle! Ma, vidite... Hajde, voli vas žena toliko, bez ikakve zadnje misli, sve radi dobra, a vi tako da joj vratite!... Nek smo i nevaljale, ali ako nas ostavite za sobom, šta će s nama biti?

Beatris nije govorila ništa, samo je maramicom brisala suze. Dobri Nazaren ostao je neko vreme zamišljen, crtajući štapom po prašini, i na kraju im rekao:

– Ako mi obećate da ćete biti dobre i slušati me u svemu što vam zapovedim, pođite.

Pošto su rasterali dečurliju iz Mostolesa, radi čega su morali da im daju ono malo novčića koje su sakupili toga dana, troje pokajnika krenuli su na put, pošavši stazicom desno od carskog druma, kad se krene prema Navalkarneru. Popodne je bilo sparno; uveče se digao snažan vetar koji ih je šibao u lice, pošto su išli ka Zapadu; sevale su strašne munje i za njima usledili jezivi udari groma, i sručila se žestoka kiša od koje su bili mokri do gole kože. Na sreću, sudbina im je udelila neku porušenu staru kolibu u koju su se sklonili od silne oluje. Landara je skupila drva i suvo lišće. Beatris, koja je, kao oprezna žena, ponela palidrvca, zapalila je dobru lomaču kojoj su sve troje prišli da osuše odeću. Kada su odlučili da tu provedu noć, pošto nije bilo verovatno da će naći udobnije i bezbednije mesto, Nazaren im je održao prvo predavanje o Doktrini, koju sirotice nisu poznavale, ili su je bile zaboravile. Više od pola sata gutale su svaku njegovu ubedljivu reč, lišenu isprazne retorike, dok im je govorio o početku sveta, o prvobitnom grehu, zajedno sa svim njegovim žalosnim posledicama, sve dok bezgranično milosrđe Božije nije uredilo tako da Čovek bude spasen iz zatočeništva zla putem iskupljenja. Te osnovne pojmove pustinjak-lutalica objašnjavao je jednostavnim jezikom, ponekad ih čineći jasnijim uz pomoć primera, a one su ga opčinjeno slušale, naročito Beatris, kojoj nije promicala ni reč i koja je sve lako upijala i urezivala u pamćenje. Zatim su molili krunicu i litanije, i ponovili nekoliko molitvi za koje je dobri učitelj hteo da ih one nauče napamet.

Sledećeg dana, pošto su se sve troje na kolenima pomolili, srećno su krenuli na put: dve žene, koje bi odmakle napred da prose po selima ili zaseocima kroz koje su prolazili, skupile su prilično sitniša, povrća, komada hleba i drugih namirnica. Nazaren je pomislio da im je to ispaštanje krenulo previše dobro da bi uopšte bilo ispaštanje, jer su ga otkako je pošao iz Madrida zasipali srećni događaji. Niko prema njemu nije postupao ružno, nije imao nikakvih nezgoda; davali su mu milostinju maltene kad god bi zatražio, i nije znao za glad i žeđ. I do mile volje je uživao u dragocenoj slobodi, radost se izlivala iz njegovog srca i zdravlje mu je bilo sve bolje. Ni obična zubobolja da mu zasmeta otkako je izišao na drumove, a osim toga, kakva je to sreća kada čovek ne mora da brine o obući i odeći, ni da razbija glavu oko toga da li mu je šešir nov-novcat ili stari, ni da li se dobro ili loše doterao! Pošto se nije brijao, i to nije činio još mnogo pre nego što je krenuo iz Madrida, brada mu je bila već prilično porasla; bila je crna i proseda, elegantno zašiljena. I uz sunce i seoski vazduh, njegova put postajala je preplanula, topla, lepa. Sveštenička fizionomija bila je potpuno iščezla, i arapski tip, oslobođen one maske, isticao se u svoj svojoj naočitoj čistoti.

Put im je presekla reka Gvadarama, koja je posle nedavne oluje bila prilično nabujala; ali nije im bilo teško da nešto dalje pronađu mesto na kojem će je pregaziti, te su nastavili kroz manje puste i jalove poljane nego one na levoj obali, jer bi svaki čas nailazili na kuće, seoca, dobro obrađene njive, a nije nedostajalo ni drveća i veoma prijatnih šumaraka. Sredinom popodneva ugledali su velike bele kućerine okružene zelenim livadama, među kojima se isticala vitka kula od crvene cigle, što je izgledala kao zvonik nekog manastira. Kada su prišli bliže, sa leve strane videli su niske i siromašne kućerke boje zemlje, sa još jednim tornjićem, kao na seoskoj parohijskoj crkvi. Beatris, kojoj je geografija kraja kroz koji su prolazili bila jača strana, rekla im je:

— Ovo mesto je Nova Sevilja, malo ljudi tu živi, a one povelike bele kuće sa drvoredima i tornjem, to je salaš ili imanje koje zovu Koreha. Tu sad živi gazda, izvesni Pedro od Belmonta, bogataš, plemić, ne mnogo star, dobar lovac, izvrstan jahač, najprgaviji čovek u celoj Novoj Kastilji. Neki kažu da je mnogo zla osoba i da zna svakog đavola; neki, da se opija kako bi zaboravio na muke, a kad se napije, tuče koga stigne i čini hiljade nevaljalstava... Toliko je snažan da je jednoga dana, kada je krenuo u lov, zato što neki čovek koji je prolazio na magarici nije hteo da mu se skloni, dohvatio i magaricu i čoveka, podigao ih na ruke i bacio u provaliju... A nekog dečka koji mu je uplašio zečeve tako je izdevetao da su ga četvorica izneli iz Korehe, polumrtvog. U Novoj Sevilji ga se toliko plaše da se svi razbeže kad ga vide gde dolazi, krsteći se, pošto je jednom, i nije šala, zbog neke svađe oko vode, moj don Pedro ušao u selo u vreme kad su izlazili sa mise, i krenuo da šamara, ovog hoću, ovog neću, i više od polovine ih oborio na zemlju... Sve u svemu, gospodine, čini mi se da bi bilo mudro da ne prilazimo, pošto taj ima običaj ovuda da ide u lov, pa nas lako može videti i presresti.

— Da znaš da si mi probudila radoznalost — rekao je Nazaren — i slika te zveri kakvu si predstavila pre me tera da produžim u selo nego da uzmaknem.

6

— Gospodine, nemojte da čačkamo mečku — reče Landara — jer ako nas onakav divljak dohvati, nećemo se dobro provesti.

Utom su stigli do uzanog puteljka sa dva reda topola koji je izgledao kao ulaz na salaš, i kako su tri hodočasnika kročila na nju, tako se tri psa stuštiše na njih kao lavovi, lajući besno, i pre no što su uspeli da pobegnu, mahnito se ustremili na njih. Kakve čeljusti, kakvi zverski očnjaci! Nazarena su ujeli za nogu; Beatris, za ruku, a onoj drugoj su od suknje napravili froncle, i mada su se sve troje srčano branili štapovima, strašni kerovi bi ih rastrgli da nije bilo čuvara koji je izišao iz nekog šipraga.

Landara se podbočila, i sve što su njena usta bljuvala na račun kuće i njenih đavolskih pasa ne bi se moglo smatrati za uvredu. Nazaren i Beatris nisu jadikovali. A prokleti čuvar, umesto da pokaže sažaljenje zbog štete koju su nanele one zveri, zasuo je naše hodočasnike sledećim prostaklucima:

– Gubite se odavde, protuve, lezilebovići, fukaro lopovska! I zahvalite Bogu što vas gazda nije video; jer, da vas je video, Hriste Bože, ne bi vam palo na pamet da promolite nos u Korehu.

Dve žene bojažljivo su se udaljile i gotovo na silu odvukle Nazarena, koji se, izgleda, ničega nije plašio. U nekom gustom brestoviku kroz koji je tekao potočić seli su da povrate dah, da operu rane blagoslovenom svešteniku i da ih previju krpama koje je Beatris, iz predostrožnosti, ponela sa sobom. Ostatak popodneva i večeri, sve dok nije došlo vreme za večernje, samo su pričali o opasnosti kojoj su se izložili, i žena iz Mostolesa ispričala je još neke ispade gospodina od Belmonta. Pričalo se da je udovac i da je ubio svoju ženu. Porodica, madridsko plemstvo, nije govorila sa njim, i ostavila ga je u toj seoskoj kući kao u zatvoru, sa mnogo dobre posluge, jedni da se brinu o njemu i pomažu mu u lovu, drugi da ga dobro drže na oku i da javljaju rođacima ako im pobegne. Na te vesti sve je življa bila Nazarenova želja da se sretne oči u oči sa takvom zveri. Pošto su se dogovorili da noć provedu pod gustim krošnjama brestova, tu su se pomolili i večerali, a posle večere, on je rekao kako ni za šta na svetu ne bi propustio da poseti Korehu, gde je osećao da će naći neku veliku patnju, ili barem kaznu, preziranje i nevolje, što je jedino čemu teži njegova duša.

– Šta ćete, kćeri moje, ne može sve da bude sama sreća! Kada ne bi bilo prilika da iskusimo patnju, velike nedaće, strašnu glad, ljudsku pakost i životinjsko zverstvo, ovaj bi život bio sama slast, i svi ljudi i žene bi bili prave budale ako se ne bi njemu okrenuli. A šta ste vi mislile? Da ćemo ući u svet plandovanja i obilja? Toliko ste bile zapele da pođete za mnom, a kad vam se ukaže prilika za patnju, hoćete da je izbegnete! E, radi toga nije bilo nikakve potrebe da polazite sa mnom; i zaista vam kažem da, ako nemate daha da se verete uz trnovite i neprohodne litice i volite samo da idete ravnim puteljcima posutim cvećem, treba da se vratite i da me ostavite samog.

Pokušale su da ga razuvere svim rečima koje su im padale na pamet, među njima i nekim koje nisu bile lišene smisla za praktično, na primer, kada čoveka snađe zlo, mora da se suoči sa njim i da mu se odupre, ali nikako nije mudro da ga sam traži sa ludačkom smelošću. One su to govorile svojim prostim rečima, ne uspevajući da ga ubede ni te noći, kao ni sledećeg jutra.

– Baš zato što gospodara Korehe bije glas da je tvrdog srca – rekao im je – baš zato što je surov prema svojim slugama, srdit prema slabima, želim da pokucam na njegova vrata i da razgovaram sa njim. Tako ću svojim očima videti da li je ovakvo mišljenje opravdano ili nije, a u tome, gospođe moje, ljudi umeju mnogo da pogreše. A ako je taj gospodin zaista zao... kako kažeš da se zove?

— Don Pedro od Belmonta.
— Pa, ako je taj Pedro neki zmaj, hoću da zatražim od njega milostinju, za ljubav Božiju, da vidim hoće li zmaj smekšati i dati mi je. A ako neće, utoliko gore i po njega i po njegovu dušu.

Nije hteo ništa više da čuje, i kada je video da su dve žene prebledele od straha i cvokoću zubima, zapovedio im je da ga sačekaju na tom mestu, a on će otići sam, neustrašiv i spreman na sve što bi ga moglo snaći, od smrti, što bi bilo najteže, do ujeda pasa, što bi bilo najmanje. Krenuo je, a one su mu dovikivale:

— Nemojte da idete, nemojte da idete, taj grubijan će vas ubiti!... Ijao, gospodine Nazarene, dušo moja, više vas nećemo videti!... Vratite se, vratite se nazad, evo već su krenuli kerovi i mnogo ljudi, i jedan, što izgleda kao gazda, sa puškom!... Bože moj i Presveta Bogorodice, pomagajte!

Don Nazario je krenuo pravo prema ulazu u imanje i odlučno pošao između drvoreda ne naišavši ni na koga. Već blizu kuće video je kako mu prilaze dva čoveka, i čuo je pse kako laju, ali to su bili lovački psi, a ne besni kerovi od prethodnog dana. Išao je čvrstim korakom i kada se našao već nadomak onih ljudi, primetio je da su obojica zastali, kao da ga čekaju. I on je njih pogledao i, preporučivši se Bogu, nastavio laganim i mirnim korakom. Kada im je prišao, pre nego što je uspeo da vidi kako izgledaju, neki ljutiti zapovednički glas mu je rekao:

— Kud ste krenuli ovim putem, vražiji čoveče? Ovo nije drum, sto mu gromova, ovaj put vodi samo do moje kuće.

Nazaren je stao u mestu pred don Pedrom od Belmonta, jer taj što mu se obratio nije bio niko drugi nego on, i glasom sigurnim i skrušenim, ali takvim da skrušenost nije odavala kukavičluk, rekao:

— Gospodine, došao sam da vas zamolim za milostinju, za ljubav Božiju. Dobro znam da je ovo put koji vodi samo do vaše kuće, i pošto sam ubeđen da u svakoj kući u ovoj hrišćanskoj zemlji žive dobre duše, ušao sam bez dopuštenja. Ako sam vas time uvredio, oprostite mi.

Kada je to rekao, Nazaren je na miru mogao da osmotri nabusiti lik starog gospodara Korehe, don Pedra od Belmonta. Bio je to čovek tako visokog stasa da bi se lako mogao nazvati gorostasom, stamen, otmen, od nekih šezdeset i dve godine; ali teško bi se mogla naći lepša starost. Njegovo lice, opaljeno suncem; nos malo mesnat i naglašeno povijen, žive oči pod gustim obrvama, brada bela, oštra i kovrdžava; široko i vedro čelo otkrivalo je plemeniti i ponositi tip čoveka koji više voli da zapoveda nego da se pokorava. Još od prvih reči koje je od njega čuo, Nazaren je mogao da uoči njegovu žestoku narav i despotsku otmenost njegovih pokreta. Najneobičnije je bilo to što se, pošto ga je već bio grubo oterao, dok se pokajnik, poniznim glasom, sa kapom u ruci, opraštao, don Pedro zagledao u njega, obuzet ogromnom radoznalošću.

— Dođi ovamo — rekao mu je. — Nemam običaj da lenčugama i probisvetima udelim bilo šta drugo osim dobrih batina kad priđu mojoj kući. Dođi ovamo, rekoh ti.

Nazaren se zbunio na trenutak, jer ni pored sve hrabrosti na svetu nije bilo moguće ne osetiti strah pred surovošću onih očiju i strašnim glasom ponositog viteza. Nosio je lako i elegantno odelo, sa ljupkim nemarom osoba naviknutih na otmeno ophođenje u društvu; poljske čizme, i na glavi mali tamni šešir nakrivljen preko levog uha. Na leđima je nosio lovačku pušku, i u vrlo lepom opasaču, municiju.

„Sad će – pomislio je Nazaren – ovaj dobri gospodin uzeti pušku i razbiti mi glavu kundakom, ili će da uperi cev i da mi je prosvira. Bog neka mi je u pomoći."

Ali gospodin od Belmonta ga je i dalje gledao, gledao, ne govoreći ništa, a čovek koji je bio sa njim, takođe naoružan puškom, posmatrao je obojicu.

– Paskuale – rekao je plemić svom sluzi – kako ti se čini ovaj tip?

Pošto Paskual nije odgovarao, nesumnjivo iz poštovanja, don Pedro je počeo grohotom da se smeje, i unevši se Nazarenu u lice, dodao:

– Ti si Mavarin... Paskuale, zar nije Mavarin?

– Gospodine, hrišćanin sam – odvratio je hodočasnik.

– Hrišćanin po veri... A i to bi trebalo videti!... Ali to ne znači da nisi čiste arapske rase. Ah, dobro ja znam svoje ljude. Arapin si, i to sa Istoka, sa poetičnog i uzvišenog Istoka. Imam ja oko!... Čim sam te video... Hajde sa mnom.

I krenuo je prema kući, vodeći kraj sebe prosjaka, a za sobom slugu.

– Gospodine – odgovorio je Nazaren – ja sam hrišćanin.

– To ćemo još videti... Meni ćeš ti da pričaš! I da znaš, ja sam bio diplomata, i konzul, prvo u Bejrutu, posle u Jerusalimu. Na Istoku sam proveo petnaest godina, najbolje godine svog života. To ti je zemlja.

Nazaren je pomislio da bi bilo pametno ne protivrečiti mu, pa je pustio da ga vode dok ne vidi kako će se sve to završiti. Ušli su u neko dugačko dvorište, gde je čuo lavež pasa od prethodnog dana... Prepoznao ih je po boji glasa. Zatim su prošli kroz još jedna vrata i ušli u sledeće dvorište, veće od prvog, gde su neke ovce i dve holandske krave pasle bujnu travu koja je tamo rasla. Iza tog dvorišta bilo je još jedno, manje, sa dolapom u sredini. Tako čudnovat niz ograđenih prostora Nazarenu je zaličio na tvrđavu ili citadelu. Opazio je i kulu koja se videla iz daljine, i koja je bila ogroman golubarnik okolo kojeg je lepršalo na hiljade parova onih lepih ptica.

Plemić se oslobodio puške, koju je predao sluzi, naloživši mu da ode, i seo na kamenu klupu.

Prve reči u razgovoru između prosjaka i Belmonta bile su najčudnije koje se mogu zamisliti.

– Reci mi: ako bih te sad bacio u ovaj bunar, šta bi uradio?

– Šta bih mogao da uradim, gospodine? Udavio bih se, ako ima vode; ako nema, razbio bih se.

– A šta ti misliš? Da li sam kadar da te bacim?... Šta ti misliš o meni? Verovatno si u selu čuo da sam opak.

– Pošto uvek govorim istinu, gospodine, odista, reći ću vam da mišljenje koje sam čuo o vama nije naročito lepo. Ali ja se usuđujem da verujem da vaša preka narav ne znači da nemate plemenito srce i valjan hrišćanski duh koji voli Boga i boji ga se.

Plemić ga je ponovo pogledao sa tako velikom pažnjom i radoznalošću da Nazaren nije znao šta da misli, nego je zbunjeno oklevao.

7

Odjednom je Belmonte počeo da grdi sluge što su pustili ili nisu pustili neku kozu da pobegne i pojede neke ruže. Nazivao ih je protuvama, izrodima, beduinima, divljacima, i pretio im da će ih žive odrati, odseći im uši ili im rasporiti trbušine. Nazaren se zgražao, ali se uzdržavao. „Ako ovako postupa prema slugama, koji su mu kao porodica – mislio je – šta li bi učinio sa mnom, siromaškom sa ulice? Čudi me što su

mi sve kosti još na broju." Plemić se vratio, oluja je prošla, iz njega je još neko vreme kuljalo kao iz vulkana koji izbacuje garež i dim posle erupcije.
– Od tog šljama čovek izgubi strpljenje. Namerno pogrešno rade stvari, da mi idu uz nos i da mi dosađuju. Šteta što ne živimo u vreme feudalizma, slatko bih obesio o drvo svakoga ko se ne drži pravo!
– Gospodine – rekao je Nazaren, rešen da održi lekciju iz hrišćanstva plemenitom vitezu, ne strahujući od strašnih posledica njegove srdžbe – mislite o meni šta god hoćete, smatrajte da sam neuljudan; ali pući ću ako vam ne kažem da je takvo ophođenje prema posluzi protivno hrišćanstvu i protivno društvu, varvarsko i prostačko. Shvatite to kako hoćete, jer ja ću ovako siromah i golja kako sam u vašu kuću ušao, iz nje i izići. Sluge su ljudi, a ne životinje, i jednako su deca Božija kao i vi, imaju svoje dostojanstvo i ponos, baš kao i svaki feudalni gospodar, ili onaj ko bi to hteo biti, iz prošlih i iz budućih vremena. I pošto sam to rekao, jer mi tako nalaže savest, dozvolite mi da idem.

Gospodin ga je ponovo pažljivo odmerio: lice, odeću, ruke, bose noge, lobanju veličanstvenog oblika, i sve što je video, kao ni prosjakov gradski govor, uopšte se nije slagalo sa njegovim navodnim položajem, što ga je moralo začuditi i zbuniti.

– A ti, pravi Mavarine, ili lažni prosjače – rekao mu je – otkud ti sve to znaš, kad si i gde si naučio da se tako lepo izražavaš?

I pre nego što je čuo odgovor, ustao je i naredio hodočasniku da pođe za njim.

– Dođi ovamo... Hoću da te dobro pogledam pre nego što ti odgovorim.

Odveo ga je u neku prostranu odaju sa starim foteljama od orahovine, stolovima od istog drveta, kovčezima i policama, i pokazavši mu stolicu, i sam seo;

ali ubrzo je ustao i počeo da se šetka tamo-amo, pokazujući nervoznu uznemirenost koja bi pomela ljude slabijih živaca nego što ih je imao veliki Nazaren.
— Imam ideju... O, kakva je to ideja!... Kad bi... Ali ne, ne može biti. Ama, jeste... Đavo me odneo ako nije moguće. Bilo je i čudnijih stvari... Sto mu gromova! Od prvog trenutka sam to slutio... Nisam ja čovek koga možeš prevariti... Oh, Istok! Kakva je to veličina! Samo tamo postoji duhovni život!...

Samo je takve stvari govorio, šetao se gore-dole, ne gledajući sveštenika, ili zastajući da ga odmeri od glave do pete, sa čuđenjem i izvesnom zbunjenošću. Don Nazario nije znao šta da misli, i čas je verovao da u gospodaru Korehe gleda najvećeg čudaka kakvog je Bog poslao na svet, čas tiranina istančane surovosti koji je svom gostu spremao neku jezivu muku i poigravao se njime kao što se mačka poigrava mišem pre nego što ga pojede.

„Ako se uplašim – pomislio je – biću besmisleno i glupo prinet na žrtvu. Treba da izvučemo neku korist iz ove situacije, i ako ovaj mahniti gorostas treba sa mnom da učini nešto grozno, neka to ne bude pre nego što čuje jevanđeoske istine."

— Gospodine moj, brate moj – rekao mu je, ustajući i progovarajući smirenim i ljubaznim glasom kakvim je obično govorio kada je prekorevao nevaljalce – oprostite mojoj malenkosti što se usuđujem da se merim sa vašom veličinom. Hristos mi tako zapoveda; moram da govorim, i govoriću. Pred sobom vidim Golijata, i ne obazirući se na njegovu moć, krećem pravo na njega sa svojom praćkom. Mojoj je službi svojstveno da prekorevam one koji greše; ne plaši me nadmenost onoga ko me sluša; moj skromni izgled ne znači da sam neznalica u veri koju ispovedam, i da ne mogu da poučim doktrini onoga kome je to potrebno.

Ne bojim se ničega, i ako bi me neko stavio na muke da ispaštam zbog hrišćanskih istina, sa slašću bih se predao mučeništvu. Ali pre nego što vam kažem da činite smrtni greh, da teško vređate Boga svojom gordošću, i ako se ne pokajete, ništa vam neće pomoći ni vaš rod, ni časti i bogatstvo, taština nad taštinama, zaludan teret koji će vas to više vući na dno što više budete nastojali da se popnete. Jarost je težak greh koji hrani druge grehe i lišava dušu spokojstva koje joj je potrebno da bi savladala zlo u drugim oblastima. Plahovit čovek prodao se Sotoni, koji već zna koliko malo ima da se bori sa dušama koje lako padaju u vatru besa. Ublažite svoje izlive srdžbe, budite ljubazni i čovečni prema mlađima. Ne znam da li osećate ljubav prema Bogu; ali bez ljubavi bližnjeg, ta velika ljubav je nemoguća, jer biljka ljubavi pušta korenje u naše tlo, a to korenje je naša ljubav prema bližnjima, i ako je korenje suvo, kako da očekujemo da procveta i da donese plodove tamo gore? Iznenađenje sa kojim me slušate dokazuje mi da niste naviknuti da slušate istine kao što je ova, ponajmanje od nesrećnog i bosog odrpanca. Zato mi je Hristov glas u srcu stalno govorio da uđem ovamo, da se ne plašim ničega i nikoga, i zato sam ušao i evo me pred zmajem. Otvorite čeljusti, pustite kandže, progutajte me, ako želite; ali dok budem izdisao, govoriću vam da se pokajete, da me je Hristos ovamo poslao da vas prizovem istini i najavim vam da ste osuđeni na propast ako se brzo ne odazovete.

Nazaren se veoma iznenadio kada je video kako gospodar Korehe ne samo što se nije razbesneo dok ga je slušao, nego ga je slušao sa pažnjom, pa čak i sa poštovanjem, naravno, ne zato što se pokunjio pred sveštenikom, nego zato što ga je savladalo zaprepašćenje koje su takve reči iz usta onako bednog čoveka kod njega izazvale.

– Razgovaraćemo još o tome – rekao mu je mirno.
– Imam ideju... ideju koja me muči... jer treba da znaš da je već neko vreme gubitak pamćenja najveća muka mog života i uzrok svih mojih izliva besa...

Odjednom se lupio po čelu, i rekavši: „Setio sam se. *Eureka, eureka*! Otišao gotovo u jednom skoku do susedne sobe, ostavivši dobrog hodočasnika samog i sve više zbunjenog. A ovaj je, pošto je Belmonte ostavio vrata otvorena, mogao da ga vidi u susednoj sobi, koja je bila nešto poput biblioteke ili radne sobe, kako prevrće hartije sa gomile koja se nalazila na velikom stolu. Čas je preletao pogledom preko ogromnih novina, kako je izgledalo, stranih; čas prelistavao časopise, i na kraju sa police skinuo svežnjeve hartije koje je pregledao grozničavom brzinom. To je potrajalo skoro sat vremena. Nazaren je video kako u radnu sobu ulaze sluge, kako im gospodar izdaje naređenja, svakako, ljubaznije nego pre, i na kraju, i sluge i gospodar su iščezli na druga vrata koja su vodila u unutrašnjost one prostrane zgrade. Kada je ostao sam, dobri popica smirenije je razgledao sobu u kojoj se nalazio; video je na zidovima stare slike, religiozne, prilično dobre: svetog Jovana kako prekoreva Iroda pred Irodijadom; Salomu kako igra; Salomu sa glavom Krstiteljevom; sa druge strane, svece iz Reda Propovednika[1], a na zidu u sredini dobar portret Pija IX[2]. Pa, gospodine moj, i dalje nije uspevao da pronikne ni u kuću, ni u njenog gospodara, niti u bilo šta što je video. Već je počeo da strahuje da će ga ostavi-

---

[1] Red dominikanaca, osnovan 1215. godine kao prosjački red koji je prednjačio u borbi protiv katarske jeresi. *Prim prev.*

[2] Pije IX (papa od 1846–1878) započeo je svoju vladavinu kao liberalan i veoma popularan papa, mada je ubrzo, tokom 1848. godine, izišao na glas kao autoritaran i reakcionaran. Pije IX uveo je instituciju papske nepogrešivosti. *Prim. prev.*

ti u onoj sobi samog, kada je ušao neki sluga da ga pozove i rekao mu da pođe za njim.

„Šta li hoće od mene? – govorio je sebi, prolazeći za famulusom kroz dvorane i hodnike. – Bog neka mi je u pomoći, ako me vode nekud da me bace u tamnicu, ili u neki bunar, ili da mi prekolju vrat, neka me smrt snađe spremnog, onako kako sam celog života želeo."

Ali tamnica ili bunar u koji su ga odveli bila je prostrana trpezarija, vesela i veoma čista, gde je zatekao postavljen sto, sa svom raskoši porcelana i kristalnog stakla kakva se može naći u Madridu, i na stolu postavljeno samo za dvoje, jedno nasrpam drugog. Gospodar Belmonta, koji je bio tu, odeven u crno, sa dobro začešljanom kosom i bradom, u košulji sa plastronom i blistavim okovratnikom, pokazao je Nazarenu jedno od ona dva mesta.

– Gospodine – promucao je pokajnik, zbunjen i pometen – zar ćeš ovako bednog da me posedneš za tako otmenu trpezu?

– Sedite, kažem vam, i nemojte me terati da ponavljam – dodao je plemić sa više oštrine u rečima nego u tonu.

Shvatajući da njegovoj iskrenoj skrušenosti ne priliči nikakva lažna skromnost, don Nazario je seo. Da je istrajao u odbijanju, to bi pre bila lažna gordost nego ljubav prema siromaštvu.

– Sešću, gospodine, i prihvatiću preteranu čast koju mi ukazujete kada za svoju trpezu stavljate siromaha sa drumova koga su juče surovo izujedali psi iz ove kuće. Deo onoga što sam vam maločas rekao, jer mi je Gospod tako zapovedio, poništeno je ovim vašim milosrdnim činom. Ko ovako nešto radi ne može biti Hristov neprijatelj.

— Hristov neprijatelj! Ama, šta to govorite, gospodine? — uzviknuo je gorostas sasvim prostodušno. — Ma On i ja smo veliki prijatelji!

— Dobro... Pa, ako prihvatim vaš plemeniti poziv, gospodine moj, molim vas da mi dozvolite da ne menjam svoju naviku da jedem samo onoliko koliko mi je neophodno da se prehranim. Ne, nemojte mi sipati vina; nikad ga ne pijem, niti bilo kakav alkohol.

— Jedite kako hoćete. Nemam običaj da uznemiravam svoje goste i da ih teram da pređu preko mere svog apetita. Biće vam posluženo sve, a vi jedite ili nemojte jesti, ili postite, ili se nasitite, ili ostanite gladni, kako vam odgovara... A u znak zahvalnosti za taj ustupak, gospodine moj, ja od vas tražim dopuštenje...

— Zašto? Nije vam potrebno dopuštenje da mi zapovedite što god poželite.

— Dopuštenje da vas ispitam...

— O čemu?

— O tekućim problemima, društvenom i religioznom poretku.

— Ne znam da li će mi moje sasvim skromno znanje dozvoliti da vam odgovorim sa tačnošću koju od mene nesumnjivo očekujete.

— Oh! Ako počnete da skrivate svoje znanje kao što skrivate svoj položaj, završili smo.

— Ne skrivam ja ništa; ovakav sam kakvog me vidite; a što se tiče mog znanja, odmah da vam kažem, ako je i veće nego što to priliči životu koji vodim i prnjama koje nosim, ipak ne smatram da je tako veliko da bi zasluživalo da se pokazuje pred tako prosvećenom ličnošću.

— Videćemo. Ja malo znam; ponešto sam naučio na putovanjima po Istoku i Zapadu, ponešto i kroz društveni život, koji je najbogatija biblioteka i najbolja katedra na svetu, i uz ono što sam uspeo da zapazim, i uz malo čitanja, posebno obraćajući pažnju na religiozna pitanja, gajim izvesne ideje koje su moje najdragocenije imanje. Ali pre svega... jedva čekam da vas to priupitam... šta mislite o trenutnom stanju čovečije savesti?

8

„Eto ti pitanjca! – reče Nazaren u sebi. – Pitanje je tako složeno da ne znam odakle da počnem."
– Hoću da kažem, o sadašnjem stanju religioznih verovanja u Evropi i Americi.
– Verujem, gospodine moj, da je katoličanstvo tako napredovalo da će u sledećem veku otpadničke crkve biti svedene na beznačajnu meru. A u tome nema malog udela mudrost, anđeoska dobrota, izvanredan takt neuporedivog Pape koji vlada crkvom.
– Njegova Svetost Lav XIII[1] – reče dostojanstveno gospodar Belmonta – u čije zdravlje ćemo ispiti ovu čašu.
– Ne. Izvinite me. Ja ne pijem ni u zdravlje Pape, pošto ni Papa, ni Hristos Naš Spasitelj ne smeju tražiti od mene da menjam svoj način života... Rekoh, u Čovečanstvu se primećuje umor i razočaranje u naučne spekulacije, i srećno vraćanje duhovnom. Nije ni moglo biti drugačije. Nauka ne rešava nijedno pitanje značajno za probleme našeg porekla i cilja, i njena nestalna bavljenja materijalnim stvarima isto tako ne daju onakve rezultate kao što se verovalo. Posle napretka mehanike, Čovečanstvo je postalo nesrećnije; broj siromaha i gladnih, veći; neravnoteža blagosta-

---
[1] Lav XIII nasledio je na papskom prestolu Pija IX, koji je politiku vodio u sasvim drugačijem pravcu od svog prethodnika: popravio je odnose sa mnogim evropskim državama, podržavao liberalne stavove. *Prim. prev.*

nja, surovija. Sve vapi da se vratimo napuštenim putevima koji vode jedinom izvoru istine: religioznoj ideji, katoličkom idealu, čija trajnost i postojanost su dobro potvrđene.

– Tačno tako – potvrdio je divovski velikaš koji je, uzgred budi rečeno, jeo sa lavovskim apetitom, dok je njegov gost jedva okusio razna slasna jela. – Sa radošću vidim da se vaše ideje slažu sa mojima.

– Stanje u svetu je takvo – nastavio je Nazaren, živnuvši – da bi bio slep onaj ko ne bi video znakove koji najavljuju Zlatno Doba religije. Otuda nam dolazi svež povetarac koji nam udara u lice, najavljujući nam da je pustinji došao kraj i da je obećana zemlja blizu, sa svojim nasmejanim dolinama i prebogatim padinama.

– Istina je, istina. I ja isto mislim. Ali nećete mi poreći da se društvo umorilo od hoda kroz pustinju, i pošto nikako da stigne do onoga za čime čezne, postaće nestrpljivo i napraviće hiljadu nepromišljenih postupaka. Gde je Mojsije da ga umiri, bilo strogošću, bilo blagošću?

– Ah, Mojsije!... Ne znam.

– Da li tog Mojsija treba da tražimo među filozofima?

– Ne, nikako; filozofija je, u najboljem slučaju, igra pojmova i reči iza koje se nalazi praznina, a filozofi su suvi vazduh koji guši Čovečanstvo i oduzima mu dah na njegovom teškom putu.

– Da nećemo tog Mojsija možda naći u politici?

– Ne, zato što je politici odzvonilo. Obavila je svoj zadatak, i ono što se zvalo politički problemi, koji su se ticali slobode, prava, i tako dalje, već su rešeni, a Čovečanstvo zahvaljujući tome nije otkrilo nov raj na zemlji. Mada su osvojili tolika prava, narodi osećaju jednaku glad kakvu su i ranije osećali. Mnogo političkog napretka i malo hleba. Mnogo materijalnog napredovanja, i svakoga dana sve manje posla i beskonačno mnogo nezaposlenih ruku. Od politike ne treba više da očekujemo ništa dobro, pošto je ona od sebe dala sve što je mogla dati. Dovoljno nam je svima zavrtela mozak, i Tircima i Trojancima, sa svojim javnim i domaćim raspravama. Neka političari lepo idu svojim kućama, pošto nikakvu korist neće doneti Čovečanstvu; dosta je bilo prazne priče, smešnih formula, mračnog uzdizanja ništavnog do osrednjeg i osrednjeg do značajnog, i značajnog do velikog.

– Dobro, vrlo dobro. Izrazili ste tu ideju tako precizno da sam zadivljen. Da li ćemo tog Mojsija naći u plemenu silnika? Da to neće biti neki diktator, vojnik, Cezar...?

– Neću vam reći ni ne ni da. Našoj pameti, ili barem mojoj, to nije pojmljivo. Mogu da tvrdim samo jedno: ostalo nam je još samo nekoliko milja pustinje, a kad kažem milja, mislim na relativno velika rastojanja.

– Pa, što se mene tiče, taj Mojsije koji bi trebalo da nas povede kraju može biti samo izdanak svešteničke loze. Zar ne mislite da će se, kada se najmanje budemo nadali, pojaviti neki od onih izvanrednih ljudi, neki od onih velikih duhova hrišćanske vere, ništa manji od Franje Asiškog, ili možda veći, koji će povesti Čovečanstvo do granice patnje pre nego što ga očajanje povuče u kataklizmu?

– Čini mi se da je najlogičnije tako razmišljati – reče Nazaren – i ja se ili veoma varam, ili će taj izvanredni Spasitelj biti neki Papa.

– Mislite?

– Nego šta, gospodine... Postoji takav osećaj, takva ideja u filozofiji istorije, i sačuvaj Bože da bih ja poželeo da tome pripišem autoritet dogme.

— Razume se!... Pa, isto to, ama baš isto mislim i ja. Mora da bude neki Papa. Koji li će to Papa biti? Ko će ga znati!
— Naša inteligencija previše je gorda kada hoće da prodre tako daleko. Sadašnjost već pruža dovoljno materijala za razmišljanje. Svet je loše krenuo.
— Ne može biti gore.
— Ljudsko društvo pati. Traži sebi leka.
— Koji ne može biti ništa drugo osim vere.
— A oni koji imaju veru, taj dar s neba, treba da povedu one koji su je lišeni. Na tom putu, kao i na svakom drugom, oni koji vide moraju voditi za ruku slepe. Potrebni su uzori, a ne istrošene fraze. Nije dovoljno propovedati Hristovo učenje, nego ga treba sprovesti u delo i ugledati se na njegov život koliko je čoveku moguće da se ugleda na Boga. Kako bi se vera konačno raširila, pri sadašnjem stanju društva, oni koji je održavaju treba da se odreknu svega veštačkog što dolazi iz Istorije, kao što se bujice spuštaju niz planinu, i da štite i sprovode elementarnu istinu. Zar ne mislite i vi tako? Kako bi se istakle blagodati smernosti, neophodno je biti smeran; kako bi se siromaštvo uzdiglo kao bolje stanje, treba biti siromah, biti takav i izgledati tako. To je moje učenje... Ne, grešim, to je moje lično tumačenje večnog učenja. Šta je lek protiv bolesti društva i protiv sve surovije borbe između siromaha i bogataša? Siromaštvo, odricanje od svakog materijalnog dobra. Šta je lek protiv nepravdi koje ruže svet sred svih onih političkih napredaka kojima se pevaju hvalospevi? Lek je ne boriti se protiv nepravde, prepustiti se ljudskoj zlobi kao što se Hristos bez odbrane predao svojim neprijateljima. Iz potpunog mirenja sa zlom može proizići samo dobro, kao što iz krotkosti na kraju proizlazi snaga, kao što iz ljubavi prema siromaštvu mora proizići uteha za sve i jednakost pred dobrima Prirode. To su

moje ideje, način na koji ja vidim svet i moje apsolutno uzdanje u uspeh hrišćanskog načela, kako u poretku duhovnih stvari, tako i materijalnih. Ne zadovoljavam se time što ću samo sebe spasti; želim da se svi spasu i da sa lica zemlje nestanu mržnja, tiranija, glad, nepravda; da ne bude gospodara i robova, da se prekinu svađe, ratovi, politika. Tako mislim, i ako se to čini besmisleno ovako obrazovanoj osobi, ja ostajem pri svome, držim se svoje zablude, ako je to zabluda; svoje istine, ako je, kao što verujem, nosim u pameti, kao što u svojoj savesti nosim Božije prosvetljenje.

Don Pedro je ceo završetak ove umne besede saslušao veoma zamišljen, polusklopljenih očiju, milujući bogatu čašu vina iz koje je otpio samo polovinu. Zatim je tiho promrmljao: „Istina, istina, sve sama istina... Kad je čovek zna, kakva je to sreća!... Kada je sprovodi u delo, još i više!..."

Nazaren se pomolio posle obeda, a don Pedro je nastavio da brunda zatvorenih očiju: „Siromaštvo... Kako je to lepo!... Ali ja ne mogu, ne mogu... Kakvo uživanje!... Glad, golotinja, milostinja... Prelepo... Ne mogu, ne mogu."

Kada su ustali od stola, gorostas je počeo da govori i da se ponaša sasvim drugačije nego toga jutra. Žestina je ućutala, a progovorila je srdačnost i lepo vaspitanje. Bio je to drugi čovek; osmeh mu nije silazio sa usana, i sjaj u očima kao da ga je podmladio.

– Hajdete oče, zacelo biste hteli da se odmorite. Verovatno imate običaj da odspavate sjestu...

– Ne, gospodine moj; ja spavam samo noću. Po ceo dan sam na nogama.

– Pa, ja nisam. Ustajem vrlo rano, i u ovo doba moram malo da odremam. Odmorite se i vi malo. Dođite, dođite sa mnom.

Hteo, ne hteo, Nazarena su odveli u sobu nedaleko od trpezarije, raskošno nameštenu.
— Da, gospodine... da — reče mu Belmonte veoma srdačnim tonom. — Odmorite se, odmorite, zaista vam je potrebno. Život siromaha-lutalice, život u dobrovoljnom ništenju, asketizmu, mukama i oskudici zaslužuje da se malo okrepi. Ne treba zloupotrebljavati telesne snage, prijatelju moj. Oh, koliko vam se divim, klanjam i poštujem vas, baš zato što nemam dovoljno snage da bih mogao da se ugledam na vas! Napustiti visok položaj, sakriti slavno ime, odreći se udobnosti, bogatstva...
— Ja nisam morao da se odreknem ničega takvog, pošto to nikada nisam ni imao.
— Šta? Hajdete, gospodine, dosta ste se pretvarali preda mnom, da ne kažem, terali komediju, jer ne želim da vas uvredim.
— Šta kažete?
— Da biste svojim hrišćanskim prerušavanjem, u istinskoj tunici Hristovog učenika, mogli da prevarite nekoga drugog, ali ne i mene, koji vas poznajem, imam čast da znam s kim razgovaram.
— A ko sam ja, gospodine od Belmonta? Recite mi, ako znate.
— Ma, ne vredi vam da se pretvarate, gospodine moj! Vi ste...
Gospodar Korehe je udahnuo, i prisnim i uglađenim tonom, spustivši ruku na rame svoga gosta, rekao:
— Izvinite što vas razotkrivam. Razgovaram sa Velečasnim Episkopom jermenskim, koji već dve godine putuje Evropom u svetom hodočašću...
— Ja... jermenski episkop!
— Bolje rečeno... sve znam! Bolje rečeno, Patrijarh Jermenske crkve koji se privoleo Latinskoj crkvi i priznao autoritet našeg velikog Pape Lava XIII.

— Gospodine, gospodine, za ime Bogorodice Presvete!

— Vaše preosveštenstvo je krenulo u hodočašće kroz evropske narode, boso i u najskromnijoj odeći, živite od milostinje, ispunjavajući zavet koji ste dali Gospodu ako vam dopusti da stupite u okrilje velikog stada Hristovog... Tako je, ne vredi vam da poričete, ni da se dalje pretvarate, mada to poštujem! Vaše Presvetlo preosveštenstvo, dobili ste dopuštenje da na taj način ispunite zavet, privremeno se odričući svakog dostojanstva i ugleda. Nisam ja prvi koji je to otkrio! Otkrili su vas već u Mađarskoj, gde se šuškalo da ste činili čuda! Otkrili su vas i u Valensijeni, u Francuskoj, glavnom gradu Dofena... Ma, imam ja ovde novine u kojima piše o uglednom patrijarhu i gde se opisuje ova fizionomija, ova odeća, neverovatno tačno! Čim sam vas video kako prilazite mojoj kući, posumnjao sam. Posle sam potražio tu priču u novinama. Vi ste, lično! Kakva je ovo za mene čast!

— Gospodine, gospodine moj, preklinjem vas da me saslušate...

Ali zaslepljeni gorostas nije mu davao ni da zine, prekidajući i gušeći svaku Nazarenovu reč bujicom svojih.

— Znamo se mi, dugo sam ja živeo na Istoku, ne vredi vam, Vaše Preosveštenstvo, da nastavljate da sa mnom terate tu svoju bogougodnu komediju! Neću vam se više ovako obraćati, ako ste baš navalili... Vi ste po rođenju Arapin.

— Tako vam Stradanja i Smrti Našega Gospoda Isusa Hrista!

— Pravi Arapin. U prste znam vašu povest. Rodili ste se u prelepoj zemlji, gde se, kažu, nalazio Raj na zemlji, između Tigra i Eufrata, u oblasti Al Džazira, koju zovu i Mesopotamija.

— Isuse, pomozi!

— Znam ja, sve ja znam! I vaše arapsko ime je Jezru-Jezdra.
— Blažena Marijo Prečista!...
— I franjevci sa Monte Karmela su vas krstili i školovali vas i naučili lepom španskom jeziku koji govorite. Posle ste prešli u Jermeniju, gde se nalazi planina Ararat, na kojoj sam i ja bio... Tamo gde je Nojeva barka naišla na kopno...
— ...Što zače bez greha!
— I tu ste prišli Jermenskoj crkvi, ističući se svojim znanjem i vrlinom, sve dok niste postali Patrijarh, kada ste pokušali i ostvarili slavni poduhvat da vratite svoju sirotu Crkvu u okrilje velike katoličke porodice. Dakle, neću vas više zamarati, Vaše Preosveštenstvo. Odmorite se u ovoj postelji, ne treba sve da bude samo tegoba, uzdržavanje i ispaštanje. Treba s vremena na vreme prineti žrtvu udobnosti, a naročito, Preuzvišeni gospodine, u mojoj ste kući, i u ime svetog zakona gostoprimstva zapovedam vam da legnete i da odspavate.

I ne dozvolivši mu bilo kakva objašnjenja i ne sačekavši odgovor, izišao je iz odaje smejući se, a unutra je dobri Nazaren ostao sam, sa glavom kao u čoveka koji je dugo slušao gruvanje topova, ne znajući da li je budan ili sanja, da li je istina ili san ono što je čuo i video.

9

— Isuse Bože! — uzvikivao je blagosloveni sveštenik. — Kakav je ovo čovek? Takvo čeketalo u životu nisam sreo. Ama, nije mi dao ni da mu odgovorim ni da mu objasnim... Da li veruje u to što govori?... Ja da sam jermenski Patrijarh i da se zovem Jezdra i... Isuse Hriste i Majko Božija, pomozite da se brzo izvučem iz ove kuće, jer je glava ovog čoveka poput krletke pune štiglica, kosova, ševa, svraka i papagaja koji svi cvrkuću u jedan mah!... Bojim se da me ne zarazi. Slava i hvala Presvetom Milosrđu!... Kakve sve stvorove načini Gospod, kakvu mnoštvo tipova i bića! Pomisli čovek, sve je već video, a tek mu ostane da vidi još više čuda i čudesa... I hoće da legnem u ovaj tako lepi krevet, sa jorganom od damasta!... U ime Oca!... Ja sam mislio da ću ovde naći psovke, grdnje, možda čak i mučeništvo... a zatičem diva-šaljivdžiju koji me posadi za svoju trpezu i zove me episkopom i metne me u ovu prelepu spavaću sobu da odspavam sjestu! Ma, da li je taj čovek zao ili dobar?...

Mislima kojima je semitski pop razbijao glavu nikako se nije video kraj, tako zamršeno i teško je bilo pitanje koje je njegova pamet rešila da razmrsi. Pre nego što je uspeo da odredi moralno biće don Pedra od Belmonta, ovaj se vratio posle sjeste. Čim ga je ugledao, Nazaren mu je odlučno prišao i, ne dopustivši mu da nastavi priču, uhvatio ga za rever i neobično živo mu rekao:

— Dođite ovamo, gospodine moj; pošto mi niste dali ni da zinem, nisam mogao da vam kažem da nisam Arapin, ni episkop, ni patrijarh, niti se zovem Jezdra, niti sam iz Mesopotamije, nego iz Migelture, i zovem se Nazario Saharin. Znajte da ništa od ovoga što vidite na meni nije komedija, osim ako tako ne zovete zavet siromaštva koji sam učinio, ne odrekavši se...

— Monsinjore, monsinjore... razumem ja zašto se ovako uporno pretvarate...

— Ne odrekavši se, rekoh, ni časti ni prihoda, pošto ih nisam ni imao, niti ih želim, ni...

— Ama, neću ja izdati vašu tajnu, zaboga! Sasvim je u redu što se držite svoje uloge i što....

— I što ništa. Jer, sve što ste kazali, obična je besmislica, san, bunilo. Predao sam se pokajničkom životu iz žarke želje svoga srca, koje me poziva od detinjstva. Sveštenik sam, i mada ni od koga nisam tražio dozvolu da skinem mantiju i krenem u prošnju, verujem da sam najčistije pravoveran i poštujem i slavim sve što Crkva zapoveda. Ako mi je milija sloboda od zatvaranja u samostan, to je zato što u slobodnom ispaštanju vidim više muka, više poniženja i veće odricanje od zemaljskih dobara. Nije mi stalo kakvo će mišljenje ljudi imati o meni, prkosim gladi i golotinji; naslađujem se uvredama i mučeništvom. I uz ovo se opraštam od gospodara Korehe, i kažem mu da sam veoma zahvalan na njegovoj ogromnoj dobroti i da ću se uvek moliti za njega.

– Zahvalan sam ja vama, i ne samo na časti koju ste mi učinili, Velečasni...

– Opet vi!

– ... ogromnoj časti što sam vas primio u svoju kuću, nego i na tome što ćete se moliti za mene i preporučivati me Bogu, jer mi je to zaista potrebno, verujte.

– Verujem... ali budite tako ljubazni, nemojte me zvati Velečasni.

– Dobro: obraćaću vam se jednostavno u znak poštovanja prema vašoj skrušenosti – odvratio je plemić, koji bi radije dozvolio živog da ga oderu nego što bi povukao ijednu reč koju je smatrao za istinitu i koju je izrekao. – Dobro činite što se držite inkognito, da izbegnete indiskrecije...

– Ali, gospodine! Ukratko, dozvolite mi da se oprostim od vas. Molim Boga da vas ispravi u vašoj tvrdoglavosti, koja je oblik gordosti, i kao što je srdžba gorak plod taštine, plod srdžbe je laž. Vidite li kolika zla donosi gordost. Moje poslednje reči na polasku iz ove kuće biće da vas zamolim da se pokajete zbog ovog i drugih grehа, da mislite na večnost, na čija vrata ne smete pokucati sa dušom ogrezlom u tolika uživanja i zadovoljavanja materijalnih želja. Jer život koji sebi pružate, gospodine moj, možda je dobar da vas dovede do krepke starosti, ali ne i do večnog spasenja.

— Znam, znam — govorio je dobri Pedro sa setnim osmehom prateći Nazarena kroz prvo dvorište. — Ali, šta biste vi hteli, presvetli gospodine? Nemamo svi tako moćnu snagu kao vi... Ah, kad čovek dođe u izvesne godine, kosti mu se već stvrdnu, pa ne može da podnosi lišavanja i da popravlja svoju narav. Verujte mi: kad jednom telu ostane još malo života, surovo je ne davati mu ono na šta je naviklo. Slab sam, priznajem, i ponekad pomišljam da bih morao zatražiti od tela da mi položi račune. Ali se potom sažalim i kažem: „jadno moje telo, za ono malo dana što ti je preostalo..." Ima u tome i malo milosrđa, zar ne? Šta ću, mangup voli dobru trpezu, dobro vino. Pa šta drugo da radim nego da mu to pružim? Prija mu da grdi? Pa, neka grdi... Sve je to nevino. I u starosti su potrebne igračke, kao i u detinjstvu. Ah, kada bih imao koju godinu manje, oduševljavale bi me druge stvari... lepe devojke, na primer... Toga sam ga potpuno lišio... Ne, ne, samo mi još to fali! Radikalna zabrana. Neka trpi... Ostavio sam mu samo još sitne grehe, jelo, piće, duvan i svađe sa poslugom... Ukratko, gospodine, neću vas više zadržavati. Molite se Bogu za mene. Prava je sreća za nas koji nismo dobri što postoje savršena bića kao što ste vi, spremna da posreduju u ime svih i da uz pomoć svojih izvanrednih vrlina izrade spasenje, i svoje i tuđe.

— To ne, to ne valja.

— Valja utoliko što i sam čovek radi za sebe šta može. Znam ja šta govorim... Neka vas vaša ispaštanja, blaženi oče, dovedu do savršenstva kojem težite, i neka vam Bog da snage da istrajete u tako svetom i zaslužnom delu... Zbogom, zbogom...

– Zbogom, gospodine moj; nemojte ići dalje – reče mu Nazaren u poslednjem dvorištu. – Nego, sad sam se setio, ostavio sam zobnicu tamo pored dolapa.
– Evo, sad će vam je doneti – odvrati Belmonte. – Zapovedio sam da vam u nju stave nešto hrane, koje nikad nije na pretek, verujte; i premda ne volite da jedete ništa drugo osim trave i tvrdog hleba, nije loše da ponesete sa sobom nešto jače, za slučaj bolesti...

Htede da mu poljubi ruku; ali don Nazario ga je s velikim naporom u tome sprečio i na livadi pred kućom su se oprostili uz uzajamne izraze poštovanja. Kada je don Pedro video da su psi pušteni, naredio je da ih vežu, rekavši Nazarenu da sačeka malo.

– Saznao sam – rekao mu je – i mnogo sam seražalostio što su juče, iz nepažnje onog ološa, psi izujedali i vas i one dve svete žene koje vas prate.

– Te dve žene nisu svete, nego baš naprotiv.

– Pretvarajte se vi, pretvarajte... Kao da i o njima ne piše evropska štampa! Jedna je ugledna dama, časna sestra od Turingije; a druga, neka bosa Sudanka...

– Ah, kakva besmislica!...

– Ma, pišu o tome novine! Ukratko, poštujem vaš sveti inognito... Zbogom. Životinje su vezane.

– Zbogom... I neka vas Gospod prosvetli – reče Nazaren, koji nije želeo da nastavlja raspravu i samo je hteo da što pre ode.

Zobnica, prepuna smotuljaka sa jelom, bila je prilično teška, i zbog toga, kao i zbog brzine hoda, stigao je zadihan do brestovika u kojem su Landara i Beatris ostale da ga čekaju. Nestrpljive i uplašene što se toliko zadržao, čim su ga opazile, dve žene su mu radosno pošle u susret, pošto su pomislile da ga više neće videti, ili da će iz Korehe izići sa razbijenom glavom. Ogromni su bili njihovo zaprepašćenje i radost kada su ga ugledale zdravog i veselog. Po prvim rečima koje im je blagosloveni čovek izgovorio shvatile su da ima mnogo toga da im priča, a obim i težina torbe strašno su ih kopkale. U brestoviku je Nazaren zatekao neku nepoznatu staricu, *gospa Poloniju*, Beatrisinu zemljakinju koja je sada stanovala u Novoj Sevilji. Prolazila je tuda na povratku sa njive, kuda je bila otišla da poseje repu, i kada je videla prijateljicu, zastala je da sa njom malo razmeni tračeve.

— Au, kakav je to čudan gospodin, čudan čovek, taj don Pedro! — rekao je popica bacivši se na zemlju, pošto mu je Landara uzela zobnicu da pregleda šta ima u njoj. — Nikad nisam video nekoga takvog. Ima neke crte veoma zle osobe, roba svojih poroka; i crte predobre osobe, ljubazne i plemenite. Obrazovanje mu ne nedostaje, otmenosti ima na pretek, kao i naprasitosti, i nema toga ko bi ga pobedio u tvrdoglavom istrajavanju u zabludama.

— Taj debeljuškasti i lepuškasti starčić — reče Polonija, koja je plela čarapu — luđi je od koze. Pričaju da je mnogo vremena bio u mavarskim i jevrejskim zemljama, i kad se vratio ovamo, toliko se načitao o verskim i *tiološkim* stvarima, da mu se mozak pomutio.

— Tako sam i mislio. Gospodin don Pedro nije sasvim pri sebi. Kakva šteta! Bog mu dao pameti koja mu nedostaje!

— Posvađao se sa celom porodicom Belmonte, sa sestrićima i rođacima, koji ne mogu da ga podnesu, i zato ne izlazi odatle. Mnogo je pogan i veliki bezbožnik u svim porocima dobre trpeze, i nema te suknje koja prođe a da je on dobro ne odmeri. Ali nema zlo srce. Kažu, kad mu pričaju o stvarima katoličke vere, ili paganske, o idolopoklonstvu, ako se tako desi, on tad izgubi pamet, zato što je poremetio od takvog čitanja i od prevrtanja po Svetom pismu.

— Nesrećnik!... Verujete li, kćeri moje, da me je poseo za svoju trpezu, veličanstvenu trpezu sa tanjirima kao kod kardinala? Kakvi tanjiri, kakva slasna hrana!... A posle je zapeo da odspavam sjestu u krevetu sa jorganom od damasta... Ma hajde, zar meni...!

— A mi pomislile da će vam kosti polomiti!

— Pa, kažem vam... Navrzao se na mene da sam episkop, ma i više, patrijarh, i da sam se rodio u Al Džaziri... to jest, u Mesopotamiji, i da se zovem Jezdra... Rekao je i da ste vas dve časne sestre... Ništa mi nije vredelo da mu govorim istinu. Ništa to njemu ne znači.

— Pa, vidi se da dobro živi, majka mu stara — reče Landara sa uživanjem, izvlačeći smotuljke sa hladnom hranom. — Goveđi jezik... još jezika... pa šunka... Isuse Bože, koliko lepih stvari! A šta je ovo? Neki kolač, velik kao točak na taljigama. Kako lepo miriše!... I pite, jedna, dve, tri; kobasice, salame.

— Skloni to, skloni sve to.

— Ma evo, sklanjam, kad dođe vreme jelu, probaćemo.

— Ne, kćeri, to se ne proba.

— Ne?

— Ne; to je za siromahe.

— Ali, ko je siromašniji od nas, gospodine?

— Mi nismo siromasi, mi smo bogati, zato što imamo ogromnu riznicu neiscrpnih jestiva hrišćanskog svikavanja.

— Baš tako kako kažete — reče Beatris, pomažući da se smotuljci vrate u zobnicu.

— I ako sad imamo sve ovo, ako nam danas ništa ne treba, pošto su naše potrebe zadovoljene — reče don Nazario — treba da damo onom ko je u većoj nuždi.

— Pa, u Novoj Sevilji ima siromaha u izobilju — reče gospa Polonija — tamo treba da podelite svoje riznice. Nema bednijeg i sirotijeg sela u celom kraju.

— Zaista? Onda ćemo tamo odneti ove ostatke sa stola bogatog škrtice, kad su već došli u naše ruke. Povedite nas, gospođa Polonija, i pokažite nam kuće onih najbednijih?
— Ama, zar ćete stvarno da ulazite u Sevilju? Ove mi rekoše da nećete ni da joj priđete.
— Zašto?
— Zato što vladaju boginje.
— Baš me raduje!... Hoću da kažem, ne raduje me. Radujem se kad naiđem na ljudske nevolje protiv kojih mogu da se borim i da ih pobeđujem.
— Nije epidemija. Pojavila se četiri slučaja ovih dana. Užasno umiru tamo u Viljamantilji, dve milje dalje.
— Grozna epidemija... boginja?
— Jeziva, jeste, gospodine. Pošto nema ko da pomogne bolesnicima, a zdravi beže glavom bez obzira.
— Landara, Beatris... — reče Nazaren ustajući. — Krećite. Nećemo gubiti ni trenutka.
— U Viljamantilju?
— Gospod nas zove. Tamo smo potrebni. Šta? Bojite se? Ona koja se boji ili gadi, neka ostane.
— Hajdemo. Ko je pominjao strah?
Ne gubeći vreme, krenuli su, i Nazaren im je usput ispričao, uz sve smešne pojedinosti, neverovatnu dogodovštinu tokom svoje posete don Pedru od Belmonta, gospodaru Korehe.

Četvrti deo

1

Idući za gospođa Polonijom, u nekoliko vrlo siromašnih kuća u Novoj Sevilji ostavili su deo namirnica iz Korehe, i ne zadržavajući se više nego što je neophodno radi tog milosrdnog cilja, nastavili da idu, pošto Nazaren nije mogao da se smiri dok ne zađe u samu žižu pošasti.

– Ne shvatam vašu odbojnost, kćeri moje – rekao im je – jer je trebalo da već računate s tim da nismo došli ovamo da se prepuštamo lagodnom i dokonom životu, bez opasnosti. Baš naprotiv: mi idemo u potragu za bolom kako bismo pružali utehu, a kada se čovek nađe sred muka, nešto mora i na njega da pređe. Ne idemo u potragu za zadovoljstvima i uživanjem, nego za bedom i jadom. Gospod nam je udelio epidemiju, i u njeno kužno okrilje moramo da zaronimo, kao neustrašivi plivači koji se bacaju u talase kako bi spasli nesrećne brodolomnike. Ako izginemo, Bog će nam dati ono što smo zaslužili. Akoli ne, nekog nesrećnika ćemo izvući na obalu. Do sada je Bog hteo da nas na hodočašću samo dobra sreća prati. Nismo bili gladni, jeli smo i spavali kao kraljevi, i niko nas nije tukao i nije nas ni mrko pogledao. Svi su nas dočekivali lepo, kao da nas prati svita anđela zaduženih da nam pružaju sva dobra zemaljska. Shvatate i same da se to tako ne može nastaviti. Ili je svet prestao da bude to što jeste, ili ćemo ubrzo morati da se suočimo sa ogromnim neprilikama, nevoljama, nedaćama, lišavanjima i surovostima ljudi, sledbenika Sotoninih.

Ovo upozorenje bilo je dovoljno da ubedi one dve žene, a naročito Beatris, koju je lakše nego onu drugu obuzimao plamen oduševljenja novajlije u asketizmu. Pošto su išli prilično oštrim korakom, u sumrak ih je umor prinudio da sednu na vrh nekog brda, odakle su se videla dva sela, jedno na istoku, drugo na zapadu, a između njih dobro obrađene njive i mrlje zelenih krošnji. Pružao se predivan pogled, još i lepši u to doba, zbog setnih čari koje predvečerje daje celoj zemlji. Iz skromnih krvova vio se dim iz ognjišta na kojima je pripremana večera; čuo se zvuk klepetuša na stoci koja se vraćala u torove, i zvona u oba sela pozivala su na molitvu. Dim, klepetuše, prijatna dolina, zvonjava, predvečerje, sve su to bili reči tajanstvenog jezika koji se obraćao duši, a da ona nije mogla tačno znati šta joj se govori. Troje hodočasnika ostali su na trenutak nemi pred tom ovako opširno opisanom lepotom, i Beatris, koja je, umorna, ležala kraj Nazarenovih nogu, uspravila se da mu kaže:

– Gospodine, objasnite mi: ova zvonjava u ovo doba kad se ne zna da li je dan ili noć, taj zvuk... objasnite mi... da li je radostan ili tužan?

– Pravo da ti kažem, ne znam. I sa mnom se dešava isto što i sa tobom: ne znam da li je radostan ili tužan. I mislim da proizvodi oba osećanja u našoj duši, i radost i tugu, spajajući ih tako da ih je nemoguće razdvojiti.

– Meni se čini radostan... – reče Landara – pošto se čovek raduje kad se odmara, a u ovo doba dan leže u postelju noći.

– Ja mislim da je tužan i radostan – ponovio je Nazaren – zato što ovi zvuci i ova milina samo odražavaju stanje naše duše, tužne zato što vidi da se završava jedan dan, a dan manje je korak bliže smrti; radosne, zato što se vraća kući mirne savesti, pošto je obavila svoje dužnosti za taj dan, a kod kuće duša nalazi druge duše koje su joj drage; tužna, zato što noć donosi slatku tugu, razočaranje zbog dana koji je prošao; radosna, zato što je svaka noć nada i pouzdanje u sledeći dan, u jutro koje već vreba tamo sa istoka, kad će doći.

Dve žene su uzdahnule i zaćutale.

– U tome – nastavio je mančanski Arapin – morate da vidite sliku onoga što će biti predvečerje smrti. Za njim dolazi jutro večnosti. I smrt je radosna i tužna: radosna zato što nas oslobađa okova životnog ropstva; tužna zato što volimo svoje telo kao vernog druga i teško nam je da se rastanemo od njega.

Nastavili su da idu, i nešto dalje se ponovo odmorili, već u pomrčini, pod vedrim nebom, ogromnim i čistim i posutim nebrojenim zvezdama.

– Mislim – rekla je Beatris pošto je dugo zamišljeno ćutala – da do sada nisam videla nebo, ili da ga sad vidim prvi put, toliko mi se sviđa da ga gledam i čudi me što vidim toliku svetlost.

– Tako je – odvratio je Nazaren – toliko je lepo da uvek izgleda novo i kao da je tek izišlo iz Tvorčevih ruku.

– Koliko je sve ovo veliko! – primetila je Landara. – Ni ja ga do sad nisam ovako gledala... Recite, oče, hoćemo li sve ovo videti izbliza kad umremo i popnemo se u Slavu?

– Već si ubeđena da ćeš se popeti u Slavu? Velike reči govoriš. Tamo nema ni blizine ni daljine...

– Sve je beskonačno – rekla je Beatris samozadovoljno. – Beskonačno znači da se nigde ne završava.

– E, to da je nešto beskonačno – dodala je Landara – to ne mogu da shvatim.

— Budite dobre i shvatićete. Ima dve stvari na ovom niskom svetu kroz koje možemo da shvatimo beskonačno: ljubav i smrt. Volite Boga i bližnjega, prigrlite u svojoj duši osećanje prelaska u drugi život, i beskonačno vam neće izgledati tako nejasno. Ali to su veoma duboke pouke za vašu jadnu pamet, i prethodno treba da naučite shvatljivije stvari. Divite se delu Božijem i recite mi nije li pred onim koji je napravio sva ova čudesa vredno biti skrušen kako bismo mu podarili sve svoje postupke, sve svoje ideje. Pošto neko vreme budete gledale gore, videćete koliko je nedostojna ova jadna zemlja da bismo poželeli da na njoj ostanemo. Pomislite da je, pre nego što ste se rodile, sve što gore vidite postojalo hiljadama vekova, i da će postojati hiljadama vekova pošto budete umrle. Mi živimo samo trenutak. Zar nije logično da taj trenutak prezremo i da želimo da se uzdignemo u vekove kojima nema kraja?

One su ponovo počele da uzdišu i da i razmišljaju o svemu onom što im je sveštenik govorio. Razgovor je kasnije postao pozitivniji, pošto je Landara, priznajući da sadržaj zobnice mora ostati siromasima, ipak htela da ga okusi.

— Kako bismo bili dobri, kako bismo stigli do onoga što se prostim rečima zove savršenstvo, mada je to u stvari samo relativno stanje — rekao je Nazaren — moramo početi od onoga najlakšeg. Pre nego što napadnemo teške poroke, treba da se borimo protiv onih sitnih. To kažem zato što mi to što si tako proždrljiva ne izgleda kao sklonost koju je teško savladati, ako se samo malo potrudiš.

— Nego šta, nego sam proždrljiva: znam ja svoje slabosti. Istina, volela bih znati kakav je ukus jela koje te uznosi u slavu.

— Probaj ga onda, pa ćeš nam ispričati kakav mu je ukus, pošto ćemo nas dvoje lepo da preživimo i ako ga ne probamo.

Žena iz Mostolesa pristajala je na svako uzdržavanje i podvizavanje, pošto se u njenom duhu od varnica koje je onaj čovek sipao sa žara svoje svetosti palila mističarska vatra. Poželela je ona da dosegne takav apsurd da ne jede apsolutno ništa; ali pošto je to bilo nemoguće, pomirila se sa tim da se hrani i nečistim tvarima.

Zatražili su gostoprimstvo u nekom svratištu, i kada su tamo čuli kako su se zaputili u Viljamantilju, pomislili su da su ludi, pošto je u selu ostalo još vrlo malo ljudi osim bolesnika; pomoć koju su tražili iz Madrida još nije bila stigla, i sve je tamo bio sami očaj, glad i smrt. U jednom dvorištu su namestili sebi postelju među kokoškama i ovcama koje su se razbudile kada su ih čule kako se mole, i uz nešto mrva koje su im dali kao milostinju, večerali po pastirski. Landara je okusila od Belmontovog jela ne preterujući, pa se potom cele noći, čak i pošto je zaspala, oblizivala. Naprotiv, Beatris nije ni oka sklopila: osećala je da joj predstoji napad njene stare bolesti, ali u novom i njoj nepoznatom obliku. Novina se sastojala u tome što su tegobe i zbunjenost koji najavljuju napad bile dobre, što su to bile na izvestan način prijatne tegobe i slatka zbunjenost. U stvari, osećala je... kao nekakvo zadovoljstvo u tome što se oseća loše, i predosećala da će joj se desiti nešto veoma ugodno. Pritisak u grudima malo ju je mučio, ali je tu muku nadoknađivala toplina koja joj se razlivala kroz kožu, povremeno treperenje koje joj je prolazilo kroz mozak, gde se pretvaralo u prelepe slike, koje pre kao da je sanjala, a ne videla. „Kao i uvek – govorila je sebi – ali sada me ne vezuju đavoli, nego oko mene lebde anđeli. Blagoslovena bila boljka, kad je ovakva, kao neko dobro, i dabogda mi uvek ovako dolazila!" U zoru joj je bilo hladno, i dobro se umotavši u ćebe, opružila se koliko je duga, više da bi se odmorila nego da bi spavala, i sa svešću da je budna, *videla je!* Ali ako je ranije viđala ružne stvari, sada je viđala lepe, mada nije umela da objasni šta je to niti da se uveri da zaista vidi to što vidi. Nečuveno čudo! Morala je da se napregne kako bi savladala slepi nagon da se baci u to što je gledala. Da li je to bio Bog, da li anđeli, duša nekog sveca, ili prečisti duh koji je hteo da uzme obličje, ali u tome nije uspeo?

Dobro je pazila da ništa od toga što joj se desilo ne ispriča don Nazariju kada se probudio, pošto je prethodnog dana tokom jedne od njegovih beseda čula da ne veruje u vizije i da dobro treba paziti pre nego što se kaže da je stvarno nešto (on je rekao *fenomen*) što postoji samo u mašti i u živcima osoba sumnjivog zdravlja. Povrativši se, pošto je umila lice i ruke, iz onog ugodnog dremeža, sve troje su doručkovali hleba i malo oraha, i srećni krenuli ka zaraženom selu. Još nije bilo devet sati kada su stigli, i neka mračna pustinja i sumorna tuga izišli su im u susret kada su kročili u jedinu ulicu u selu, krivudavu i izlokanu, prljavih bara i oštrih kamičaka. Dvoje-troje ljudi koje su sreli na putu do trga gledali su ih podozrivo, a pred crkvom, u kapiji četvrtaste kućerine koja je izgledala kao Opština, videli su nekog jako mršavog čoveka koji ih je presreo ovakvim rečima dobrodošlice: – Oj, dobri ljudi, ako ste došli u pljačku ili prošnju, vratite se otkuda ste došli, ovde vam je sve sama beda, smrt i očaj do Boga miloga. Ja sam seoski načelnik, znam šta govorim. Sami smo ja i pop i jedan lekar koga su nam poslali, pošto je naš umro, i još dvadesetoro ljudi ukupno, ne računajući bolesne i leševe od danas, koje još nismo stigli da sahranimo.

Eto, sad znate, i brzo se kupite, ovde vam nema mesta za lenčarenje.

Nazaren je odgovorio da nisu došli da traže pomoć nego da je pružaju, i neka im gospodin načelnik pokaže najteže bolesnike da im pomognu sa svom pažnjom i strpljenjem kakvo Naš Gospod Hristos zapoveda.

— Najhitnije od svega — reče načelnik — jeste da se pokopa sedmoro mrtvih oba pola koje imamo.

— Već ih je devetoro — reče pop, koji je izišao iz obližnje kuće. — Tetka Kasijana je već izdahnula, i jedna od ćerki šišača ovaca je na samrti. Idem na brzinu da prezalogajim nešto, pa se vraćam.

Načelnik nije čekao da ga mole da udovolji hrišćanskim željama Nazarena i njegovih pratilja, te su sve troje brzo preuzeli svoje dužnosti. Ali dve žene su, avaj, pred onim slikama užasa, truleži i bede, strašljivije nego što su u svom detinjastom oduševljenju pretpostavljale, posustale kao deca kada ih povedu u surovu brobu gde prvi put vide kako teče krv. Milosrđe, što je za njih bila nova stvar, nije im pružalo dovoljno snage za sve to, te su morale da je potraže u samoljublju. Prvi sati bili su puni oklevanja, panike i apsolutne pobune želuca i živaca. Nazaren je morao da ih hrabri sa rečitom srdžbom očajnog ratnika koji vidi da je bitka izgubljena. Na kraju su, Bogu hvala, počele da se kale, kale, i popodne su već bile druge žene, već je vera uspela da odnese pobedu nad gađenjem, i milosrđe nad užasom.

2

Nazaren kao da se srodio sa zagušljivim vazduhom mračnih sobičaka, sa zastrašujućim izgledom bolesnika i prljavštinom i bedom koja ih je okruživala, ali

Landara i Beatris nikako nisu mogle da se naviknu, ne, nisu mogle, nesrećne žene, na posao koji ih je u trenutku prenosio iz prostaštva u junaštvo. Do tada su videle samo lepu i prijatnu stranu religioznog ideala; sada su gledale stranu natopljenu bolnom istinom. Beatris je to izrazila svojim grubim jezikom: „To da čovek ode na Nebo, lako je reći; ali kuda i kojim putem tamo treba da stigne?" Landara je na kraju počela da radi, ali bez mozga. Kretala se kao mašina i obavljala sve one jezive dužnosti gotovo nesvesno. Njene ruke i noge kretale su se same od sebe. Da su je u druga vremena osudili na takav život, stavivši je pred izbor da ga se prihvati ili da umre, hiljadu puta radije bi pristala da joj zavrnu šiju. Postupala je prema nalozima blagoslovenog Nazarena kao lutka osposobljena da se kreće. Njena čula bila su utrnula. Mislila je da više nikada neće moći da jede.

Beatris je postupala svesno, gušeći urođenu odvratnost uz pomoć mentalnog rada argumentacije izvedene iz učiteljevih ideja i reči. Po prirodi je bila krhkija od one druge, nežnije kože, otmenije telesne i moralne građe i relativno profinjenog ukusa. Ali, nasuprot tom nedostatku, imala je duhovnu energiju kojom je mogla da potisne slabost i savlada preteški zadatak. Zazivajući začetak svoje vere, podsticala ju je i raspaljivala kao što se podstiče i raspaljuje slaba vatra kada se u nju duva; umela je da se uzdigne u psihološku sferu u koju ona druga nije imala pristupa, i u sebi, u unutrašnjem zadovoljstvu i uživanju što čini dobro pronalazila utehu koju je ona druga tražila od samoljublja, ali ga nije nalazila onoliko koliko je velika bila njena žrtva. Zbog te razlike, kada je pala noć, žena iz Polvoranke je bila satrvena i nezadovoljna, mada se nije predavala; žena iz Mostolesa bila je satrvena ali srećna, poput ranjenog vojnika koga leči već i sama čast.

Mančanski Arapin nikako se nije predavao. Neumoran do uzvišenosti, pošto je ceo dan prevrtao bolesnike, prao ih, davao im lekove, gledao kako mu jedni umiru na rukama, slušajući kako drugi buncaju u vatri, kada je pala noć nije želeo nikakav drugi odmor osim da pokopa još dvanaestoro mrtvih koji su čekali da budu pogrebeni. To je i predložio načelniku, rekavši mu da će mu biti dovoljna dva čoveka da mu pomognu, a ako nema više nego jednog, uspeće već nekako sa njime i one dve žene. Seoski predstavnik dozvolio mu je da radi kako želi, čudeći se tolikoj marljivosti i pobožnosti, i *stavio mu na raspolaganje* groblje, kao što se gostu nudi plesna dvorana da igra ili muzički salon da svira.

Uz pomoć nekog ćutljivog i naizgled maloumnog starca koji je, kako se kasnije saznalo, bio svinjar; uz pomoć Beatris, koja je htela da do kraja ispije čašu požrtvovanja i da se obuči u toj školi, koliko jezivoj, toliko i delotvornoj, Nazaren je počeo da iznosi mrtvace iz kuća i odnosi ih na leđima, pošto nije imao nosila, i ostavljao ih na zemlji dok ih nije sve sakupio. Pokajnica i svinjar su kopali, a načelnik je išao tamo-amo, pomažući pri svakoj teškoći i tražeći da se ne radi ofrlje, kao na javnim radovima, nego savesno, da se tela ukopaju duboko i da se zemlja dobro utaba odozgo. Landara je otišla da odspava tri sata, posle čega je ustala kako bi njena drugarica mogla da legne isto toliko. Tako je naredio šef, kako ne bi iscrpeo snage svoje prekaljene družine.

Kada su završili sa pokopavanjem, junački Nazaren, ne uzevši za jelo ništa osim malo hleba i vode koje mu je ponudio načelnik, vratio se u kužne kućerke kod bolesnika da ih neguje, da im govori reči utehe ako mogu da ga čuju, da ih umiva i daje im da piju. Landara je od ponoći pomagala trima devojčicama, sestrama koje su od iste bolesti izgubile majku; don

Nazario, nekoj ženi koja je jezivo buncala i momčiću za koga su mu rekli da je bio veoma lep, ali se njegova lepota više nije videla pod jezivom maskom koja je skrivala njegovo lice.

Osvanulo je nad svom tom tugom, i novi dan ulio je u duše dve žene veću sposobnost da vladaju situacijom i veće pouzdanje u sopstvene snage. I jedna i druga verovale su da su već dugo na tom zaslužnom poslu, a u stvari dani postaju sve duži što je više života koji se u njima odvija, i što je on obuhvatniji. Više se nisu toliko užasavale od čudovišnih lica, više nisu strahovale da će se zaraziti niti su u živcima i želucu onako živo osećale pobunu protiv truleži. Lekar je zahvaljivao milosrdnom nebu na to troje pokajnika, govoreći načelniku kako su taj čovek mavarskih crta i njegove dve družbenice za stanovnike Viljamantilje kao anđeli s Neba. Pred podne su se začula zvona na crkvi u znak opšte radosti, a to je bilo zato što se saznalo da će ubrzo stići pomoć koju je iz Madrida poslala Uprava za dobročinstva i zdravlje. U dobri čas! Ali, napokon, ipak treba biti zahvalan na tome. Zvanično milosrđe sastojalo se od jednog lekara, dvojice praktikanata, jednog poverenika *iz ogranka* i nebrojenih sredstava za dezinfekciju ljudi i stvari. Čim je Nazaren saznao za srećni dolazak Sanitarnog povereništva, saznao je da i u Viljamanti zaraza besni jednakom silinom i da nema vesti da će Vlada tamo poslati bilo kakvu pomoć. Smesta donevši praktičnu odluku, kao veliki strateg koji ume brzinom munje da prebaci svoje snage na odgovarajući teren, dao je znak za polazak svojoj maloj vojsci; došlo je i levo i desno krilo, i general im je izdao dnevnu zapovest:

— Smesta krećemo.

— Kuda idemo?

— U Viljamantu. Ovde više nismo potrebni. Drugo selo prepušteno je samo sebi.

— Krećemo. Napred.

I pre dva popodne već su išli preko polja, stazom koju im je pokazao svinjar. Od hrane iz Korehe nije im bilo ostalo više ništa, a Landara nije htela da ponese drugu iz Viljamantilje. Dve žene okupale su se u potoku, i don Nazario je uradio isto podalje od njih. Svežih tela, zadovoljne duše, nastavili su hod bez drugih nezgoda osim što su naišli na neke dečake iz porodica koje su pobegle iz Viljamantilje i smestile se u bedne kolibe na vrh nekog brda. Anđelčići su obično ubijali iseljeničku dosadu tako što su gađali kamenjem svakoga ko bi prošao, a tog popodneva žrtve ovog bezazlenog *sporta* bili su Nazaren i njegovi. Generala su pogodili u glavu, a desno krilo u ruku. Levo krilo je htelo da pređe u napad, i zapucalo na njih. Ali učitelj ju je zaustavio rečima:

— Ne bacaj to, ne bacaj. Ne smemo da ranimo niti da ubijemo čak ni u samoodbrani. Ubrzajmo korak i sklonimo se od kamenica ovih nevinih đavolaka.

Tako su i učinili, ali nisu uspeli za dana da stignu u Viljamantu. Pošto nisu nosili ni zalihe ni novac da nešto kupe, Landara, koja je isprednjačila, nekih stotinu koraka, prosila je od svakoga na koga bi naišla. Ali beda i očaj u tom kraju bili su toliki da nije palo ništa. Bili su gladni, zaista osećali potrebu da ubace neku hranu u usta. Žena iz Polvoranke je jadikovala, ona iz Mostolesa skrivala kako joj je, a čovek iz Migelture ih hrabrio, uveravajući ih da će pre smiraja dana negde naći nešto za jelo. Na kraju su našli sebi leka u polju na kojem su radili muškarci i žene, preoravajući zemlju plugom: sastojala se od nekoliko komada hleba, šake leblebija, grahora i rogača, i još dva novčića od po dva santima, sa čime su osećali da poseduju veliko bogatstvo. Ulogorili su se pod vedrim nebom, pošto je Beatris govorila kako treba dobro da se nadišu vazduha pre nego što uđu u sledeće kužno selo. Skupili su suvo granje i zapalili vatru, skuvali povrće, i još dodali čičak, cikoriju i tušac koje je Landara umela da probere u polju; večerali su koliko skromno, toliko i radosno, pomolili se, učitelj im je objasnio život i smrt svetog Franje Asiškog i osnivanje Serafimskog reda, i rekao, na spavanje. Kada je svanulo, ušli su u Viljamantu.

Šta bi se moglo reći o onom ogromnom šestodnevnom radu kada je Beatris uspela da oseti svoju drugu prirodu, koja se hranila ravnodušnošću prema bilo kakvoj opasnosti i smirenom hrabrošću bez hvalisanja, a Landara radinost i marljivost, uz pomoć kojih je odbacila sve svoje navike lenstvovanja? Prva se borila protiv bolesti, ubeđena u svoju nadmoć i ne dičeći se time, u rutini nekoristoljubive vere i ubeđenja koje je održavala vrelina raspaljene duše; druga, u rutini svog zadovoljnog samoljublja i već dokazane veštine, uživajući u tome da se hvali i podjarujući svoj egoizam, poput vojnika koji ulazi u bitku podstaknut željom da dobije viši čin. A šta se može reći o Nazarenu, osim da je tokom tih šest dana bio hrišćanski junak i da je njegova fizička otpornost nekim čudom postala ravna njegovoj neverovatnoj duhovnoj snazi? Iz Viljamante su otišli iz istog razloga iz kojeg su napustili i Viljamantilju, odnosno zato što je stigla pomoć Vlade. Zadovoljni svojim ponašanjem, sa savešću preplavljenom prelepom vedrinom, ubeđenjem da rade dobro, pretresli su dve bitke koje su vodili i dozvolili sebi nevinu taštinu prebrojavanja bolesnika kojima je svako do njih pomogao, leševa koje su pokopali, uz hiljade i hiljade tužnih epizoda koje bi bile čudo svetsko kada bi ih neko opisao. Ali zacelo ih niko neće opisati, i samo arhivi Neba zabeležili su te veličanstvene podvige. A što se tiče hvalisanja sa kojim su ih prebrojavali i ponavljali, Bog će zacelo oprostiti nevino dičenje i gordost, pošto je pravo da svaki junak ima svoju priču, makar je sam pričao među svojima.

Krenuli su prema selu za koje ne znamo da li se zove Mentrida ili Jasenovo Selo, pošto su *nazarenski* dokumenti pomalo nejasni kada opisuju to mesto. Zna se samo da je bilo prijatno i relativno bogato, okruženo plodnom zemljom. U njegovoj blizini su na nekom uzvišenju videli ruševine zamka; pošli su u izviđanje i našli da je to mesto zgodno da se smeste na nekoliko dana u povučenosti i odmoru, pošto je Nazaren prvi isticao potrebu za odmorom. Ne, ne želi Bog da stalno rade, jer treba čuvati telesne snage za nove i strašnije bitke. Vođa je, dakle, naredio da se trupe ulogore u ruševinama feudalnog staništa i da se tu pobrinu za okrepljenje svoje iscrpljene prirode. Mesto je zaista bilo prelepo, sa njega je pucao vidik na plodnu dolinu kroz koju krivuda reka Perales, dobro obrađene bašte i predivne vinograde. Kako bi stigli gore, morali su da se popnu uz veoma strmu liticu; ali kada su stigli, kakva čudesna samoća, kakva bistrina vazduha! Pomislili su da su u najvećoj prisnosti sa Prirodom, u savršenoj slobodi, i poput orlova se nadnosili nad svime, a da nije bilo nikoga da se nadnese nad njima. Kada su izabrali mesto među ruševinama gde će se smestiti, sišli su u selo u prošnju, i prvoga dana im je išlo veoma dobro: Beatris je dobila nekoliko novčića; Nazaren, zelenu salatu, raštan i krompir; Landara se domogla dva lonca i vrča za vodu.

– Ovo mi se stvarno sviđa – govorila je. – Gospodine, zašto zauvek ne ostanemo ovde?

– Naš zadatak nije spokojstvo i udobnost – odvratio je vođa – nego nemir, lutanje, i oskudica. Odmorimo se sada; ali potom ćemo ponovo mučiti svoja tela.

– I Bog zna da li bi nam dozvolili da ostanemo ovde – primetila je Beatris. – Siromah nigde nema stalnu kuću, nego je kao puž uvek nosi sa sobom.

– Pa, ja bih, kad bi me pustili, okopala komadić ove padine – rekla je Landara – i posadila malo krompira, luka i kupusa *za trošak* u kući.

– Ne treba nama – izjavio je Nazaren – da posedujemo zemlju, niti bilo šta što u nju pušta korenje, ni domaće životinje, pošto ništa ne sme biti naše, i iz tog apsolutnog odricanja proizlazi da kroz milostinju u naše ruke sve može da dođe.

Trećeg dana žena iz Polvoranke otišla je do reke da opere nešto odeće, i kada se vratila u zamak, Beatris je sišla po vodu, što je sasvim obična stvar koja ne može proći bez pomena u ovoj istinitoj povesti zato što su iz nje proistekli drugi događaji od nesumnjive važnosti i ozbiljnosti.

3

U predvečerje, devojka se penjala strmom padinom sa takvim uzbuđenjem u duši, i takvom slabošću u nogama, da je morala da skine vrč sa glave i da sedne na zemlju da povrati dah. Šta joj se desilo na seoskom bunaru, koji se nalazio sred topolika ukraj reke? Pa, desilo se nešto neočekivano, savršeno beznačajno u sveukupnom životu, ali za Beatris izuzetno ozbiljno; jedan od onih događaja koji su u pojedinačnom životu ravni kataklizmi, potopu, zemljotresu ili vatri sa neba. Šta je to bilo?... Ništa, videla je Kicoša!

Kicoš je bio njena ljubav i njena muka, čovek koji se poigrao njenom čašću, podstakao njene nade, koji je u njenoj duši probudio sanjarije o sreći i žestoka razočaranja. I kada je uspela, ako ne da ga zaboravi, a ono da ga u svojim mislima potisne u drugi plan, kada je onim asketizmom i spasonosnim milosrdnim ratovima uspela da zaleči duboku ranu na svojoj duši, nevaljalac se pojavio pred njom da joj oduzme svaku hrišćansku vrlinu i ponovo je surva u provaliju. Proklet bio Kicoš i proklet čas kad joj je palo na pamet da siđe do bunara!

O tome je razmišljala dok se odmarala nasred padine. Još joj se činilo da ga vidi kako se iznenada pojavljuje na dva koraka od bunara, kada se ona već okrenula sa punim vrčem na glavi. On je pozvao po imenu, a ona je uhvatila vrč koji se zaljuljao i umalo nije pao. Bila je toliko uzbuđena da samo što nije ostala na mestu mrtva, nije mogla ni da se makne, ni da izgovori makar jednu reč.

— Znao sam ja da si ovde negde, gaduro — rekao joj je on, sa rukama u džepovima na kaputu ili košulji, sa mangupskim izrazom, grubim glasom, sa čudnovatom mešavinom besa i prezira. — Video sam te već juče kako silaziš u selo sa nekim dronjavim pobratimom koji liči na Mavarina urmaša i nekom ženom ružnom kao đavo... Kakav ti je to život, ludačo? S kakvim si se to ološem uhvatila? Lepo sam ti reko da ćeš da propadneš, da ćeš da prosiš, kao sramna uličarka, ili besramna... i tako i ispade. Znam, znam, krmačo preispoljna, znam da si pobegla iz Mostolesa sa onim što kažu da je apostol i što i đavole isteruje samo tako što napravi znak krsta molitvenikom, a isto tako ih i vraća nazad.

— Kicoše, Kicoše, zaboga! — odgovorila je ona, konačno povrativši moć govora. — Ostavi me na miru. Završila sam i sa tobom i sa svetom. Ne obraćaj mi se, ja idem svojim putem.

— Čekaj malo... makar iz pristojnosti, ženo. Jesmo li ili nismo ljudi na svom mestu? Čuj, još te volim. I tako bosu i svu kao duša iz Čistilišta, opet te volim, Beatris. Istog se zakona držim. Razumeš li šta ti govorim? Ne praštam ti što se družiš s onom avetinjom... Hoćeš da se vratiš sa mnom u Mostoles?

— Ne, nikako.
— Razmisli, Beatris; ama, preračunaj se, ženo. Pazi, ražalostićeš me. Ja, naprimer, tebe volim; ali znaš već da mi je narav mnogo preka. To je moj zakon. Ovamo sam došao sa Gregorijem Portelom i obojicom Ortisa, da kupimo stoku za klanicu u Madridu, i treba da se vratimo nazad sutra uveče. U krčmi kod čika Lukasa te čekam, znaš, sutra celog dana, da budemo nasamo, da popričamo šta ćemo i kako ćemo... Da dođeš, Beatris.
— Neću doći. Nemoj da me čekaš.
— Da dođeš, kad ti kažem. Znaš već, kad ja nešto kažem, to ti je... rečeno; hoću da kažem, kažem ti kao čovek koji zna šta govori.
— Nemoj da me čekaš, Manuele.
— Da dođeš... Bolje bi ti bilo, Beatris, ne budi tvrdoglava, pomisli na svoju čast koja se vuče po drumovima kao stara cipela. Dođi da popričamo. Ako ne dođeš? Pa, čim se smrkne dolazim sa prijateljima u zamak, znam da ste tamo, pa ćemo da proburazimo i tog tvog apostola i apostolku i ceo taj pakleni soj iz nebeskih provalija... Ajd zbogom. Idi svojim putem.

Eto to su razgovarali, i ništa više. Mrtva od straha, nesrećna devojka je krenula u svoje divlje stanište, i njen strah je rastao i činilo joj se da čuje Kicoševe korake za sobom. Nije to bio on, ne; ali u tami noći činilo joj se da ga vidi kako joj preti, stojeći čvrsto, to da, surovo i despotski, savlađujući je strahom kao što ju je nekada savladavao uživanjem. Malo se umirila tokom kratkog odmora nasred uzbrdice; ali nikako nije mogla da skrene misli sa surove zapovesti onoga čoveka niti sa njegove neizbrisive slike, sasvim uspravnog tela, u odeći utegnutoj, kao u toreadora, lepog lica, kao od voska, dobro izbrijanog, sa očima koje su sevale, sa mladežom iz kojeg su mu rasle kovrdžave dlake, poput kićanke, kraj usta.

Kada je stigla gore, Beatris je napre pomislila da ispriča blagoslovenom Nazarenu šta se desilo. Ali tajnovitost na koju ju je gonilo nešto neobjašnjivo čije poreklo nije znala, naterala ju je da zaćuti. Shvatajući da je pogrešno da ne ispriča šta se desilo, opravdavala se time da samo odlaže stvar, i rekla sebi: „Kad večeramo, ispričaću mu." Ali večerali su, i u trenutku kad je htela da mu kaže, osetila je kao da su joj vezali jezik u čvor. Bila je to uzdržanost, oprez koji je poticao od najdubljeg nagona, i nesrećna žena u iskrenosti nije nalazila jednaku snagu koju bi mu mogla suprotstaviti.

Ali, kakva slučajnost, čak i da je htela da razgovara sa ocem Nazarenom, ne bi mogla. Pogledajte zašto. Jedan od anđela iz glavne kule u zamku stajao je, iz veka u vek prkoseći olujama i šibama vremena. Izdaleka je izgledao kao kost, kao čeljust ogromne životinje. Sastojao se od golih komada klesanog kamena, ali dobro uglavljenih jedan u drugi, koji su sa jedne strane pravili ono što je izdaleka izgledalo kao čeljusti, kao stepenici, kojima nije bilo teško popeti se do najviših kamenova. U njima se nalazilo udubljenje dovoljno široko da u njega stane jedna osoba, i to je bila najbolja osmatračnica za izviđanje i neba i zemlje. Eto, tamo se popeo Nazaren i legao na poslednji kamen, zabacivši glavu, dok su mu noge visile nad provalijom. Osvetljena mesecom, koji je već bio pun, njegova mršava prilika, glava, ruke i noge delovale su kao da su od prepečene zemlje dok su se ocrtavale naspram neba. Nikada se nije jasnije video arapski tip nego u tim okolnostima i tom položaju. Mogao bi čovek pomisliti da je to neki svetac-prorok koji, u potrazi za samoćom u visinama, gde ne dopire ni buka ni taština sveta, nije poverovao da je bezbedan dok nije rodama preoteo gnezdo, i vetrokazu šiljak na koji se nakačinje na vrhu kule. Dve devojke su ga pogledale i videle ga na onom uzvišenju, ovenčanog zvezdama, možda, kako se moli, ili pušta da mu misli lete preko nepreglednog neba kako bi na njemu našle istinu. Beatris je za to vreme gledala u zemlju očima duše, više nego očima tela, i dok se njen gospodar odmarao posmatrajući nebeski svod i šireći svoje ideje po njemu, zauzimajući ništa manje prostora nego što ga zauzimaju zvezdana mnoštva, ona je u svom duhu vodila jezivu bitku. Kada bi joj dali da neguje sve gubavce na kugli zemaljskoj, i najgadnije bolesnike, to bi joj bilo milije od muke na koju je stavljala ta unutrašnja borba i njene verovatne posledice. Iz sela ju je dozivalo iskušenje moćne magnetske snage, i osećala je nešto u sebi što joj je zapovedalo da se povinuje Kicoševom zahtevu. Bilo bi mudro, i ispravno, i hrišćanski sve ispričati Nazarenu; ali ako bi mu ispričala, ne bi mogla da ode; a ako mu ne bi ispričala nego bi otišla na sastanak, zbogom slavo, zbogom zasluge koje je stekla njena duša tokom isposničkog života! A, opet: ako ne bi otišla, Kicoš bi ispunio svoju jezivu pretnju. Tako joj je želju da pođe zagorčavao prekor koji joj je upućivala savest, a njena pobeda, ukoliko ne bi pošla, bila bi uzrok smrti svih njih. Šta je bolje? Ići ili ne ići? Strašna nedoumica! Ni vrlina joj nije bila od pomoći, jer, ako bi ugušila mangupsko iskušenje koje je poput đavoljeg repića širilo talase otrovne vatre kroz celo njeno biće, ako bi ostala dobra i časna, onaj bi se popeo i nikome ne bi ostavio glavu na ramenima. A ako bi sišla, bila bi zauvek izgubljena: kako bi imala obraza da se ponovo pojavi pred dobrim Nazarenom i da ga moli da joj oprosti? Ne, ne, kakva sramota! Ne, više nikad ne bi smela da ga vidi. I onda bi nesrećnica zauvek morala da se povinuje ćudima i prohtevima onoga đavola... Ne, ne. Ta misao, taj strah od budućnosti jednako sramne kao što je bila prošlost, naveo ju je da se odluči. Hvala

Bogu! Nema sumnje, Hristos i Bogorodica, koje je prizivala, čuli su je i nadahnuli da nađe dobro rešenje: da sve isprića učitelju i da se suoči sa posledicama Kicoševe osvete.

Arapin je sišao sa svoje osmatračnice, i Beatris mu je smesta prišla, rešena da mu otkrije svoju nedoumicu, i ponovo je osetila čvor u grlu. Nije rekla ništa. Tokom večere, trudeći se da savlada gađenje od jela i da se pretvara da je mirna, mislila je za sebe da je najgora i najizopačenija žena na svetu. I dok su se molili, bilo joj je teško da izgovara preslatke reči Očenaša. Njena osnovna bolest počela je da joj daje znake u najrazličitijim delovima tela i da uzburkava talog koji su ostavili rasterani đavoli... Osetila je skriveni nagon da uništi nešto, a zatim neizrecivu paniku. Morala je da se savladava ulažući u to svu svoju volju, ili onaj njen deo koji joj je bio na raspolaganju, kako ne bi skočila, kako se ne bi dala u ludački trk, arlaučući kao zver, ili se strovalila niz one litice sve dok se ne bi smrskala u dnu doline. Na sreću, nije otišla u takve krajnosti i uspela je da obuzda nerve i savlada pobunjeno zlo, prizivajući u pomoć Devicu Mariju i sve svece kojima se klanja. Kada je legla, osetila se mirnije i poželela da plače.

Pošto su u onom prostranom stanu imali i višak soba, odnosno mnoštvo dobro zaklonjenih i izdvojenih udubljenja, dve žene spavale su u jednoj *spavaćoj sobi*, a u drugoj, odvojenoj od prve debelim zidovima, veleblagosloveni Nazaren, koji je brzo spokojno utonuo u san. Žena iz Mostolesa, naprotiv, nije mogla da spava, i toliko se prevrtala u krevetu, i toliko se bolno vajkala, uzdisala i kukala, kao da priča sama sa sobom, da je i Landara morala da se razbudi, i počela je da je ispituje. Čavrljale su tako, i reč po reč, radoznalost je podsticala poverenje, i Beatris je na kraju ispričala svojoj drugarici šta se desilo, ne preskočivši ni svoje jezive sumnje i iskušenja.

— Nema ti druge, nego da kažeš jasno i glasno, neka don Nazario sve sazna — rekla je Landara. — Pa, zamisli da onaj divljak Kicoš dođe ovamo i pobije nas! A kadar jeste. I ko bi nas branio, kad smo bednici koji ne vredimo ništa na svetu? Naš će nam svetac reći... Uz njega nema brige. Da vidiš kako će samo iz glave da izvuče neko *znanje* da sve troje spasemo glave a da ti ne napraviš nikakvo zlo.

Čavrljale su tako do zore, a tada su, savladane umorom, zaspale. Kad su se probudile, Nazaren se već pre više od sat vremena bio uspentrao na svoju osmatračnicu da posmatra izlazak sunca.

Landara je rekla svojoj drugarici:

— Zovni ga, i kad siđe, ispričaj mu.

Tada je Beatris, preplavljena neizrecivom milinom, shvatila da joj se čvor u grlu koji ju je sprečavao da učitelju otkrije svoju nesreću razvezao; osetila je da su joj reči, koje su ranije bile robinje zle misli, sada slobodne, i ne želeći da čeka da Nazaren siđe, pozvala ga je na sav glas:

— Gospodine, gospodine, siđite, moram nešto da vam kažem.

— Evo, idem — odgovorio je sveštenik, skačući sa izbočine na izbočinu — ali ne žuri se, ženo, ima vremena. Znam zašto me zoveš.

— Kako znate, kad vam još nisam rekla?

— Nije važno. Evo, stigao sam. Znači, šta si htela?... Kćeri, hvala Bogu što si progovorila. Nešto ti se juče desilo.

— Ali, gospodine, kako znate? — upita Beatris začuđeno.

— Znam ja.

— Da niste možda vidoviti? Znate ono što niste videli, što vam nisu rekli?

— Ponekad, znam... Zavisi od osobe kojoj se dešava ono što vidim.
— Ali, da li ste zaista vidoviti?
— Nije to vidovitost... to je... znanje.

4

— Jeste li čuli sinoć, iz svoje spavaće sobe, o čemu smo pričale Landara i ja?
— Nisam, ženo. Iz mojih *odaja* ne može ništa da se čuje. Osim toga, duboko sam spavao. U stvari... Sinoć, dok smo se molili, primetio sam da grešiš, da si rasejana, ti, koja nikad nisi rasejana i ne grešiš. Zatim sam u tvom pogledu primetio izvestan strah... Shvatio sam da si u selu, kad si sišla po vodu, imala neki neprijatan susret. Tvoje lice govorilo je bezmalo jednako jasno kao što bi to učinila tvoja usta. I onda... lepo kaže tvoje lice... u tvojoj duši digla se velika bura, munje i gromovi. Te oluje ili borbe strasti ne mogu se sakriti: njihova pustošenja jednako su vidljiva kao i u Prirodi razaranja koja izaziva uragan. U tebi se vodila borba... Sotona ti je dirnuo u srce prstom umazanim paklenom gareži, a potom je njime prešao preko cele tvoje jadne ljudskosti. Anđeli su hteli da te brane. Ti im nisi dozvolila da se u bici razmahnu koliko hoće. Oklevala si, mnogo si oklevala pre nego što si rešila kome ćeš se privoleti, i konačno...

Beatris je počela gorko da plače.

— Plači, plači dok cela ne postaneš voda, jer to je znak da su anđeli izvojevali bitku. Danas si odnela pobedu. Valjano raspolaži svojom dušom, kako se drugi put ne bi iznova našla u takvim nevoljama. Čeliči se kako ne bi upala u njih.

Nesrećna žena nije trebalo još mnogo da kaže kako bi Nazarena obavestila o svom susretu sa Kicošem i moralnom sukobu koji je iz njega proistekao. Kroz suze i uzdahe polako je pripovedala sve, i dodala da joj savest već pruža sigurnost da više neće zgrešiti čak ni u mislima; da je strašne sumnje više neće mučiti, niti će đavo više na nju spuštati ruku, ni prst. Landara nije mogla da propusti da i ona bude mirođija u toj čorbi, kao i u svakoj, pa je nametljivo rekla:

— Pa, ako je ova već izbegla onako ružna iskušenja, da pobegnemo i mi od noža tog prokletnika, jer je jednako izvesno kao što se ja zovem Ana da će Kicoš noćas doći ovamo sa svojim kasapima, i sve troje nas preklati.

— Da, da — dodala je Beatris. — Bekstvo će nas spasti. Možemo tiho da se izvučemo niz drugu stranu brda, koja je obrasla crnikom, i niko nas neće videti. Posle ćemo da se iskobeljamo preko one planine, i kad se smrkne, bićemo već tri-četiri milje daleko, pa onda nek dođe bagra da nas traži.

— Uradiće on tako kako je rekao. Dobar mi je delija i on i njegovi alamani! Da krećemo, gospodine.

— Gospodine, da krećemo smesta.

— Da bežimo... da bežimo! Ama, jeste li lude, ili su vam svrake mozak popile? — reče Nazaren vedro i nasmejano, pošto ih je pustio da daju oduška svom strahu.

— Mi da bežimo, ja da bežim! I od koga? Beže zločinci, a ne nevini ljudi. Beže lopovi, a ne oni koji nemaju nigde ničega i sve što imaju daju onome kome je nužda. I zašto bismo bežali? Zato što je neki gordi i uvređeni čovek rekao da će doći da nas ubije! Nek dođe, u dobri čas. Dobro znam da se, pošto smo ovako jadni i bedni, ljudska pravda ne bi mnogo trudila da nas zaštiti. Ali božanska, večna Pravda, koja se pokazuje i gore i ovde dole, kako u ključnim stvarima, tako i u sitnicama, zar bi nas ona ostavila na cedilu? Slaba je vaša vera u Pravdu, slaba vera u očinsku zaštitu Boga Svemogućeg, kad ovako drhtite zato što nam neka propalica preti. Zar ne znate da su oni koji su slabi u stvari jaki, kao što su i dostojanstveni siromasi istinski bogataši? Ne, kćeri moje, ne priliči nama da bežimo, niti ćemo predati tvrđavu naše savesti, koja uvek mora biti neosvojiva, a radi toga ne smemo da strahujemo ni od proganjanja, ni od uvreda, ni od mučeništva, pa ni od same smrti. Neka dođe, dakle, taj tirančić koji hoće da nas pokolje. Zar treba prinositi na žrtvu samo ljude bez zaštite koji nikome nikakvo zlo ne čine? Zaista vam kažem, kćeri moje, jer, kad bi tako kako dolazi taj nesrećnik, podstaknut Sotonom, došao i Sotona glavom i bradom, zajedno sa svim svojim najcrnjim i najkrvoločnijim đavolima, ja se ne bih plašio i ne bih se ni mrdnuo sa ovog mesta. Nemojte da se plašite, ovde ćemo večeras dočekati tu gospodu ubice koje je Irod poslao da u naše doba ponove pokolj nevinih.

— Ali, ne bi bilo loše — zaustila je Landara, čije su se samoljublje i ratnički nagoni na učiteljeve reči raspalili — da se spremimo i snabdemo se oružjem. Hodočasnici, spremajte se na odbranu! Ja nešto moram da uradim, makar nožem za ljuštenje krompira, neka vidi taj ološ da žena neće tek tako da ih pusti da je kolju.

— Ja imam samo svoje makaze, koje nit seku, nit bodu — reče Beatris.

A Nazaren, osmehujući se, dodade:

— Ni makaze, ni bodeži, ni nepogrešive puške, ni grozni topovi nisu nam potrebni, pošto imamo najbolje i najubojitije oružje protiv svih neprijatelja koje bi Pakao mogao da pusti na nas. Dakle, budite mirne, i nemojte da propuštate svoje svakodnevne obaveze. Ako treba da se siđe po vodu, neka ide Landara, a ti, Beatris, ostani ovde. Radite kao da se ništa ne dešava, i ničega nemojte da se plašite, neka vam se srca raduju i savest neka vam bude mirna.

Njih dve su se umirile na ove reči, i Beatrisina neuroza, koja ju je pritiskala još od prethodnog popodneva, minula je. Posle doručka obavile su razne poslove: jedna je krpila odeću, druga spremala lonce za hranu, ili u obližnjoj planini skupljala drva. Popodne je Landara sišla, bila u crkvi, prošla kroz celo selo proseći, i nije loše prošla. U jednoj kući su joj dali gomilu tvrdog hleba, u drugoj jedno jaje, i na raznim stranama sitan novac i povrće. Potom je otišla na bunar da napuni vrč vodom, i vratila se u svoj zamak kada se već smrkavalo. Nije imala nikakav ružan susret, i samo jedna od osoba među svima koje su sa njom razgovarale rekla joj je nešto što ju je uznemirilo. Ko je bila ta osoba? Sada ćemo to saznati.

Oba puta kada su ona i Beatris sa Nazarenom bile u crkvi, tamo su videle najružnijeg, najizobličenijeg i najsmešnijeg kepeca kakav se može zamisliti. I on je bio prosjak, i stalno su ga sretali na ulici kad bi pošli u prošnju. Ulazio je i u bogataške i u sirotinjske kuće kao da su njegove, i svuda je bio predmet smeha i poruge. Bacali su na njega mrve hleba da bi gledali kako se odbijaju od njegove ogromne glave; davali mu najgroteskniје prnje i tražili da ih odmah obuče; terali ga da jede na hiljade gadosti, u zamenu za novac ili cigare, i seoska deca su sa njime svakoga dana imala Karneval. Siromah je odlazio u crkvu da se odmori od napora svoje popularnosti, i tamo provodio vreme bogosluženja, naslonjen na klupu, ili u podnožju krstionice sa svetom vodicom. Prvi utisak koji bi čovek stekao kada bi ga ugledao bio je da vidi glavu koja hoda sama, a pod bradom joj se mrdaju dve ribice. Sa obe strane zelene pelerine koju je nosio, slične navlaci koja se stavlja preko kaveza za mužjaka prepelice, izvirivale su dve neverovatno male ručice. Naprotiv, glava je bila veća nego što je to uobičajeno, strašno ružna, sa nosem kao truba, ušima kao papuče, ravnom bradom i brkovima, i mišijim okicama koja su gledala jedno u drugo, pošto je bio strašno razrok. Glas mu je bio kao u deteta, govor prostački i zloban. Zvali su ga *Uho*, što je reč za koju se ne zna da li je ime ili prezime ili sve zajedno.

Ko god bi ušao u crkvu ne znajući za tu žalosnu grešku Prirode, prestravio bi se kad bi video kako na tri pedlja od zemlje ide ogromna glava, i pomislio da je to neki đavo koji je pobegao sa ikonostasa Blaženih duša. To je i Beatris pomislila kada ga je prvi put ugledala, i njeni krici uznemirili su pola tuceta bogomoljki koje su se nalazile u hramu. Landara je prasnula u smeh, upustivši se sa njime u dobacivanja. Od tada su ostali prijatelji, i kad god bi se sreli, pozdravljali bi se:

– Kako je?...
– Nije tako dobro kao tebi... A porodica, dobro je?

Nije tako izgledao, ali je bio dobar čovek, bolje rečeno, dobar kepec ili dobro čudovište, siroti Uho. Kao ono kada je jednog popodneva dao Beatris dve narandže, što je retko voće u onim krajevima, a onoj drugoj tri jagode i pregršt graška sa gomile koju je prikupio dozvoljavajući da se svi sprdaju sa njim. I rekao da će im, ako budu bile tu kad stigne grožđe, dati grozdova koliko god požele. Nema potrebe da pominjemo da je Uho u prste znao sve koji su u selu živeli i sve koji su u selo dolazili u pijačne dane, pošto je bio zaštitni znak sela, poput vetrokaza na kuli, ili grba na Opštini, ili maske koja bljuje vodu na česmi. Nema bajke bez aždaje, ni sela bez Uha. Tako je tog popodneva, pošto se pozdravio sa Landarom u crkvi, poveo sa njom sledeći razgovor:

– A tvoja drugarica?
– Ostala je gore.
– Kako je samo lepa, do mojega!... I kažu da daje... Čuj, do mojega, pazite šta radite, vi tamo u zam-

ku, najbolje bi bilo odma da se kupite odavde, u selu su neki kasapi, do mojega, što vas poznaju, i kažu da si i ti, rugobo, kako kažu, tamo bila javna ženska, i da je ona druga, lepojka, imala šta je imala sa Manolitom, Sirćetovim bratancem, a taj ti je ovde, njega zovu *Kicoš*. I kažu da se i ti i ona i onaj što liči na crnog Arapina, da sve troje zajedno idete da kradete... Ma ne, znam ja da nije istina; al tako pričaju, i kažu da iz toga neće izići ništa dobro, do mojega! Da sam ja na tvom mestu, ja bih ostao; neka se tornjaju oni drugi... Tako uradi, Landara; ja tebe cenim... Evo ovde, gde nas ne čuju, kažem ti da te cenim, Landara... Pre neki dan, kad sam ti dao jaje, sećaš se, hteo sam da ti kažem: „Landara, mnogo te cenim"; al se nisam usudio, do mojega! Oćeš još jedno jaje? Oćeš malo čvaraka?...

Devojka mu nije dozvolila da završi i pobegla je na ulicu. Ama, zar takve stvari da joj govori u crkvi! Prokletinja kepecka! Ali, ako su je vesti o Kicoševoj pakosti i mišljenje da su lopovi koje je o njima vladalo ispunili nemirom i uzbudili, ono što joj je Uho bez ustručavanja predlagao na svetom mestu, pred Gospodom Presvetim i blagoslovenim obličjima, nateralo ju je na smeh. Vidi ti tog bezočnog punoglavca, triput početog, nikad dovršenog! Ma, ni da je čudovište poput njega! On nju ceni!... Ha, ha!... Pazi ti rugobu smrdljivu!

Penjući se ka zamku, zaboravila je na grotesknu ponudu i mislila samo na opasnost; ali u onim svežim i vedrim visinama, mio prizor njenih drugova rasterao joj je strah iz duše, i setivši se kakvo je lice Uho napravio kad joj se onako nudio, nije mogla da zadrži smeh. Ispričala je kako joj se u crkvi ponudio verenik, i kad je rekla da je u pitanju kepec, don Nazario i Beatris su se takođe nasmejali, i tako su veselo provodili vreme do molitve i večere, koja je bila zabavna, pošto niko nije hteo da pojede jaje, i kad se videlo da sve troje odbijaju, odlučili su da ga izvlače na lutriji. Tako su i učinili, i dobila ga je Beatris, koja nije pristala da bude povlašćena čak ni kada je slučaj tako odredio, pa je na kraju učitelj razrešio stvar tako što ga je podelio na tri jednaka dela ili porcije.

Noć je odmicala, i mesec je veličanstveno obasjavao nebesa u visini. Mavarin se popeo na svoju osmatračnicu, odakle je više gledao zemlju nego nebo, a isto su činile i dve devojke, nagnuvši se preko ostataka puškarnice, u strahu, pažljivo motreći. Sa visine golog zida koji je ličio na čeljusti, Nazaren je pokušavao da im rastera strah veselim, pa čak i šaljivim rečima. Mistična ptica letela je kroz idealni prostor, ne zaboravljajući na stvarnost i na brigu o svojim ptićima. Na obroncima planine vladala je duboka tišina koju su povremeno narušavali jecaji vetra koji je milovao ruševne zidine, ili trka noćnih zveri koje su živele u šipražju ili među kamenjem u podnožju.

Mada je vođa pokajničke družine i dalje bio spokojnog duha, odlučio je da sve troje stražare cele noći, kako ih ne bi probudili kasapi. Do dvanaest se ništa nije desilo, a tada im se učinilo da čuju šum ljudi u podnožju brda, lavež pasa... Da, neko se penjao. Zatim je šum nestao, kao da su otišli, a pola sata kasnije začuo se jače, sada već odlučno, poput razgovora dve-tri osobe koje su počele da se penju uz obronak.

Don Nazario sišao je sa svoje kule da pogleda izbliza, i ubrzo pošto su sve troje počeli da osmatraju, shvatili su da se dolina ne vidi dobro. Dizala se neka izmaglica koja se polako zgušnjavala, pa dole više nije moglo da se vidi ništa, pošto je mesečina, kada se magla raširila, postala mutna kao mleko. Glasovi su se čuli sve bliže.

Za manje od četvrt sata magla je postala gušća i raširila se, penjući se sve dok svojim neprozirnim velom nije pokrila otprilike trećinu brda. Glasovi su se udaljavali. Još pola sata, i isparenja su pokrila polovinu uzvišenja. Vrh je ostao vidljiv, i oni koji su se tamo nalazili mislili su da se nalaze na goromnom brodu koji pluta po moru pamuka. Glasovi su se izgubili.

5

Zapovedivši im da legnu, Nazaren je ostao da bdi, i u molitvi je proveo vreme sve do svitanja, u čijoj lepoti nije mogao da uživa zbog magle. U osam je dolina još bila zastrvena pokrivačem od pare, i kada su Landara i Beatris izišle iz svojih gnezda, zahvalile su se Bogu na blagoslovenoj pomoći koju im je poslao na vreme da ih spase, pošto su gnusne ubice nesumnjivo htele da se popnu, ali im je bela tama preprečila put. Nazaren im je preporučio da ni protiv koga, čak ni protiv svojih najvećih neprijatelja, ne koriste reči mržnje; prvo čemu ih je učio bilo je praštanje uvreda, ljubav prema onima koji nam čine zlo i gašenje svakog zlobnog osećanja u srcima. Kicoš i njegova družina možda su zlikovci, a možda i nisu. Ko to zna? Neka se pravdaju pred Višnjim Sudijom. One ne smeju da im sude, ne smeju da izgovore protiv njih uvredljive reči, čak ni u slučaju da ih vide kako zamahuju noževima da ih ubiju.

– ... I na kraju, kćeri moje, čini mi se da smo previše odužili ovo lenstvovanje koje nam je nametnuo umor. Sutra ćemo nastaviti hodočašće, a danas, poslednjeg dana koji ćemo provesti u ovom feudalnom stanu, otići ćemo levom obalom reke do onih sela koja se vide odavde.

Ubrzo pošto je to rekao, začuli su neki glas koji je postajao sve jači, pevajući veselu pesmicu. Pogledali su, ali nisu videli nikoga; dve devojke su, međutim, prepoznale taj glas, mada se nisu sećale čiji je. Konačno su iza žbunja ugledali karnevalsku glavu koja se penjala uz planinu.

— Pa to je Uho, moj verenik! — uzviknula je Landara, smejući se. — Evo, ide mališan belosvetski... Uho, zlato moje, kepecu moj, do mojega! Gde si telo zaturio? Samo ti glavu vidimo.

Kada se popelo, siroto čudovište nije moglo da diše. Savio je noge u kolenima i nad njima ispravio svoje gotovo nevidljivo telo, a povrh njega izdigao glavudžu. Pošto nije imao vrat, brada mu je bezmalo dodirivala bradavice. Nosio je vojničku kapu i zelenu navlaku za prepeličji kavez. Kada je seo, bio je samo nešto niži nego kada je stajao.

— Hoćeš da pojedeš nešto, veseli moj Uhito? — reče mu devojka. — Kojim dobrom ovamo?

— Evo, samo da ti kažem da te cenim, do mojega!

— Ma i ja tebe cenim, još i više, gusenice moja, pužu u kućici. Jesi li se umorio? Hoćeš li hleba?

— Neću, imam. A ovo za tebe, od cveća i jaja... Drži. Zdravo, gospa Beatris; čika Zarene, Bog vas čuvao... Pa, dođoh da vam rečem da se kupite... Sinoć su Kicoš i njegovi pošli vamo; al zbog magle se vratili. Ništa nisu videli, do mojega! Danas su otišli sa stokom... Mnogo stoke, do mojega! Kad je zvonilo za jutrenje, otidoše... Al nemojte misliti da ste bezbedni, do mojega! Govorka se da je bilo krađe... Lažu! Ja te cenim, Landara... Al klonite se *Cevilne* garde, kažu, ako vas uvati, ima ko *delikvente* i zločince da vas potera, do mojega!

Nazaren mu je odgovorio da oni nisu delinkventi, a ako ih Garda smatra za takve, brzo će se razuveriti, pa zato neće bežati, nego će ostati tamo gde nikom ne smetaju. Kepec, ne obraćajući previše pažnje na to odbijanje, povuče Landaru za suknju da je odvede u stranu, i reče joj:

— Nek ide Mavarin sa Mavarkom, a ti ostani, rugobo, tebe neće da apse kad si tako ružna, a ja te cenim... Zar ne znaš da te cenim, Landara? Šta kažeš? Ja sam ružniji? Do mojega! Eto ti ga. Ti ružna, ti javna ženska, ja te cenim... Ovo mi je prvi put da cenim neku... I to otkako sam te vido, do mojega!

Devojčino kikotanje privuklo je ono drugo dvoje, i siroti Uho, postiđen, samo je govorio:

— Tornjajte se, tornjajte se odavde, ako nećete, ima da vidite... Krađa, Cevilna garda...

— Kepec me ceni. Pustite ga da kaže... On je moj verenik, jel tako? Ma razume se da ću s tobom da ostanem, kornjačo moja i dušo moja, sa mojim crvićem. Kaži opet da me ceniš. Voli žena da čuje...

— Jeste, cenim te — ponovio je Uho škrgućući zubima kad je primetio da ga Beatris podsmešljivo gleda.

— Neka crknu, ja te cenim, do mojega!

I otrča. Landara se opraštala od njega vičući na sav glas, a on je, očajan, sve bijući se u glavu, sišao, mada je pre izgledalo kao da se skotrljao, ne obazirući se na troje stanara zamka. Oni su, sat kasnije, sišli niz stranu koja vodi u pravcu suprotnom od sela i krenuli levom obalom Peralesa, nizvodno. Prošli su pored njegovog ušća u Alberće, i nedaleko odatle videli neke ratare koji su okopavali vinograd. Nazaren se ponudio da im pomogne za nešto milostinjice, pa i ako im ništa ne daju, opet će da rade, samo ako im dozvole. Ratari, koji su delovali kao imućni i dobri ljudi, dali su jednu motiku Nazarenu, drugu Beatris, a onoj iz Polvoranke malj da razbija grumenje. Jedan od njih dohvatio je sačmaru sa zemlje, pripucao malo u obližnje grmlje i oborio tri zeca, od kojih je jednog dao pokajnicima.

— Gospodine — rekao mu je Nazaren — ovaj vinograd će vam dobro roditi.

Jedna od žena zapodenula je razgovor sa Beatris dok su se malo odmarale, i upitala je da li joj je Nazaren muž, a kada joj je odgovorila da nije, da nijedna od njih dve nije udata, žena se mnogo puta prekrstila. Zatim ju je zanimalo da li su Cigani, ili oni što idu od sela do sela i krpe lonce... Da li su oni prošle godine prolazili tuda sa mečkom vezanom za alku u njušci i majmunom što puca iz pištolja? Ni to. Pa ko su onda kog vraga? Da li su hrišćani, ili pripadaju nekoj idolopokloničkoj sekti? Beatris je odgovorila da sebe smatraju za žestoke hrišćane, i da više ništa ne može da kaže. Druga žena, sva spečena, zazirala je od nepoznatih lutalica, da joj ne ureknu devojčicu koju je nosila u naručju, svu slabašnu i pospanu. Svi su se nešto domunđavali, i na kraju je onaj sa sačmarom pozvao Nazarena da mu kaže:

— Dobri čoveče, evo ti ovaj bakrenjak i ovaj zec, i gubite se odavde, pošto se Ufrasija plaši da joj ne ureknete dete.

Ne odvrativši ništa na to surovo izbacivanje, otišli su ćutke i smerno.

— Treba ćutke da trpimo poniženja, kćeri moje, i da se tešimo gledajući svoju savest.

Nešto dalje sreli su druge ljude kako čiste neku baru ili bazenčić koji je služio kao pojilo i koji je poslednja oluja napunila blatom, korenjem i tvarima iz obližnjeg kanala za otpadnu vodu. Nazaren se ponudio da radi, i njegova ponuda je prihvaćena. Naredili su mu da uđe do kolena u crnu baruštinu, i Landara je uradila isto, skupivši suknje do pola nogu. Kofama koje su dodavali jedno drugom, a ovaj trećem, vadili onaj smrdljivi glib pomešan sa truleži, a drugi im pomagali lopatama. Beatris je poskočila, cičeći, kada je osetila kako joj se lakat dugačka zmija obmotava oko noge. Na sreću, nije bila otrovna. Tu nastade smeh i šala, uhvatiše zmiju, i na kraju je pojilo očišćeno za sat i po, a pokajnici su dobili veliki i mali novčić za svoj težak rad.

Otišli su do reke da speru onu prljavštinu, i kada su čisti nastavili putem, presrela su ih dvojica ljudi zlokobnog izgleda, izgladnelih i žutih lica, u odeći svoj u dronjcima, koji su izišli iz gustog šiblja i drskim glasom im naredili da stanu. Bez ikakvog objašnjenja, jedan od njih, pokazavši ogroman bodež, rekao im je da tu ostave sve što nose, bilo novac, nakit ili nešto za jelo. Onaj drugi, koji je zacelo bio grozan šaldžija, rekao im je da su njih dvojica prerušeni gardisti i da im je Vlada naredila da uhapse svakog lopova na koga naiđu i da im oduzme sve što su pokrali. Odvažna Landara je htela da se buni, ali Nazaren je rekao da im se preda sve: hleb, sitniš, zec, a prokletinje su ih još i temeljno pretresle, pa je tako Beatris ostala bez makaza, a ona druga bez češlja. Međutim, ni tu se šala nije svršila. Pošto su se prema naređenju bandita sklonili, ovi su sebi još dozvolili i glupu zabavu da ih gađaju kamenicama, te su Nazarenu naneli laku povredu na glavi, iz koje je poteklo malo krvi. Morali su da se vrate do reke, gde su mu dve devojke oprale glavu i zatim je povezale maramama, jednom belom, a povrh nje velikom kariranom koju je Beatris obično nosila na glavi. Sa tim turbanom vatrenom asketi nije bilo potrebno više ništa kako bi upotpunio svoju arapsku priliku. Beatris je stavila njegovu kapu, i hajd u zamak!

— Čini mi se — rekla je Landara — da nam je krenulo loše. Do sada je sve išlo dobro. Davali nam da jedemo, voleli nas, darivali, napravili smo svoju mrvu čuda u Mostolesu, i u Viljamanti smo se poneli kao sveci Božiji. Ljudi zadovoljni, samo trče oko nas. Ali sad nam je već pošlo naopako; šta se čoveku dogodi od danas do sutra, to ti je kao javna lutrija.

— Umukni, brbljivice praznoglava — reče joj Nazaren, koji je, umoran od dugog hodanja i sunca koje je upeklo, seo u senku nekih hrastova. – Nemoj brkati božansko proviđenje sa lutrijom, koja je verovatno slepa. Ako nam Gospod šalje nedaće, On zna zašto. Nemojte da preko usta prevalimo i najmanju žalbu, i nemojte da i na trenutak posumnjamo u milosrđe Oca Našega koji je na Nebu.

Beatris je sela pored njega, a žena iz Polvoranke je uzela da traži žir po zemlji. Sve troje su ćutali, tmurni i žalosni. Čulo se samo zujanje poljskih muva ispod hrastova. Landara se udaljavala i vraćala. Žena iz Mostolesa je prekinula tišinu obrativši se učitelju:

– Gospodine, pade mi na pamet jedna ideja, jedna ideja...
– Predosećanje?
– E, to... Mislim da ćemo mnogo loše da se provedemo, da ćemo da patimo.
– I ja tako mislim.
– Ako Bog tako hoće, neka bude.
– Patićemo, tako je; ja više nego vas dve.
– A mi nećemo? Pa, to ne bi bilo u redu. Ne, mi ćemo isto, a ako se desi, i više.
– Neka, pustite mene da više patim.
– Stvarno tako mislite? Javilo vam se?
– Javilo mi se nije. Gospod mi tako govori, iznutra. Poznajem njegov glas. Toliko je izvesno, Beatris, da ćemo mnogo patiti, kao što je sada dan.

Ponovo tišina. Landara se udaljila saginjući se i sakupljajući žir u suknju.

6

Posmatrajući dobrog Nazarena, ćutljivog i zamišljenog, njega, koji ih je uvek hrabrio svojim primerom, spokojstvom i radinošću, pa čak i veselim rečima, Beatris je osetila da joj se u duši iznenada raspaljuje kao neka lomača nežnosti prema svecu koji ih je poučavao i vodio. I ranije je osećala istu vatru, ali nikada onako jako kao u ovoj prilici. Zatim, zagledavši se u dubinu sebe, pomislila je da to stanje duše ne treba da poredi sa proždrljivim požarom koji prži i razara, nego sa bujicom vode koja čudom izbija iz kamena i plavi sve oko sebe. Kroz njenu dušu tekla je reka i izlazeći joj na usta, izlivala se u ovim rečima:

— Gospodine, kada dođe ta ogromna patnja, znajte da želim da vas volim svom ljubavlju koja može stati u dušu, u svoj čistoti sa kakvom se vole anđeli. I ako bih, preuzimajući na sebe patnju, vas mogla da oslobodim, preuzela bih je, makar bila i najužasnija koja se može zamisliti.

— Kćeri moja, voliš me kao učitelja koji malo zna, ali te uči onome što ti ne znaš. Volim i ja tebe, volim vas obe, kao pastir svoje ovce, i ako se budete izgubile, tražiću vas.

— Obećajte mi, gospodine — dodala je Beatris na vrhuncu zanosa — da ćemo se zauvek jednako voleti, i zakunite mi se da se nikada nećemo razdvajati, šta bilo da bilo.

— Ja se ne kunem, a čak i kada bih se kleo, kako bih mogao da ti tvrdim to što želiš? Ako od moje volje zavisi, bićemo zajedno; ali, šta ako nas ljudi razdvoje?

— A kakve veze ljudi imaju sa nama?

— Eh! Oni zapovedaju, oni vladaju celim carstvom koje se nalazi ispod duša. Nedavno su došla dva grešnika i opljačkala nas. Mogu doći i drugi i razdvojiti nas na silu.

— To neće biti. Landara i ja to nećemo dozvoliti.

— Ne mislite na svoju slabost, svoj strah.

— Mi da se plašimo! Gospodine, nemojte tako da govorite.

— Osim toga, vaša je dužnost da budete poslušne, da poštujete svakoga i da se pokoravate Božijem proviđenju.

Landara je prišla da im pokaže žir, i ponovo se udaljila. Ubrzo potom, Beatris je odjednom osetila veliku malaksalost. Bilo je to nešto poput opuštanja onog grča pobožne ljubavi. Oči su joj se sklapale.

— Gospodine — rekla je Nazarenu — pošto noćas nismo spavali, sad sam pospana.

Sa upravo idiličnom jednostavnošću i nevinošću, Beatris je pustila da joj padne glava na Nazarenovo rame i zaspala poput deteta u majčinom krilu. Pustinjak-lutalica ostao je oborene glave. Na kraju, pomislivši da je već vreme da se vrate u zamak, pogledom je potražio drugu devojku i video je kako sedi, udaljena tridesetak koraka, glave oborene na grudi.

— Landara, šta ti se desilo?

Devojka nije odgovarala.

— Ama, šta ti je, kćeri? Dođi ovamo. Šta to radiš? Plačeš?

Landara je ustala i polako mu prišla, prinevši očima ivicu suknje u kojoj je držala žir skupljen sa zemlje.

— Dođi ovamo... Šta ti je?

— Ništa, gospodine.

— Ne, nešto jeste. Da li ti je došla neka zla misao? Ili ti srce sluti nedaće? Reci mi.

— Nije to... — odgovorila je na kraju devojka, ne nalazeći prave reči da izrazi svoju misao. — Ja... Žena drži do sebe i... eto... svoje parče taštine... i ne voli... Pa evo, reći ću jasno i glasno: više volite Beatris nego mene.

— Isuse Hriste!... I to te...?

— Pa, nije pravo, pošto vas nas dve obe jednako volimo.

— I ja vas jednako volim. Ama, otkud ti to da ja...?

– Zato što Beatris uvek govorite lepe stvari, a meni ništa... Ja sam mnogo glupa, a ona zna stvari... školovana je... Zato njoj sve ugađate, a meni samo: „Landara, šta ti znaš? Nemoj da huliš..." Znam, znam ja da mene ceni samo Uho...
– E, pa sad nisi rekla ništa bogohulno, nego ogromnu besmislicu. Ja da volim jednu više od druge! Ako se različito ophodim prema vama, zato što su vaše prirode različite, u ljubavi koju prema vama osećam nema nikakve razlike. Glupačo, dođi ovamo, i ako ti se spava, pošto noćas nisi spavala, nasloni se na mene sa druge strane, pa i ti malo odremaj.
– Neću, kasno je – reče Landara, čije nezadovoljstvo se već bilo raspršilo. – Ako ne budemo pazili, nećemo stići za dana.
– Za dana sad već nikako ne možemo. Hvala Bogu ako stignemo do devet... A večeras ćemo dobro večerati: sveži žir.
– Oni bezočnici su nas baš opelješili. Eh, ako ih samo uhvatim...!
– Nemoj da kuneš, nemoj da pretiš... Evo, i ova se budi. Hajde, krećemo.

Pre devet već su se peli ka zamku, umorni, i gore se opružili na svežini. Te večeri nisu imali nikakve muke da pripreme večeru, pošto nisu imali ništa osim žira, koji je odmah poslužen i pojeden u sosu od nužde, pre nego gladi. Kada su počeli da se zahvaljuju Bogu na skromnom obroku koji im je udelio, začuli su šum glasova u podnožju brda, u blizini sela. Šta li je to? Sada nije govorilo njih dvojica-trojica, nego mnogo, mnogo sveta. Landara je provirila kroz puškarnicu i, Presveta Bogorodice! Ne samo što je čula veći žamor i buku, nego je i videla nekakav odsjaj kao od baklji, koji se penjao, penjao zajedno sa glasovima.

— Dolaze ljudi — rekla je svojim drugovima, obuzeta panikom — i nose upaljene baklje... Slušajte taj žamor...

— Dolaze da nas uhapse — promuca Beatris, na koju je prešao strah njene drugarice.

— Da nas uhapse? Zašto? Kako bilo da bilo, ubrzo ćemo saznati — reče don Nazario. — Nastavimo da se molimo, a videćemo šta će biti.

On se molio, pošto je njegova žustra volja mogla da savlada svakakva osećanja; ali njih dve, preplašene, uznemirene, uzdrhtale, samo su trčale tamo-amo i čas pomišljale da treba da beže, čas da poviču upomoć... Ali kome, kome? Nebo te noći nije davalo znake da želi da ih brani sakrivajući ih pod velom magle.

A gomila se penjala uz zlokoban sjaj baklji. Glasovi su se već čuli razgovetnije, i smeh, i šale; već se mogla razumeti poneka reč. Dolazili su muškarci, žene i deca, i ona su osvetljavala, noseću u rukama suvi štipavac, paleći ga i gaseći, halačuću kao u Jovanjskoj noći.

— Ama, šta je to? — promrmlja Nazaren ne ustajući sa poda. — Protiv ovo troje bednika vlasti poslale vojsku?

Kada je bučna gomila stigla na vrh, dve žene videle su dvojicu gardista. Više nije bilo sumnje.

— Došli su po nas.

— Pa evo, tu smo.

— Gospodo gardisti — reče Landara — nas tražite?

— Tebe, i Musu Mavarina — odvrati neki koji je zacelo bio seoski načelnik, smejući se, kao da je sloboda ili zatvor za onako bedne ljude obična šala.

— Gde je taj Mavarčić, da ga vidim? — razdrao se neki neotesani debeljko koji je štrčao u prvim redovima.

— Ako sam ja taj koga tražite — reče Nazaren još sedeći na podu — evo me.

– E, dobri prijatelju! – reče neki mršavko. – Loš vam je smeštaj, velečasni Mavarine, u ovom zamku. Ajdete u zatvor.

I rekavši to, snažno ga udari nogom.

– Kukavice sinja! – razdra se Landara, raspalivši se u iznenadnom napadu besa i skočivši na njega kao tigrica. – Ološu, zar ne vidite da je čovek smeran, i pušta da ga uhapsite?

I nožem za ljuštenje krompira žestoko je zamahnula na njega, tako da bi se, samo da je oružje imalo oštricu i vrh, ona budaletina loše provela. A i ovako mu je poderala rukav na košulji, i odrala mu kaiš kože sa ruke. Gomila se uz riku ustremila na hrabru devojku, koju je savladala Civilna garda. Ali ona se otimala tako besno i žestoko, da su morali da je vežu. Utom je osetila kako je neko vuče za suknju, i videla Uhovu hodajuću glavu koja se provlačila između nogu gardista.

– To ti je zato što nisi uradila kako sam ti reko, do mojega! Ali cenim ja tebe, videćeš da te cenim.

– Bež odatle, smrdljivko – odvratila je Landara i pljunula mu u lice.

Nazaren je ustao i sa najvećim mirom im rekao:

– Čemu tolika buka da biste uhvatili tri nezaštićene osobe? Vodite nas kud hoćete. Jao, ženo, kako si samo loše učinila! Kako bi ti Bog oprostio, moli za oproštaj ovog gospodina koga si ranila.

– Da molim za oproštaj običnog bizgova.

Zaslepljena srdžbom, plamteći u krvožednom bunilu, nije znala šta radi.

Svi su krenuli. Napred je išla svezana Landara, ričući i dižući ruke ka ustima kako bi pregrizla konopac; za njom, učitelj i Beatris, slobodni, okruženi radoznalom, drskom i surovom svetinom. Gardisti su krčili put kroz gomilu. Onaj debeljko, koji je išao pored Nazarena, dozvolio je sebi da mu kaže:

— Znači, mavarski princ... prognani mavarski princ?... I poveo sa sobom ceo harem, majka mu stara! Načelnik, koji je išao sa druge strane, pored Beatris, tako se prostački nasmejao, i ispravio svog prijatelja:

— Ovaj ti je Mavarin koliko i moj deda. A ovu sultaniju znam iz Mostolesa.

Beatris i don Nazario nisu odgovarali... nisu ga čak ni pogledali. Dok su silazili niz brdo, nastavili su da zbijaju šalu sa njima i da ih izvrgavaju ruglu. Sve je to pre ličilo na karnevalski metež nego na hapšenje prestupnika. Pošto su baklje pogašene, žene i deca su se saplitali, padali i dizali se, i Uhova glava zatkotrljala se na nekoj okuci. Cerekanje, pesma, psovke, sve su to bili znaci slavlja za selo u kojem su prilike za zabavu bile veoma retke. Neki su na ceo slučaj gledali kao na šalu, i priželjkivali da im svakoga dana dolaze zalutali Mavari, da ih love ili hvataju. Ulazak u selo bio je najbolji deo predstave, pošto su svi živi izišli na vrata svojih kuća da vide tajanstvene prestupnike koje traži sudija iz Madrida. Deca su ponovo upalila suvi štipavac ili bodljivu žuticu, i dimčina je gušila. Landara, iscrpljena od umora, odustala je, konačno, od svog uzaludnog opiranja. Drugo dvoje uhapšenika ćutke su prihvatili svoju nesreću, mireći se sa njom.

Zatvorom su zvali neku staju sa rešetkama u opštinskom podrumu. Tamo se ulazilo kroz dvorište. Civilna garda raskrčila je kapiju, i uhapšenici su odvedeni u neku dvoranu, gde su Landaru odvezali. Načelnik, kome njegova neumesna preterana sklonost ka šali nije smetala da ima i čovečna osećanja, rekao im je da će im spremiti večeru, pa je odveo Nazarena u susednu prostoriju, ništa manje oronulu i bednu od odaje namenjene držanju zatvorenika, i sa njim poveo razgovor koji je tačno zabeležen u nastavku.

7

— Sedite. Moram da vam postavim neka pitanja.
— Evo, sešću. Recite.
— Pa, nisam hteo da vas izvrgavam ruglu pred onom ruljom. Misle da ste Mavarin. Posla neukog sveta! Ali tačno je da ličite, sa tim baš afričkim licem, šiljatom bradicom i turbanom. Ali ja znam da niste Mavarin, nego hrišćanin, bar po imenu. I još nešto: ne bih to ni pomislio da nije stajalo u dopisu kojim su mi naredili da vas uhapsim: vi ste sveštenik.
— Jesam, gospodine, i zovem se Nazario Saharin, na službi Bogu i vama.
— Dakle, izjavljujete da ste vi don Nazario Saharin kojeg traži sud u Madridu, u Inklusi. A ona ružnjikava, nju zovu Landara?
— Ona koju su doveli vezanu. Ona druga se zove Beatris, i rodom je iz Mostolesa.
— Kome pričate! Znam ja nju. Kicoš je moj rođak.
— Još nešto?
— Malo vam je? Ma, dođite ovamo, da porazgovaramo kao prijatelji — reče načelnik skidajući šešir širokog oboda i spustivši ga na sto na kojem je fenjer osvetljavao jednako radosno i blistavo lice jednoga, kao i turobno i asketsko lice drugoga. — Zar vam se čini da se pristoji da gospodin sveštenik krene u takvu skitnju... bos, po drumovima, u pratnji dve ženturače... dobro... ne kažem ništa za Beatris... ali ona druga? Zaboga, dragi moj gospodine pope! Tamo će vas, pretpostavljam, advokat braniti kao ludaka, jer ako ste pri zdravoj pameti, nema tog hrišćanina koji bi vas branio, ni zakona koji vas ne bi osudio.
— Verujem da sam pri zdravoj pameti — odgovori Nazaren spokojno.
— To će se videti. Ja verujem da niste. Razume se, kako biste i znali da li ste ludi! Ali, zaboga, oče Saha-

rine, da se potucate kao skitnica, sa one dve kljusine!... I ne kažem za samu religiju, pošto svi mi, neko manje, neko više, kažemo da verujemo, ali to je tek zato da se pokažemo, onako, reda radi... Kažem vam to zbog vas samog, iz obzira prema društvu u ova prosvećena vremena. Sveštenik tako da se potuca!... Pa nije baš da vas ne optužuju ni za šta pod milim Bogom! Da ste sakrivali u svojoj kući tu ništariju kad je ono izbola nožem drugu mustru kao i ona što je; da ste posle zajedno podmetnuli požar u nekoj privatnoj gradskoj kući ili posedu... I da veselje bude veće, krenuli u skitnju, vi kao apostol, a ona kao apostolka, varate ljude, lečite bolesnike tako što ih blagosiljate pijaćom vodom, oživljavate lažne mrtvace i držite pridike protiv nas koji imamo nešto svoje... Jao, jao, gospodine sveštiniče, i kažete da niste ludi! Recite mi, koliko čuda ste napravili u mojoj nadležnosti? Čuo sam da ste ukrotili lava nad lavovima, gospodara Korehe... Slobodno mi se poverite, neću vam ja nikakvo zlo naneti, niti ću izdati vaše tajne. Ispričajte mi, ništa se ne obazirite na to što sam ja načelnik, a vi običan zatvorenik. Iza ovih vrata se nalaze samo dva valjana čoveka: jedan vrlo prostodušan i otvoren načelnik, i jedan pop-skitnica koji će smesta da mi isprića svoje apostolske i muhamedanske pustolovine... ali iskreno... Čekajte: poslaću da nam donesu po jednu čašicu.

— Ne, nemojte se mučiti — reče Nazaren, zadržavajući načelnika. — Saslušajte moj odgovor, biće kratak. Pre svega, gospodine moj, ja ne pijem vino.

— Majkoviću! Nećete ni sodu? Eto zašto misle da ste Mavarin.

— Drugo, nisam kriv ni za jedan prestup koji mi pripisuju. Tako ću reći gospodinu sudiji, a ako mi ne poveruje, Bog zna da sam nevin, i to mi je dovoljno. Treće, ja nisam nikakav apostol, niti propovedam bilo kome; samo širim hrišćansko učenje, ono najosnovnije i najprostije, svakome ko želi da ga nauči. Poučavam rečju i primerom. Sve što kažem, to i radim, i u tome ne vidim nikakvu zaslugu. Ako su me zato pomešali sa zločincima, nije važno. Moja me savest ne optužuje ni za kakav prestup. Nikoga nisam dizao iz mrtvih, niti sam lečio bolesne, niti sam lekar, niti činim čuda, pošto mi Gospod, kome se klanjam i koga služim, nije dao moć da to činim. I ovime završavam, gospodine moj, i pošto više nemam šta da kažem, činite sa mnom šta vam je volja, i koliko god muka i srama se sručilo na mene, sve prihvatam spokojno i mirno, bez straha i bez hvalisanja, jer niko na meni neće videti ni gordost grešnika ni taštinu onoga ko veruje da je savršen.

Na te reči dobri načelnik je ostao pomalo zbunjen i neodlučan, nesumnjivo zato što je očekivao da će sveštenik sa ciničnom hrabrošću da mu odeklamuje šta je sve činio, ili drugim rečima, da će zaigrati kako on svira. Ali nije zaigrao, nije. Onda je jedno od ovo dvoje: ili je don Nazario najdomišljatiji i najvoličniji mangup koga je Bog bacio u svet kao dokaz svojih plodnih tvoračkih moći, ili je... ali ko bi, dovraga, znao ko je, ni kako da se sa sigurnošću razluči istina od laži u njegovim ozbiljnim rečima izgovorenim sa onoliko jednostavnosti i dostojanstva?

– Dobro, gospodine, dobro – reče načelnik šaljivdžija, shvatajući da takvom čoveku nikako ne može doskočiti. – Pa, od tolike savesti i tolike strogosti, loše ćete se provesti. Prizovite se pameti i poslušajte me, ja sam vam praktičan čovek, i mada mi je teško da to kažem, imam ja i nešto u glavi; nemam baš mnogo škole, ali imam mnogo pameti. Evo tu gde me vidite, počeo sam da učim za popa; ali nije mi prijala Crkva, pošto sam skloniji onome što se očima može videti i rukama opipati, hoću da kažem, pozitivnim stvarima, to jest, prosvećenosti, to mi je jača strana. Kako da poverujem da razuman čovek u naša praktična vremena, suštinski praktična, ili ako hoćete, ovako prosvećena, može da uzima za ozbiljno sve to poučavanje primerom i ostalo što kaže veronauka? Ama, nije moguće, čoveče, nije moguće, i ko tako nešto pokuša, ili je lud, ili će pasti žrtvom... nego šta, gospodine, pašće žrtvom...!

Nije umeo da završi rečenicu. Nazaren nije želeo da se upušta u rasprave, i ljubazno mu je odgovorio:

– Ja mislim suprotno. Toliko je moguće, da i jeste tako.

– Ma, dođite ovamo – nastavio je načelnik, koji je shvatao ili naslućivao dijalektičku moć svog protivnika i hteo da se bori po svim pravilima, pozivajući se na argumente kojih se prisećao iz svojih ispraznih i površnih čitanja. – Kako ćete me ubediti da je to moguće?... Mene, koji živim u XIX veku, veku parne mašine, električnog telefona i štampe! Ta poluga... društvenih i ličnih sloboda u ovom veku napretka... Ta struja... u ovom veku prosvećenosti oslobodila nas je sveg fanatizma iz prošlosti. A to što vi govorite i radite, šta je drugo nego fanatizam? Ne kritikujem ja religiju po sebi, niti se protivim tome da treba da priznajemo Sveto Trojstvo, mada ga ni najbolji matematičari ne razumeju; poštujem uverenja naših starih, Božiju službu, litije, krštenja i sahrane sa svim počastima, i tako dalje. Još i više: dopuštam i da *imaju*... hoću da kažem, da ima duša u Čistilištu, i neka imamo i kler, i episkope, i kardinale, i parohijane, podrazumeva se... Ako me pritisnete, podneću i papske bule... hajde... pristajem i na to da postoji *nešto posle*, i sve što o tome ima da se kaže, da se govori na latinskom... Ali dalje od toga nećete me pomeriti: od poštovanja koje dugujemo prema onome što je bilo. Poštujem ja religiju, još i više poštujem Majku Božiju, i molim joj se kad mi se deca razbole... Ali pustite vi mene da se natežem kako znam i umem, nemojte tražiti da verujem u stvari koje priliče ženama, ali u koje mi, muškarci, ne treba da verujemo... Ne; to nikako. Ne dirajte mi u to mesto. Ne verujem da se može sprovesti u delo sve ono što je govorio i propovedao veliki reformator društva, onaj genije... ne omalovažavam ga ja, ne, izvanredan je to čovek!... A da potvrdim da je to nemoguće, evo kako razmišljam: „Covekov cilj je da živi. Ne može se živeti bez jela. Ne može se jesti bez rada. A u ovo prosvećeno doba, na šta čovek treba da gleda? Na industriju, na poljoprivredu, administraciju, trgovinu. Eto, u tome je problem. Da uradimo nešto u svoju korist, da nivelišemo javni i privatni budžet... neka se grade fabrike... i saobraćajnice... odmarališta za radnike... radničke četvrti... prosveta, škole, lična i društvena socijalna zaštita... A šta ćemo sa higijenom, urbanizacijom, i drugim velikim dostignućima? E, pa, ništa od toga ne biste imali uz misticizam, a to je ono što vi radite; imali biste samo glad, društvenu i ličnu bedu... Baš kao po ženskim i muškim samostanima! XIX vek je rekao: „Neću samostane i semeništa, nego trgovinske sporazume. Neću pustinjake, nego velike ekonomiste. Neću pridike, nego železnice sa ravnom prugom. Neću svete oce, nego hemijsko đubrivo. E, gospodine moj, onoga dana kada budemo imali Univerzitet u svakom prosvećenom naselju, zemljoradničku Banku u svakoj ulici i električnu peć za kuvanje jela u svakoj kući, e, toga dana više neće moći da postoji misticizam! I dozvoljavam sebi da verujem... to je moja ideja... da, kada bi Gospod Naš Isus Hristos oživeo, morao bi misliti isto kao ja što mislim, i prvi bi blagoslovio napredak, i rekao bi: „Ovo je moje doba, a ne ono... Ovo je moje doba, ono nije bilo!"

stvarima, to jest, prosvećenosti, to mi je jača strana. Kako da poverujem da razuman čovek u naša praktična vremena, suštinski praktična, ili ako hoćete, ovako prosvećena, može da uzima za ozbiljno sve to poučavanje primerom i ostalo što kaže veronauka? Ama, nije moguće, čoveče, nije moguće, i ko tako nešto pokuša, ili je lud, ili će pasti žrtvom... nego šta, gospodine, pašće žrtvom...!

Nije umeo da završi rečenicu. Nazaren nije želeo da se upušta u rasprave, i ljubazno mu je odgovorio:

– Ja mislim suprotno. Toliko je moguće, da i jeste tako.

– Ma, dođite ovamo – nastavio je načelnik, koji je shvatao ili naslućivao dijalektičku moć svog protivnika i hteo da se bori po svim pravilima, pozivajući se na argumente kojih se prisećao iz svojih ispraznih i površnih čitanja. – Kako ćete me ubediti da je to moguće?... Mene, koji živim u XIX veku, veku parne mašine, električnog telefona i štampe! Ta poluga... društvenih i ličnih sloboda u ovom veku napretka... Ta struja... u ovom veku prosvećenosti oslobodila nas je sveg fanatizma iz prošlosti. A to što vi govorite i radite, šta je drugo nego fanatizam? Ne kritikujem ja religiju po sebi, niti se protivim tome da treba da priznajemo Sveto Trojstvo, mada ga ni najbolji matematičari ne razumeju; poštujem uverenja naših starih, Božiju službu, litije, krštenja i sahrane sa svim počastima, i tako dalje. Još i više: dopuštam i da *imaju*... hoću da kažem, da ima duša u Čistilištu, i neka imamo i kler, i episkope, i kardinale, i parohijane, podrazumeva se... Ako me pritisnete, podneću i papske bule... hajde... pristajem i na to da postoji *nešto posle*, i sve što o tome ima da se kaže, da se govori na latinskom... Ali dalje od toga nećete me pomeriti: od poštovanja koje dugujemo prema onome što je bilo. Poštujem ja religiju, još i više poštujem Majku Božiju, i molim joj se kad mi se deca razbole... Ali pustite vi mene da se natežem kako znam i umem, nemojte tražiti da verujem u stvari koje priliče ženama, ali u koje mi, muškarci, ne treba da verujemo... Ne; to nikako. Ne dirajte mi u to mesto. Ne verujem da se može sprovesti u delo sve ono što je govorio i propovedao veliki reformator društva, onaj genije... ne omalovažavam ga ja, ne, izvanredan je to čovek!... A da potvrdim da je to nemoguće, evo kako razmišljam: „Čovekov cilj je da živi. Ne može se živeti bez jela. Ne može se jesti bez rada. A u ovo prosvećeno doba, na šta čovek treba da gleda? Na industriju, na poljoprivredu, administraciju, trgovinu. Eto, u tome je problem. Da uradimo nešto u svoju korist, da nivelišemo javni i privatni budžet... neka se grade fabrike... i saobraćajnice... odmarališta za radnike... radničke četvrti... prosveta, škole, lična i društvena socijalna zaštita... A šta ćemo sa higijenom, urbanizacijom, i drugim velikim dostignućima? E, pa, ništa od toga ne biste imali uz misticizam, a to je ono što vi radite; imali biste samo glad, društvenu i ličnu bedu... Baš kao po ženskim i muškim samostanima! XIX vek je rekao: „Neću samostane i semeništa, nego trgovinske sporazume. Neću pustinjake, nego velike ekonomiste. Neću pridike, nego železnice sa ravnom prugom. Neću svete oce, nego hemijsko đubrivo. E, gospodine moj, onoga dana kada budemo imali Univerzitet u svakom prosvećenom naselju, zemljoradničku Banku u svakoj ulici i električnu peć za kuvanje jela u svakoj kući, e, toga dana više neće moći da postoji misticizam! I dozvoljavam sebi da verujem... to je moja ideja... da, kada bi Gospod Naš Isus Hristos oživeo, morao bi misliti isto kao ja što mislim, i prvi bi blagoslovio napredak, i rekao bi: „Ovo je moje doba, a ne ono... Ovo je moje doba, ono nije bilo!"

Reče, pa obrisa kariranom maramicom znoj sa čela; nije ga malo truda stajalo da iz sebe izbaci, uz porođajne bolove, onu dugu i učenu besedu kojom je mislio da će zbuniti nesrećnog asketu. Ovaj ga je sažaljivo pogledao; ali pošto su mu njegova ljubaznost i čovečnost zabranjivale da mu odgovori sa prezirom kakav je njegov sud zasluživao, rekao mu je samo:

– Gospodine moj, vi govorite jezikom koji ja ne razumem. Onaj kojim ja govorim verovatno ne razumete vi, barem za sada. Bolje da ućutimo.

Načelnik se nije složio sa ovim mudrim mišljenjem, i veoma ga je pogodilo što njegovi dobro promišljeni i odmereni argumenti nisu ostavili nikakav utisak na onog bandoglavca, zamlatu ili šta je već, pa je pomislio da će, ako ga napadne drugim oružjem, uspeti da ga prodrma. Kornjača je taj, i treba mu zapaliti oklop da bi ga čovek naterao da proturi glavu napolje. Pa onda vatrom na njega, to jest, uvredljivom šalom, podsmehom i porugom.

– Nemojte se ljutiti, oče, ako ćete tako ozbiljno sve da shvatate, bolje da ništa nisam rekao. Ja sam neznalica, čitao sam samo stvari iz svoga doba, i teologija mi nije jača strana. A vi ste svetac? Evo, ja vam prvi skidam kapu, i na litiji ću da vas nosim, ako treba, podmetnuću rame pod nosiljku. Da vidite kako će vas narod obožavati; a vi nam, onako prijateljski, napravite koje čudo, neko onako poveće, važi? Umnožite nam mehove sa vinom, stavite nam novi most koji je projektovan, i Zapadnu železnicu, koja je naš *desideratum*... A osim toga, imate ovde bezbroj grbavih koje biste mogli da ispravite, slepih da im vratite vid očinji i ćopavih koji sve čekaju da im zapovedite da potrče, da i ne pominjemo pokojnike na groblju što samo čekaju da ih pozovete, pa će svi da krenu u šetnju kroz selo, da vide kakav sam napredak ja doneo... Eto ti novog Isusa Hrista... Usavršen model! Ima sve da se razbukti kad se sazna da propovedamo drugo spasenje sveta! „Javna i privatna iskupljenja. Umerene cene." E, vala, sad ćemo u zatvor da vas stavimo. Druže, danas ima da se pati. Ali neće vas raspeti na krst: toga ste oslobođeni. Nemojte da zamišljate, oče, da danas ne postoje takva stratišta, svojstvena opskurantizmu; ni u Madrid vas neće uvesti na magarici, nego u pratnji dvojice gardista; i neće vas dočekati sa granama, manj ako vas neka ne dohvati po grbači. A kakvu nam to pa hromu veru donosite? Čini mi se da je muhamedanska... zato sa sobom vodite dve Mavarke... razume se, da propovedate primerom...

Pošto Nazaren uopšte nije obraćao pažnju na njega, niti se ljutio, niti pokazivao da ga takve šale diraju, ni malo ni mnogo, dobri načenik se ponovo zbunio, i zauzevši ponovo prisno držanje i šaljiv ton, potapšao ga po ramenu, govoreći:

— Hajdete, čoveče, nemojte se plašiti. Ove stvari treba podnositi strpljivo. Prijatelju, to što ste se dohvatili propovedi, naročito kad je žito slabo rodilo, ima svojih slabih strana. Ali nemojte se brinuti, Pravda će biti zadovoljena ako vas strpaju u ludnicu, neće vas ni šibati, to više nije u modi. „Samo higijenska mučenja, to jest, bez šibanja... Muke i smrt, uz Astorginu čokoladu..." Ha, ha! Na kraju krajeva, dok ste u ovom civilizovanom mestu, prema vama ćemo lepo postupati, jer, jedno je zakon, a drugo prosvećenost. A ako ste se ozlovoljili zbog onoga što sam vam rekao, smatrajte to za šalu, volim ja da se šalim... Ja sam, kao što ste videli, dobrodušan čovek... I ne znači da se nisam sažalio na vašu nesreću. Ostavljam po strani svoju vlast, nismo mi ovde načelnik i zatvorenik, nego dva prijatelja, velike šaljivdžije, dva stara lisca, a?... A uzgred budi rečeno, mogli ste i neke malo lepše Mavarkice da nađete. Ona Beatris, još i kojekako. Ali ona druga! ... Gde ste tu saragu našli?... Dobro, verovatno biste hteli da vam damo štogod za večeru...

Samo na ovu poslednju rečenicu, Nazaren je odgovorio:

— Nisam gladan, gospodine načelniče. Ali mislim da bi one sirote žene mogle nešto da pojedu.

8

Za to vreme, u samom zatvoru, one dve žene, dvojica gardista i još neke osobe koje su im se prišljamčile, među njima i veliki Uho, prisno su ćaskali. Beatris je, čim su ušli, prišla jednom od gardista, zgodnom momku prijatnog vojničkog lica, i dodirnuvši ga po ruci, rekla mu:

— Slušaj, ti, jesi li ti kaplar Mondehar?
— Tebi na usluzi, Beatris.
— Prepoznao si me?
— Kako da nisam!
— Nisam bila sigurna, pa kažem sebi: „Zaklela bih se da je ono kaplar Sirilo Mondehar, koji je bio u Mostolesu."
— Ja sam tebe prepoznao; ali ništa nisam hteo da ti kažem. Bilo mi žao kad sam te video sa onim ljudima. I da znaš: protiv tebe nemaju ništa, ti si u zatvoru zato što si tako htela. Naređeno je da uhapsimo njega i onu drugu. Tebe smo priveli zato što si se tamo zatekla. Uostalom, načelnik će ti reći da li možeš da ideš, ili da ostaneš.
— Neka priča načelnik šta hoće, ja ostajem sa svojim drugovima.
— Kroz sve muke?
— Kroz šta bilo, i ako ih bace u zatvor, i ja ću sa njima. I ako idu na Sud, i ja ću sa njima. I ako ih šalju na vešala, neka nas sve troje obese.

— Beatris, ti si luda. Ostavićemo te kod sestre u Mostolesu.
— Rekla sam da idem kud i don Nazario, i da ga ni za šta na svetu neću napustiti u njegovoj nesreći. Kad bih mogla, znaš šta bih uradila? Pa, uzela bih na sebe sve muke koje ga čekaju, uvrede koje će mu govoriti i zlostavljanja i kazne koje će dočekati... Ama, kako sam samo zaboravna, Sirilo! Nisam te pitala za Demetriju, tvoju ženu.
— Dobro je.
— Mnogo ja volim Demetriju! A reci mi, koliko dece imate?
— Jedno... i drugo na putu...
— Bog vam ih čuvao... Biće da si srećan, je li?
— Ne žalim se.
— Pa čuj, nemoj vređati Boga, mogao bi da te kazni.
— Mene? Zašto?
— Zato što proganjaš dobre, i kad kažem, dobre, ne kažem za sebe.
— Kažeš zbog zatvorenika. Mi, gardisti, nemamo nikakve veze sa tim. To sve sudija.
— Sudija, i načelnik, i gardisti, svi ste vi jedno. Nemate savesti, niti znate šta je vrlina... Ne kažem ja to zbog tebe, Sirilo, ti si dobar hrišćanin. Nećeš ti goniti Božijeg izabranika, niti ćeš dozvoliti da ga bednici stavljaju na muke.
— Beatris, jesi li luda, šta je sa tobom?
— Sirilo, lud si ti ako dozvoliš da izgubiš dušu zato što si stao na stranu zlih protiv dobrih. Pomisli na svoju ženu, na svoju dečicu, i seti se, da bi ti ih Bog poživeo, ti treba da braniš stvar Gospodnju.
— Kako?
Beatris je spustila glas, jer mada su ostali prisutni bili okupljeni oko Landare, čavrljali i smejali se na drugom kraju zatvora, bojala se da je ne čuju.

— Pa sasvim prosto. Kad budeš vodio zatvorenike, napravi se lud, a mi ćemo da pobegnemo.

— Jeste, toliko sam lud da ću jednim metkom da vas pokosim. Beatris, ne pričaj gluposti. Znaš li ti šta su Propisi? Znaš li pravila Civilne garde? Pa mene si našla sa tim da zamajavaš! Ja svoju dužnost neću da zanemarim ni za šta na svetu, i pre bih dozvolio da sve izgubim, i ženu i decu, nego da okaljam uniformu. Čovek ulaže svoju čast u to, Beatris, to ti je Organ reda... Nego šta, nego bi čovek voleo da može da se sažali! E, pa, u celoj Gardi nemoj da tražiš nikoga ko će to uraditi, mislim, da se sažali, kad je služba u pitanju, jer takvog nećeš naći. Organ reda ne zna za sažaljenje, a što se tiče duše, a to je Zakon, kad zapoveda da hapsi, on hapsi, a kad zapoveda da strelja, on strelja.

To je dobri kaplar rekao sa tako odlučnim ubeđenjem i iskrenošću, i njegove oči, pokreti, glas, tako su jasno otkrivali vatreno divljenje koje oseća prema viteškom redu koji ispoveda, da je devojka pognula glavu, uzdahnuvši, i rekla mu:

— U pravu si, ne znam šta govorim. Sirilo, ne obraćaj pažnju na mene. Svako ima svoju veru.

Radoznalci su se pomakli iz ugla u kojem se nalazila Landara i prišli Beatris i kaplar. Pored one druge ostao je samo Uho, koji je, stojeći, dosezao malo iznad struka svojoj prijateljici koja je sedela.

— Šta ti htedo reći — kazao joj je kada je ostao nasamo sa njom. — Nisi dobra prema meni, do mojega!... Mislio sam da si finija, do mojega!... Al ti od finoće nemaš ni trunku, pljunula si mi pravo u lice, a ja ti govorim da te cenim... Ama, kad bi me i opet pljunula, opet bi ti reko...

— Ja te pljunula? — odvrati Landara šaljivo, već se povrativši od napada besa. — Ako i jesam, bilo je nehotice, seljače moje malo, crviću moj, kepecu moj

slatki. Ja sam ti takva: kad nekom hoću da kažem da ga cenim, ja ga pljunem.
— I znaš šta još? Kad si ono ubola Lukasa iz krčme... mnogo si se prolepšala. Gledam te, gledam, i ne mogu da te prepoznam, do mojega! Jer, ružna si, Landara, a ja te cenim baš zato što si ružna i grozna, do mojega, i svađam se sa Božijom Reči zbog tebe, branim te, do mojega!
— Živeo moj punoglavac, moj glavati pužić! Reče li ti ono da je taj koga sam ubola krčmar?
— Čika Lukas.
— Pre neki dan si mi rekao da živiš u krčmi.
— Al sam se juče preselio, ritnula me mazga. Sad živim kod čika Huana, kovača.
— Ee, kako li je samo dobro mom pužiću u kovačevoj kući! Pa vidi, do mojega, kažeš da me ceniš?
— Celom dušom.
— Pa, da bih ti poverovala, donesi mi od svoje kuće, iz kovačeve kuće... ono što ti budem rekla.
— Šta?
— Mnogo gvožđa. Hoću gvožđe. Ti se snađi kako znaš. Tamo mora biti svega. Donećeš mi eksere... Ne; eksere nemoj. Da, da, par velikih klinova, i dobar nož, al da seče, znaš? I turpiju... ali da grize... Donesi sve to, dobro sakriveno, ovamo, ispod kaputa, i...

Zaćutali su, zato što je ušao Nazaren u pratnji načelnika, a ovaj im, praveći se dobričina i milostiv, što sve nije isključivalo da bude čovek na svom mestu, reče:
— Sad će ove dame da nešto malo večeraju. Nek se zna da je večera iz mog džepa, pošto budžeta nema. A vi, velečasni gospodine Nazarene, kad već ne jedete, odmorite malo te kosti... Gospodo stražari, zatvorenik nam daje reč da neće pokušati da pobegne. Jel tako, gospodine proroče? A vi, gospođe učenice, dobro se pazite. Kad već ovde imamo zatvor kakav ne zaslužu-

jemo, sa rešetkama na kakvim bi nam pozavidela i Lepeza u Madridu[1]. Ukratko, ako se ne desi neko čudo, odavde nećete izići. Znači... oni koji su došli da hvataju zjala, suvišni su. Raščistite mi zatvor. Uho, gubi se odavde.

Raščistili su, i tamo su samo ostali, osim nesrećnih pokajnika, načelnik i opštinski sudija, razgovarajući o sprovođenju zatvorenika, koje se moralo odložiti za jedan dan, kako bi sačekali druge skitnice i zločince uhapšene u Vilji del Prado i u Kadalsu. Potom je tamničar doneo večeru, koju su Landara i Beatris jedva okusile; načelnik im je poželeo laku noć, gardisti i tamničar su zatvorili bučno okrećući ključeve i navlačeći reze, i troje nesrećnih zatvorenika proveli su prvu polovinu noći u molitvi, a drugu spavajući na popločanom podu. Sledeći dan doneo im je utehu pošto se mnogo ljudi iz sela zanimalo za njihov tužni položaj, nudeći im hranu i odeću, koji nisu bili prihvaćeni. Uho se snalazio kako je umeo da se kao pauk uspentra uz rešetke u dvorištu, kako bi razgovarao sa devojkama. Uveče su stigli ostali uhapšeni koji su takođe imali da budu sprovedeni u Madrid; i to: neki stari prosjak, u pratnji devojčice čije je poreklo bilo predmet sudske istrage, i dva ne baš prijatna muškarca, u kojima je Nazaren odmah prepoznao skitnice koje su ih opljačkale onog popodneva pre nego što su ih uhapsili. Obojica su pobegli iz zatvora u Madridu, gde im se i dalje sudilo: jednom za oceubistvo, drugom za krađu i skrnavljenje. Sve četvoro su ih strpali u istu tesnu ćeliju, gde su jedva mogli da se okrenu, zbog čega su svi priželjkivali da ih što pre izvedu na

---

[1] Madridski zatvor Modelo, sagrađen 1884. godine, tada je bio najmoderniji i, kako se smatralo, najbolje čuvani zatvor u zemlji. Imao je lepezast oblik i sastojao se od pet galerija koje su bile raspoređene u obliku trapeza, te je zato bio popularno nazvan Lepeza. *Prim prev.*

vazduh i da ih već jednom sprovedu. Ma koliko sprovođenje bilo mučno, nikada nije toliko teško kao tiskanje nimalo čistih tela u mračnoj, tesnoj i nezdravoj prostoriji.

Sledećeg jutra, veoma rano, čim su pripremili dokumenta, naređeno je da krenu. Načelnik se pojavio da se oprosti od Nazarena, rekavši mu sa uobičajenom podsmešljivošću:

— Ako ste ljubazni, ne znači da niste hrabri, gospodine proroče; u meni gledajte samo prijatelja, građanina dobre volje, kome ste vi i vaša družina veoma zabavni, kao i veština sa kojom ste skitnju pretvorili u veoma udobnu i bezbrižnu religiju... Ha, ha!... Nemojte se vređati, ali vam se mora priznati da imate talenta, domišljatosti... Ukratko, mnogo ste mi vi veliki lisac, ama veliki, i žao mi je što niste hteli da se otvorite preda mnom... Ponavljam, nemojte se vređati. Mnogo ste mi se dopali!... Ne želim da odete a da ne ostanemo prijatelji. Doneo sam vam nešto hrane da je ponesete u zobnici.

— Hiljadu puta hvala, gospodine načelniče.

— A recite mi: hoćete nešto odeće, neke moje čakšire, cipele, papuče...?

— Beskrajno vam hvala. Ne treba mi ni odeća ni obuća.

— Ala smo ponosni! Pa, verujte da ja to od srca. Na svoju štetu radite.

— Veoma sam vam zahvalan na dobroti.

— Pa, zbogom. Znate gde nas možete naći. Radovaću se ako sve dobro ispadne, i uzmognete da nastavite svoj pohod. Nemojte misliti, naći ćete vi već sledbenike, posebno ako Vlada nastavi da diže poreze... Zbogom... Srećan put... Devojke, lepo se provedite.

Krenuli su, i pošto je bilo tako rano, malo je ljudi izišlo da ih isprati. Na čelu radoznalaca videla se

Uhova glava koja se dizala i spuštala idući u pratnji žene koju njegovo srce ceni, onoliko daleko koliko mu je to slabost njegovih kratkih nogu dozvoljavala. Kada je bio prinuđen da zaostane, videli su ga naslonjenog na drvo, sa rukom iznad očiju.

Gardisti su kao prve vodili Nazarena i starog prosjaka. Za njima su išli prosjakova devojčica, koja je dala ruku Betris; zatim Landara, a za njima zločinci, sa rukama vezanim iza leđa; na začelju, gardisti, sa puškama preko ramena. Tužni karavan krenuo je prašnjavim drumom. Išli su u tišini, svako razmišljajući o svojim stvarima, koje su, zaboga, bile tako različite... Svako od njih nosio je svoj svet, ne posustajući, a putnici ili seljaci koji su im dolazili u susret o svima njima zajedno imali su isto mišljenje: „Skitnice, bestidnici, pokvarenjaci."

Peti deo

1

Pola sata pošto su krenuli na put, stari prosjak, umoran od ćutanja, zapričao se sa Nazarenom.
— Druže, vi ste, mora biti, navikli na ovakva putovanjca, a?
— Nisam, gospodine; ovo mi je prvi put.
— A ja... čini mi se da mi je ovo četrnaesto. Da su milje koje je prevalilo moje telo novčići od dvadeset pet pezeta!... I da vam kažem, u poverenju: jel da ne znate ko je kriv za ovo što mi se dešava? Kanovas je kriv[1]... Ne preterujem.
— Čoveče!
— Tako kako čujete. Da don Antonio Kanovas nije sišao sa vlasti onog dana kad je sišao, sad bih ja bio vraćen na mesto koje su mi oduzeli četrdeset i druge godine, zbog spletki umerenjaka; nego šta, gospodine moj, moje pisarsko mesto sa šest hiljada plate. Moja struka su bili direktni porezi i utaje. Baš me upropasti don Antonio što nije ostao još jedan dan; već je bilo izdato naređenje, samo da ga potpiše Njegovo Veličanstvo... Ali tolike se spletke prave!... Kao da su i Vladu oborili, samo da mi ne vrate mesto.
— Kakva zloba!

---

[1] Antonio Kanovas del Kastiljo (1828–1897), konzervativni političar, šest puta je bio predsednik španske Vlade. *Prim. prev.*

Uhova glava koja se dizala i spuštala idući u pratnji žene koju njegovo srce ceni, onoliko daleko koliko mu je to slabost njegovih kratkih nogu dozvoljavala. Kada je bio prinuđen da zaostane, videli su ga naslonjenog na drvo, sa rukom iznad očiju.

Gardisti su kao prve vodili Nazarena i starog prosjaka. Za njima su išli prosjakova devojčica, koja je dala ruku Betris; zatim Landara, a za njima zločinci, sa rukama vezanim iza leđa; na začelju, gardisti, sa puškama preko ramena. Tužni karavan krenuo je prašnjavim drumom. Išli su u tišini, svako razmišljajući o svojim stvarima, koje su, zaboga, bile tako različite... Svako od njih nosio je svoj svet, ne posustajući, a putnici ili seljaci koji su im dolazili u susret o svima njima zajedno imali su isto mišljenje: „Skitnice, bestidnici, pokvarenjaci."

Peti deo

1

Pola sata pošto su krenuli na put, stari prosjak, umoran od ćutanja, zapričao se sa Nazarenom.
— Druže, vi ste, mora biti, navikli na ovakva putovanjca, a?
— Nisam, gospodine; ovo mi je prvi put.
— A ja... čini mi se da mi je ovo četrnaesto. Da su milje koje je prevalilo moje telo novčići od dvadeset pet pezeta!... I da vam kažem, u poverenju: jel da ne znate ko je kriv za ovo što mi se dešava? Kanovas je kriv[1]... Ne preterujem.
— Čoveče!
— Tako kako čujete. Da don Antonio Kanovas nije sišao sa vlasti onog dana kad je sišao, sad bih ja bio vraćen na mesto koje su mi oduzeli četrdeset i druge godine, zbog spletki umerenjaka; nego šta, gospodine moj, moje pisarsko mesto sa šest hiljada plate. Moja struka su bili direktni porezi i utaje. Baš me upropasti don Antonio što nije ostao još jedan dan; već je bilo izdato naređenje, samo da ga potpiše Njegovo Veličanstvo... Ali tolike se spletke prave!... Kao da su i Vladu oborili, samo da mi ne vrate mesto.
— Kakva zloba!

---
[1] Antonio Kanovas del Kastiljo (1828–1897), konzervativni političar, šest puta je bio predsednik španske Vlade. *Prim. prev.*

— Evo tu gde me vidite, imam dve ćerke: jedna je udata u Sevilji, za nekog bogataša, bogatijeg nego što bi i sam hteo; druga se udala za mog zeta, naravno, pokvarenjaka, onoga što je meni svu tu nevolju napravio... Zato što je nasledstvo mog brata Huana, koji je umro u Americi, a to je nekih tridest i šest miliona, ne preterujem, ne mogu da ga naplatim sve do sledeće godine, i molim lepo... Kao da su kurija, tamošnji Konzulat i moj zet sve to zamesili samo da mi napakoste... Jaoj, kakav pokvarenjak! Na prvu kafanicu koju sam mu napravio potrošio mi je hiljadarku i po, ili više. A on je pretvorio u kockarnicu, pa sam ja zato proveo šest meseci u zatvoru, dok se nije pokazalo da sam nevin, i... Pa vidite da li to nije nesreća: istog dana kad je trebalo da iziđem iz zatvora, sporečkam se s nekim drugom što je hteo da me prevari za trideset i dve hiljade reala i nešto, pa me zadrže još šest meseci, ne preterujem.

Videvši da Nazarena ne zanima njegova priča, krenuo je sa druge strane.

— Čuo sam da ste sveštenik... Ja li to istina?
— Jeste, gospodine.
— Čoveče!... Viđao sam ja razne ljude na svojim putovanjima. Nikad nisam video nekog gospodina sveštenika da ga sprovode.
— E, pa, sad ga vidite. Eto vam novih čudnih stvari da dodate svojoj priči.
— A zašto to, oče? Može li se znati? Neka nepažnjica. Vidim da ste u društvu žena, to mi ne izgleda kao dobar znak. Znajte da je svaki onaj ko se mnogo muva među suknjama izgubljen čovek. Recite vi meni, koji sam imao veze sa otmenom damom, iz najviše aristokratije. Au, kakve mi je ona glavobolje zadala! Ona i neka njena prijateljica markiza ukrale su mi oko sedamnaest i po hiljada pezeta, ne preterujem. A što je najgore, izvele me na sud. Žene! Ne pominjite

mi ih, ili ne odgovaram za sebe. Zbog neke rođake mog zeta, bozadžike što se ljubaka s nekim general--lajtnantom, evo sam se našao u ovim nevoljama, zato što su mi dali ovu malu da je odvedem stricu i strini u Navalkarneru, a stric i strina nisu hteli da je prime ako im ne obećam da ću da im sredim da šest godina ne plaćaju porez, ne preterujem... Sve to dolazi od žena, iliti od lepšeg pola, i zbog toga, druže, savetujem vam da ih se manete, i molite biskupa za oproštaj, i ne uplićite se više u protestantske i jeretičke sekte... Šta kažete?

— Ništa nisam rekao, dobri čoveče. Pričajte vi samo, koliko god hoćete, pustite vi mene, ne mogu ništa da vam kažem, jer sam siguran da me ne biste razumeli.

Za to vreme, Beatris je pitala devojčicu kako se zove i kako joj se zovu roditelji. Ali nesrećnica je bila kao maloumna i nije ništa umela da odgovori. Landara je prišla, uz dopuštenje gardista, da malo zabavi Nazarena svojim razgovorom, a stari prosjak je prišao Beatris. Za vreme prvog odmora, zločinci koji su bili vezani dobacivali su devojkama bestidne i prostačke reči. Svi su jeli sa zemlje, i Nazaren je drugovima podelio ono što mu je načelnik stavio u zobnicu. Gardisti, koje je iznenadila stalna blagost i poslušnost nesrećnog sveštenika, ponudili su ga da popije gutljaj; ali on nije hteo da uzme, moleći ih da to ne smatraju za prezir. Mora se priznati, ako su vojnici u početku i imali loše mišljenje o tajanstvenom zatvoreniku koga su sprovodili, smatrali ga za lukavog licemera, tokom putovanja se to uverenje pretvorilo u sumnju u vezi sa stvarnim moralom ovog čoveka, pošto su ih smernost njegovih odgovora, nemo strpljenje sa kojim je podnosio svaku nevolju, njegova dobrota, njegova blagost, očarali, pa su na kraju mislili da don Nazario, ako i nije svetac, na sveca liči.

Prvi dan je bio težak pošto su ih, kako ne bi zanoćili u Viljamanti, koja je i dalje bila kužna, poveli pravo u Navalkarnero. Dvojica zločinaca su bili van sebe, pa se čak desilo i da su, legavši nasred druma, odbili da krenu dalje, pa su gardisti bili prinuđeni da ih podstaknu pretnjama. Starac se vukao s teškom mukom, psujući na sva bezuba usta. Nazaren i njegove dve družbenice prikrivali su umor i nisu se uopšte žalili, uprkos tome što su se dve žene smenjivale noseći devojčicu. Na kraju su, polumrtvi, stigli, već duboko u noć. Izvanredna struktura zatvora u Navalkarneru dozvoljavala je gardistima da se odmore od nadziranja, a zatvorenici su, pošto su dobili obrok, bili zatvoreni, muškarci na jednoj strani, žene na drugoj, pošto je tamo bilo dovoljno mesta za takvo razdvajanje, koje je nužno u najvećem broju slučajeva. Bio je to prvi put da se hodočasnik i njegove dve družbenice, koje su zatvorenici već podsmešljivo zvali *učenice* i još, *Nazarenke*, razdvajaju, i ako je njima bilo teško što ga ne vide pored sebe i ne čuju ga i ne razgovaraju sa njim o zajedničkim nedaćama, ništa manje neutešan nije bio ni on što je prinuđen da se sam moli. Ali šta se drugo moglo, nego da se posluša!

Za Nazarena je noć bila grozna, u mraku one tamnice, među bezdušnim nevaljalcima: jer, osim njegovih saputnika, tu su bila i trojica koja su počela da pevuše i da pričaju gadosti, kao da ih drma groznica prostaštva. Prisutni su saznali od one dvojice (koju ćemo, u nedostatku imena, nazvati *oceubica* i *lopov--skrnavitelj*) da je don Nazario sveštenik, pa su odmah i jedni i drugi počeli da konstruišu na svoj način priču o religioznom varalici ili pustolovu. Glasno su govorili gnusne stvari u vezi sa đavolskim idejama koje, po njihovom mišljenju, čine njegovo učenje, a što se tiče žena koje je vodio sa sobom, jedan je smatrao da su to monahinje pobegle iz samostana, drugi da su pelješile zadušne babe po crkvama. Užasi koje su govorili dobrom Nazarenu u lice ne mogu se ovde ponavljati. Ovaj ga je zvao ciganskim Papom, onaj ga pitao da li je tačno da nosi bocu otrovnog praška i da ga baca u bunare po selima da bi širio boginje. Pola u šali, a pola u zbilji, treći ga je optuživao da krade decu kako bi ih raspinjao na ritualima idolatrijskog kulta koji slede, a svi zajedno su ga, na kraju, zasuli prostačkim i zverskim uvredama. Ali vrhunac te sumanute i odurne komedije bio je kada su tražili da pred njima održi navodnu paklenu misu, preteći mu da će ga izudarati ako smesta ne bude izgovorio satansku službu, zajedno sa svim kreveljenjima i mudrolijama suprotnim i sličnim istinskoj službi Božijoj; i dok je jedan padao na kolena podsmevajući se i pretvarajući da se moli, drugi se udarao po zadnjici onako kako se dobri hrišćani biju u grudi u znak skrušenosti, i svi su vikali: *mea culpa, mea culpa*, zavijajući kao zveri.

Pred tako životinjskim huljenjem, koje se više nisu ticale njega lično, nego svete Vere, otac Nazaren izgubio je svoje blaženo strpljenje, i kipteći u svetoj srdžbi ustao i sa nadmenim dostojanstvom ovako očitao bednom šljamu:

– Nesrećnici, prokletnici, slepci, psujte mene koliko god hoćete; ali poštujte Boga Velikoga koji vas je stvorio, koji vam je ovaj život dao ne zato da biste ga protraćili na psovke i pogrde na njegov račun, nego da u njemu činite milosrdna dela, dela ljubavi prema svojim bližnjima! Trulež vaših duša, koje se valjaju u blatu svih poroka i nevaljalstava bacaju ljagu na ljudski rod, izlazi na vaša usta kroz sve te gadosti koje govorite i zagađuje i vazduh oko vas. Ali još imate vremena da se pokajete, jer čak ni za nepopravljive zlikovce kakvi ste vi nisu zatvoreni putevi pokajanja niti su presušila vrela oproštaja. Pazite se, pazite, jer je pokvarenost vaših duša velika i duboka. Okrenite se istini, dobru, nevinosti. Volite Boga, Oca svojega, i čoveka, koji je vaš brat; ne ubijte, ne hulite, ne svedočite lažno, nemojte biti nečisti ni delom ni rečju. Uvrede koje se ne usuđujete da kažete bližnjem koji je jak, ne recite bližnjem koji je slab. Budite čovečni, milosrdni; grozite se niskosti, i ako izbegavate ružnu reč, izbegavate i podlost, a ako se odreknete podlosti, možete se osloboditi zločina. Znajte da je onaj koji je izdahnuo na krstu podnosio uvrede i bol, dao krv i život kako bi nas iskupio od zla... A vi, slepci, vučete ga od nemila do nedraga; vi ste njegovo čelo ovenčali trnovim vencem; vi ste ga šibali; vi ste ga pljuvali; vi ste ga prikovali za drvo srama! A sad, ako ne priznate da ste ga ubili i da ga i dalje ubijate, i šibate i pljujete; ako ne priznate da ste krivi, ako ne zaplačete gorko nad svojom ogromnom krivicom; ako se brzo, brzo ne privolite beskonačnom milosrđu, znajte da za vas nema spasa; znajte, prokletnici, da vas čeka plamen pakla za celu večnost.

Veličanstven i strašan bio je blagosloveni Nazaren u svojoj kratkoj besedi, izgovorenoj sa svim žarom i svečanom strogošću svete rečitosti. U zatvoru je jedina svetlost bila mesečina koja je ulazila kroz rešetke u visini, osvetljavajući mu glavu i poprsje, koji su, sred onih bledih odsjaja, postali još lepši. Prvi utisak koji su grozna anatema, glas i mistična prilika besednikova ostavili na zločince bio je užas i zanemelost. Nisu otvarali usta, ni da pisnu. Ali snaga utiska nije značila da on neće trajati sasvim kratko, i pošto je zlo pustilo tako duboke korene u njihovim iskvarenim dušama, brzo su se oporavili i vratili se svojoj izopačenosti. Ponovo su se začule prostačke uvrede, i jedan od propalica, onaj za koga smo se dogovorili da ga zovemo *Oceubica*, koji je bio najhrabriji na rečima i najobesniji od svih, ustao je sa poda, i kao da je u svojoj gordosti hteo da varvarstvom nadmaši ostale razbojnike, prišao Nazarenu, koji je i dalje stajao, i rekao mu:

— Ja sam ti hromi biskup lično, i to ću i da ti dokažem. Na!

Kada je rekao „na", tako ga je snažno ošamario, da se Nazarenovo slabo telo zakotrljalo po zemlji. Začuo se jecaj, grleni zvuci koje je ispuštao nesrećnik kada je pao i ugruvao se, koji su možda bili prigušena želja za osvetom. Bio je čovek, i čovek je, ponekad, morao da vaskrsne iz njegovog bića, jer milosrđe i strpljenje, u njemu duboko ukorenjeni, nisu iscrpli sav životni sok ljudske strasti. Jednako strašna koliko i kratka morala je biti borba koja se u njegovoj volji vodila između čoveka i anđela. Čuo se još jedan jecaj, uzdah koji se otrgao iz najveće dubine njegove utrobe. Podlac se smejao. Šta su očekivali od Nazarena? Da u besu krene na njih i uzvrati im, ako ne udarce, pošto nije mogao da se suprotstavlja tolikim ljudima, psovke i uvrede jednake njihovim? Na trenutak to su mogli i pomisliti kada su videli kako pokajnik ustaje, najpre na kolena, spustivši bradu do zemlje, sa grudima na podu, poput mačke koja vreba. Na kraju je podigao grudi, i ponovo se čuo uzdah, kao namah iščupan iz dubine duše.

Odgovor na uvredu bio je, a nije ni moglo biti drugačije, između božanskog i ljudskog.

— Zveri, kada ste me čuli kako kažem da vam opraštam, pomislili ste da sam kukavica poput vas... i moram to da vam kažem! To je pehar žuči koji moram da ispijem! Prvi put u životu teško mi je da svojim neprijateljima kažem da im opraštam; ali kažem vam, kažem vam to iako mi zbog toga nije toplo oko srca, zato što je moja hrišćanska dužnost da vam to kažem... Znajte da vam opraštam, ništarije; znajte i da vas prezirem, i smatram da sam kriv što ne umem da u svojoj duši razlučim prezir od oproštaja.

2

– E, pa, na ti za oproštaj! – ponovio je Oceubica, udarivši ga, mada manje jako.
– I za prezir, na!

I svi osim jednog navalili su na njega, i udarali ga, uz podrugljivi smeh, po licu, lobanji, grudima i ramenima. Više nego surovost i bes, taj zajednički napad otkrivao je grubu i surovu šalu prostog sveta, pošto udarci nisu bili jaki, ali su bili dovoljni da telo nesrećnog sveštenika prekriju masnicama. Ovaj je, boreći se u sebi hrabrije nego prvi put, žarko prizivajući Boga, prikupljajući svu snagu svojih ideja i raspaljujući vatru sažaljenja koja mu je tinjala u duši, pustio je da ga udaraju i nije izgovorio nijednu reč protivljenja niti jadikovanja. Oni drugi su se umorili od svoje gnusne igre i ostavili ga da obeznanjen leži na pločama. Nazaren nije izgovorio ni reč: samo se čulo njegovo teško disanje. I razbojnici su ćutali, kao da se u njihovim dušama uobličavala reakcija ozbiljnosti naspram varvarskih i neumerenih šala. Ta zlokobna mešavina smeha i besa koja je svojstvena surovim, ponekad krvavim šalama okorelih zločinaca obično dovodi do izliva crne melanholije. U zatišju koje je tada nastalo čulo se samo Nazarenovo teško disanje i strašno hrkanje starog prosjaka, koji je spavao dubokim snom anđela, nesvestan sveg onog meteža. Možda je sanjao kako mu u ruke stavljaju onih trideset i šest miliona nasleđenih od brata iz Amerike.

Prvi koji je rečju prekinuo to zatišje bio je Nazaren, koji je ustao, dok ga je svaka koščica bolela, i rekao im:

– Sad je u redu; sad... uz vaše nove uvrede, Gospod je hteo da se vratim svom biću, i evo me u punoj hrišćanskoj krotkosti, bez srdžbe, bez nagona mržnje i osvete. Prema meni ste se poneli kao kukavice; ali u drugim prilikama ste bili hrabri, bili ste čak junaci, jer i zločin ima svoje junake. Biti lav nije laka stvar; ali još je teže biti jagnje, a ja to jesam. Znajte da vam opraštam od sveg srca, zato što mi tako zapoveda Otac Naš koji je na Nebu; znajte i to da vas više ne prezirem, zato što mi Otac Naš zapoveda da vas ne prezirem, nego da vas volim. Za voljenu braću vas smatram, i bol koji osećam zbog vaših nevaljalstava, zbog opasnosti da se, kako vidim, zauvek upropastite, taj bol je tako živ, i takav bol i ljubav raspaljuje u mojoj duši, da bih, kada bih mogao po cenu svog života da vas iskupim, drage volje podneo i najjezivije muke, poruge i smrt.

Ponovo je zavladala tišina, turobnija nego prethodni put, pošto se nije čulo starčevo hrkanje. Pošto je malo potrajalo to svečano iščekivanje, koje kao da je bilo vreme vrenja za dirnute savesti koje su se uznemirile i uskomešale, začuo se glas. Bio je to zločinac koga smo nazvali *Skrnavitelj*, jedini koji je u porugama i napadima na sirotog sveštenika-lutalicu ostao nepomičan i nem. Progovorio je ovako, ne pomerajući se iz ćoška u kojem je ležao:

— A ja kažem da psovanje i šamaranje nezaštićenog čoveka nije stvar viteška, ni pomisliti, i kažem još nešto: nije stvar koju čine pristojni ljudi, ako me razumete, kažem vam da to rade samo ološ i propalice. Ajd, ako nekog svrbi, nek se češe, i nema tog ko će mene preteći kad stvari treba da se stave na svoje mesto. Što je pravo, pravo je, i kad čovek nešto vidi, to onda razumnim rečima treba i da kaže. Znači... znate već i znate da ja, što kažem, toga se i držim, ovde ili bilo gde.

— Ćuti tamo, nemaš ni stida ni srama — reče jedan od onih sa istoka — znamo mi tebe. Ti si se našao da braniš ovu budaletinu!

— Našao se, jer mi se tako hoće, i držim do toga — odvratio je onaj drugi ozbiljno i mirno, ustajući. — Jer, ako sam i nevaljalac, uvek sam branio siromaha, nikad nisam tukao čoveka koji padne, i kad bih sreo nekoga da je gladan, od svojih usta bih odvajao. Nužda tera čoveka da bude ono što jeste; ali to što čovek uzima tuđe ne znači da nema samilosti.

— Ćuti, lažovčino, imaš srca samo prijatelje kad treba da vređaš — reče mu *Oceubica* — i stalno mi nešto vučeš na bogomoljca. Ima zašto ti kradeš samo iz crkve, gde ne treba da izlažeš glavu, pošto kipovi ništa ne kažu kad vide da im se uzimaju pare, a Presveti pehar i Svetohranište puštaju da ih odnesu i ne kažu ni „Isuse Hriste". Maleru, nesrećniče, šta bi s tobom bilo da nije nas? I ovde si došo da mi se praviš junak i delija!... Začepi smesta, ako nećeš da te...!

— Ajde, samo se ti razmeći sad kad nemamo oružje. Uvek si takav bio. Nego ajd napolju da te vidim, na slobodnom terenu, kad su nam slobodne ruke i tela, pa da ti kažem da je svako ko vređa i muči nezaštićenog jadnika koji je dobar i miroljubiv po prirodi i nikog ne dira, kukavica kao ti što si, nesine i nebrate, životinjo koja se nisi rodila od čoveka i žene!

Nasrnuli su jedan na drugog u jednakom besu, a ostali su pritrčali da ih razdvoje.

— Pustite mi ga — urlao je *Oceubica* — zubima ću srce da mu iščupam.

A onaj drugi će:

— Čujte, gospodo, umuknite, da čujete šta ću vam reći. Svi da znate i da utuvite da ovog dobričinu ovde branim ja, kao da mi je otac; znajte da se od tolike bagre, bezdušnika i lopuža našao jedan pristojan lopov koji, pošto ima dušu hrišćanina, staje na stranu ovoga što ćuti kad ga psujete, trpi kad ga mučite, i umesto da se uvredi, prašta vam. I da vam bude jasno, pa crknite, kažem vam i to da je ovo dobar čovek, i ja ga proglašavam za sveca, i evo tu sam da pokažem svakom ko u to posumnja. Da vidim, bagro, ima li koga ko će mi poreći to što sam reko? Nek iziđe i nek porekne, pa i ako svi zajedno dođete, tu vas čekam.

Tako je zaneseno i samouvereno govorio *Skrnavitelj*, da ostali nisu ni pisnuli, nego su u strahu gledali njegovo lice, koje je pod mesečinom mutno sijalo. Neki, oni manje surovi, počeli su da se izvlače kroz šalu. *Oceubica* je grizao usne i mumlao gadosti i pretnje. Bacivši se na zemlju kao leno pseto, rekao je jedino:

— Samo ti diži buku, dete, samo diži buku, neka dođu čuvari na mene da svale krivicu, kao i uvek, nek pravedan plati za grešnoga.

— Ti praviš buku, opaki stvore — reče *Skrnavitelj* šetajući se uzduž i popreko, zagospodarivši terenom. — Praviš larmu zato što znaš da stražari uvek mene krive kad ti tražiš kavgu. Što sam reko, reko sam: ovaj dobričina je svetac Božiji, i te reči braniću pred svakim ološem pod milim Bogom, i ko mu dirne dlaku s glave, sa mnom će da ima posla, ovde ili gde god bilo.

Gardisti su konačno čuli larmu i iz susedne prostorije došli da zavedu red.

— Samo se šalimo, gardo — reče *Oceubica*. — Za sve je kriv prokleti sveštenik, drži nam pridike i ne da nam da spavamo.

— Nije isitna — odlučno je rekao *Skrnavitelj*. — Sveštenik nije kriv i nije radio to što ovaj kaže. Ja sam držao pridike.

Podviknuli su im i pripretili da će im održati pridiku kundacima svojih pušaka, pa se sav onaj ološ umirio i zatvorom je zavladala mrtva tišina. Mnogo kasnije, kada su *Oceubica* i njegovi saučesnici već spavali beslovesnim snom, teško omamljeni svojim varvarstvom, Nazaren je prilegao na mestu gde je već

ležao *Skrnavitelj*. Ovaj se opružio pored njega, ne obraćajući mu se, kao da mu se od nekog sujevernog poštovanja vezao jezik. Sveštenik je naslutio njegovu zbunjenost i rekao mu:
— Bog zna koliko sam ti zahvalan što si me branio. Ali ne želim da se zbog mene izlažeš opasnosti.
— Gospodine, to sam učinio zato što me je nešto iznutra nateralo — odvratio je pljačkaš crkava. — Nemojte mi zahvaljivati, ništa to nije.
— Sažalio si se na mene; naljutio si se zbog surovosti sa kojom su prema meni postupali. To znači da tvoja duša nije iskvarena i, ako hoćeš, još možeš da se spaseš.
— Gospodine — rekao je onaj drugi iskreno skrušeno — ja sam mnogo zao i ne zaslužujem čak ni da razgovarate sa mnom.
— Tako si zao, ti si tako zao?
— Mnogo, mnogo.
— Hajde, hajde: koliko puta si ukrao? Da li je bilo... četristo hiljada puta?
— Nije toliko... Na svetom mestu samo tri puta, a jednom od ta tri puta sitnicu... Štap Svetog Jovana.
— A ubistva? Da li si pobio osamdeset hiljada ljudi?
— Samo dvojicu; jednog iz osvete, pošto me je uvredio; drugog zato što me morila glad. Nas trojica smo...
— Loše društvo nikad ništa dobro nije donelo. I onda, kad pogledaš unazad i zamisliš svoje zločine, osećaš li zadovoljstvo što si ih počinio?
— Ne, gospodine.
— Gledaš na njih ravnodušno?
— Ni to.
— Žao ti je?
— Jeste, gospodine...Ponekad mi dođe malo žao, samo to... Dođu ostali, svi zajedno mislimo na neva-

ljalstva, i žalost mi se izbriše... Al ponekad je teška žalost... a noćas, ogromna.
— Dobro. Imaš li majku?
— Kao da je i nemam. Majka mi je velika nevaljalica. Za krađu i ubistvo nekog deteta leži deset godina u zatvoru u Alkali.
— Za Boga miloga! Imaš neku rodbinu?
— Nikoga.
— A da li bi voleo da promeniš život... da ne budeš razbojnik, da nemaš nikakav teret na savesti?
— Voleo bih... ali ne može se... Hapse te... Pa onda pritisne nužda...
— Nemoj misliti na nuždu i ne obraćaj pažnju na nju. Ako hoćeš da budeš dobar, dovoljno je da kažeš: hoću da budem dobar. Ako se gnušaš svojih greha, ma kako strašni bili, Bog će ti oprostiti.
— Sigurni ste u to, gospodine?
— Sasvim siguran.
— Isitna? I šta treba da radim?
— Ništa.
— I to ništa će da spase?
— Samo ako se pokaješ i ako više ne grešiš.
— Ne ide to tako lako, ne ide. I pokore... morao bih mnoge pokore da činim.
— Samo da trpiš nedaće, i ako te ljudska pravda osudi, da se pomiriš sa tim i da otrpiš svoju kaznu.
— Ali šalju me u zatvor, a u zatvoru čovek nauči još i gore stvari od onih koje zna. Nek me puste na slobodu, i biću dobar.
— Na slobodi, kao i u zatvoru, možeš da budeš šta god hoćeš. Vidiš: na slobodi si bio veliki zlikovac. Zašto se bojiš što ćeš takav biti i u zatvoru? Kroz patnje se čovek obnavlja. Nauči da patiš, i sve će ti biti lako.
— Hoćete li vi da me naučite?

— Ja ne znam šta će biti sa mnom. Ako budeš bio kraj mene, učiću te.
— Želim da budem sa vama, gospodine.
— To je lako. Misli o onome što ti govorim, i bićeš sa mnom.
— Prosto tako što ću da mislim?
— Prosto tako. Vidiš da nije teško.
— Pa misliću.
Dok su tako razgovarali, kroz rešetke u visini probijala se svetlost zore.

3

I dok se u muškom odeljku odigravala opisana scena meteža, u odeljku sa ženama vladao je mir i tišina. Landara i Beatris bile su same sa devojčicom, i prve časove provele su razgovarajući o tome kako su stvari krenule po zlu na njihovom prosjačkom pohodu; ali obe su prihvatale nedaće, i ni zbog čega se ne bi razdvajale od blagoslovenog čoveka koji ih je uzeo za družbenice u svom bogougodnom životu. Zamišljale su na hiljade stvari o tome šta će se desiti. Beatris je najviše mučilo to što je morala da prođe kroz Mostoles, i stid što će je videti među gardistima, kao zločinku. Veliki je bio njen prezir prema svakoj taštini; ali iskušenje na koje ju je stavljao Gospod bilo je za nju ogromno, i bila joj je potrebna sva njena hrišćanska hrabrost i sva vera kako bi ga savladala. Kada je to rekla, rasplakala se, prolivajući reku suza, i ona druga je pokušala da je uteši, ali nije uspela u tome.
— Ti si slobodna. Možeš i da kažeš gardistima da nećeš u Mostoles, i da ostaneš, pa posle da nam se pridružiš.

— Ne, to je kukavičluk i moglo bi da bude protivno onome što nam je on toliko puta govorio. Da bežim od nevolja, nikad! Mnogo mi je teško da prođem kroz svoje selo; ali još bi mi teže bilo da mi don Nazario kaže: „Beatris, brzo si se umorila od nošenja svog krsta", a sigurno bi mi to rekao. I više volim sve ono ružno što može da mi se desi u Mostolesu, nego da ga čujem to da mi kaže. Prihvatam sramotu koja me čeka, i neka mi je Bog uračuna i oduzme od mojih greha.
— Tvojih greha! — reče Landara. — Ma hajde, ne preteruj. Moji su veći, mnogo veći. Kad bi ja sad počela da plačem kao ti, toliko bi suza isplakala da bi mogla da plivam u njima. Ima kad da se plače. Bila sam zla, ama kako sam samo bila zla! Lagala i spletkarila, da i ne pominjem; svedočila lažno, vređala, šamarala, grizla... pa sam onda ukrala ženi maramu, vrednu jednu pezetu ili tako nešto... i na kraju, greh što sam volela tolike muškarce, i tako poročne.
— Ne, Landara — odvratila je Beatris i ne pokušavajući da zadrži suze — ma koliko htela time da me utešiš, ne možeš. Moji su gresi gori od tvojih. Ja sam bila zla.
— Ne toliko kao ja. Ma hajde, ne dozvoljavam da se praviš gora od mene, Beatris. Vidiš li, gorih i pokvarenijih od mene malo je bilo, da ne kažem, nije bilo takve.
— Ne, ne; ja sam više zgrešila.
— Nije, nego! Pa očisti se! Reci: jesi li podmetnula požar u nekoj kući?
— Nisam; ali to nije ništa.
— Pa šta si ti to uradila? Tja! Volela Kicoša... Jes mi nešto!
— I još, i još... Kad bih mogla ponovo da se rodim...
— Radila bi isto što si i radila.
— Eh! Ako se ja pitam, ne bih; ja ne bih radila.

— Ja bi pripazila, do mojega! Ali ništa neću da kažem... Stvarno, sad mi je teško zvog svih nevaljalstava i lakrdija koje sam napravila; ali pošto treba mnogo da patimo, jer nam on tako kaže, nema nam druge nego da ćutimo i trpimo šta nas snađe, i neću da plačem, biće vremena za plakanje.

— E, pa, ja plačem; ja plačem — reče Beatris neutešno — plačem zbog svojih greha, jaoj, mnogo sam vređala Boga i bližnjeg. I mislim, ma koliko plakala, opet nije dosta, nije dosta da mi se oprosti onoliki greh.

— Pa šta treba Bog drugo da uradi, nego da ti oprosti, ako si se od nevaljalice kakva si bila pretvorila u dobru kao anđeo? A ja stvarno treba da propljujem krv dok mi Bog ne oprosti. Slušaj, Beatris, u meni je zlo mnogo duboko: dok smo bili u zamku, zavidela sam ti, zato što mi se činilo da te on voli više nego mene. Veliki je greh biti zavidljiv, zar ne? Ali otkako su nas uhapsili, i kad sam videla kako ti, slobodna, krećeš sa nama i hoćeš da budeš zatvorena i da budeš razbojnik kao i mi što smo, prošla me ona zla misao; veruj mi, Beatris, prošla me je, volim te iz sveg srca i tvoje bi muke uzela na sebe.

— I ja bih tvoje na sebe.

— Ali neću da toliko plačeš; grozni gresi koje smo činile, ja više nego ti, uz ove muke i tegobe sad ispaštamo. Ja ne plačem... zato što mi je narav drukčija od tvoje. Ti si meka, a ja sam tvrda; ti samo voliš, i voliš, i voliš, a ja kažem, dobro će biti i da trpimo i da gutamo žuč kad on tako kaže; ali mislim da čovek treba i da se brani od sveg onogološa...

— Ne govori tako... Bog je taj koji brani. Pusti Boga nek nas brani.

— Jeste, neka brani. Ali Bog je ženi dao ruke, dao joj usta. A čemu služe usta, ako ne tome da skreše u brk svakom ko ne prizna da je naš Nazaren svetac?

Šta će nam ruke, ako njima ne opletemo po svakom ko nas kinji? Eh, Beatris, ja sam mnogo ratoborna; takva mi narav od rođenja. Veruj mi, kad ti kažem: istina kroz krv ulazi, i da bi svi poverovali u njegovu dobrotu i priznali ga za blaženog sveca, treba da proradi batina. Nek budu muke i jadi; dobro. Ali nepravda, i da slušam kako pričaju što nije istina, od toga se razbesnim kao lavica. I nije da ne umem da budem mučenica kao i svaka druga, kad se ukaže prilika; ali, zar nije muka i jad kad ga gledaš kako ga vode vezanog, među ubicama, njega koji nije napravio nikakav drugi prestup osim što je tešio siromaha, lečio bolesnog i bio anđeo Božiji i serafim Matere Božije? Pa, kunem ti se, kad bi me samo pustio, dobro bi ja njima pokazala, i uz malo pomoći bi ga oslobodila i stala bi nogom za vrat onim gardisitma, sudijama i tamničarima, a njega bi očas posla izvukla i rekla: „Ovo je onaj koji zna istinu o ovom životu i o budućem, on koji nikad nije zgrešio i telo i duša su mu čisti kao suza, svetac naš i celog sveta, i tamo gde znaju za Hrista, i tamo gde će tek saznati."

– Oh, da ga obožavam, obožavam ga; ali to što kažeš da krenemo u rat, Landara, to ne može. Šta mi možemo? Pa i kad bismo mogle. Znaš kako kaže zapovest: „Ne ubij." I ne smeju ni neprijatelji da se ubijaju, ni da se povredi ma i jedan Božiji stvor, čak ni oni najgori zločinci.

– Što se mene tiče, u svoju odbranu neću da dižem larmu. Mogu da me kamenuju do smrti ili živu da me oderu: ni da pisnem neću. Ali za njega, koji je tako dobar! Veruj mi, kad ti kažem. Ljudi ne razumeju istinu ako neko ne dođe da dobro protrese one kojima je pamet otupela.

– Da se ubije, ne sme.
– Pa oni prvi neka ne ubijaju...
– Landara, ne budi luda.

— Beatris, ti budi svetica, a pusti mene, mnogo je načina da se nađe spasenje. Reci mi: ima li đavola, ili ih nema? Hoću da kažem, postoje li nevaljalci koji proganjaju dobre ljude, i čine sve one nepravde i grozote što se viđaju na ovom šugavom svetu? Pa onda, navali na đavole... Neko će na njih blagoslovom... Ne branim ja da ih blagosiljaju oni koji to mogu; ali ako ćemo da uništimo zlo i da očistimo svet od njega, ako su blagoslovi s jedne strane, oganj i mač je sa druge. Veruj mi: da nema ratobornih ljudi, mnogo ratobornih, đavoli bi ceo svet zaposeli. Reci mi: a sveti Mihajlo, zar nije anđeo? Pa eto ti ga, sa mačem. A sveti Pavle, jel nije svetac? Pa eto ti i njega sa mačem. A sveti Fernando i drugi što su po oltarima? Kao vojnici prikazani... Pusti ti mene; znam ja šta ću.

— Landara, plašiš me.

— Beatris, imaš greha na sebi; imam i ja. Svako se pere kako zna i ume, prema svojoj naravi... Ti suzama, a ja... šta ja znam!

Dok su ovako razgovarale, kroz rešetke u visini počela je da se probija svetlost zore.

4

Čim su se muškarci i žene sastavili, već pod svetlošću dana, kako bi nastavili tužno putovanje, Beatris i njena drugarica potrčale su da vide Nazarena i da se obaveste kako je proveo noć. Ne treba ni pominjati kakvu je užasno duboku gorčinu kod njih izazvalo to što su videle tragove udaraca na njegovom velečasnom licu, strašne modrice na rukama i nogama, i opštu slabost na celom njegovom telu. Žena iz Mostolesa je prebledela, i u zbunjenosti nije uspela ni da ga upita ko je počinilac onako čudovišnog varvarstva. Žena iz Polvoranke kršila je ruke kao da se otima iz okova;

stezala je pesnice i škrgutala zubima. Karavan je krenuo na put istim redom kao i prethodnog dana, samo što je Nazaren vodio devojčicu za ruku i Beatris pored sebe, a Landara je išla napred sa starcem. Ovaj ju je obavestio o tome šta se desilo prethodne noći u odeljku sa muškarcima.

— Nisam uspeo da saznam kako je stvar počela, pošto sam spavao. Kad sam se probudio od dreke onih divljaka, video sam kako su navalili na sirotog sveštenika i udaraju ga sa svih strana... Ne preterujem. Svi su ga tukli, osim jednog, koji je posle počeo da brani Nazarena i smirio onaj šljam. Od zločinaca koji idu na kraju, sa rukama vezanim na leđima, onaj desno, što mu sude za oceubistvo, mučio je tvog učitelja i zasipao ga psovkama; onaj levo, kome sude zbog krađe parohijskih svećnjaka i pehara, stao je na stranu slaboga protiv jakih. Posle se sprijateljio sa sveštenikom, i ovaj mu je rekao mnogo toga o veri, i neka se pokaje.

Uz ova obaveštenja Landara ih je savršeno proučila i razlučila, pažljivo promatrajući i jednog i drugog; onaj zli, olovnosivog lica, nakostrešene brade, krepkih mišića, bolešljive debljine i lenog koraka; dobri, suvonjav, setnog lika, sastavljenih veđa i retke brade, pogleda uprtog u zemlju, odlučnog koraka.

Dok su hodali, Nazaren je ispričao Beatris šta se desilo, ne pridajući tome važnosti. Nije mu bilo žao ni zbog čega osim što, kada je primio prvi udarac, umalo nije onako besan i agresivan nasrnuo na šljam, ali se toliko borio sa sobom da je zver srdžbe ubrzo bila ugušena i hrišćanski duh je odneo pobedu. Ali od svega što se desilo te noći ništa nije bilo tako laskavo i prijatno kao hrabrost sa kojom je jedan od nevaljalaca stao u njegovu odbranu.

— Nije bio kao kad mangup iz besmislene odvažnosti izaziva svoje drugove; pre je bio kao grešnik

— Beatris, ti budi svetica, a pusti mene, mnogo je načina da se nađe spasenje. Reci mi: ima li đavola, ili ih nema? Hoću da kažem, postoje li nevaljalci koji proganjaju dobre ljude, i čine sve one nepravde i grozote što se viđaju na ovom šugavom svetu? Pa onda, navali na đavole... Neko će na njih blagoslovom... Ne branim ja da ih blagosiljaju oni koji to mogu; ali ako ćemo da uništimo zlo i da očistimo svet od njega, ako su blagoslovi s jedne strane, oganj i mač je sa druge. Veruj mi: da nema ratobornih ljudi, mnogo ratobornih, đavoli bi ceo svet zaposeli. Reci mi: a sveti Mihajlo, zar nije anđeo? Pa eto ti ga, sa mačem. A sveti Pavle, jel nije svetac? Pa eto ti i njega sa mačem. A sveti Fernando i drugi što su po oltarima? Kao vojnici prikazani... Pusti ti mene; znam ja šta ću.

— Landara, plašiš me.

— Beatris, imaš greha na sebi; imam i ja. Svako se pere kako zna i ume, prema svojoj naravi... Ti suzama, a ja... šta ja znam!

Dok su ovako razgovarale, kroz rešetke u visini počela je da se probija svetlost zore.

4

Čim su se muškarci i žene sastavili, već pod svetlošću dana, kako bi nastavili tužno putovanje, Beatris i njena drugarica potrčale su da vide Nazarena i da se obaveste kako je proveo noć. Ne treba ni pominjati kakvu je užasno duboku gorčinu kod njih izazvalo to što su videle tragove udaraca na njegovom velečasnom licu, strašne modrice na rukama i nogama, i opštu slabost na celom njegovom telu. Žena iz Mostolesa je prebledela, i u zbunjenosti nije uspela ni da ga upita ko je počinilac onako čudovišnog varvarstva. Žena iz Polvoranke kršila je ruke kao da se otima iz okova;

stezala je pesnice i škrgutala zubima. Karavan je krenuo na put istim redom kao i prethodnog dana, samo što je Nazaren vodio devojčicu za ruku i Beatris pored sebe, a Landara je išla napred sa starcem. Ovaj ju je obavestio o tome šta se desilo prethodne noći u odeljku sa muškarcima.

– Nisam uspeo da saznam kako je stvar počela, pošto sam spavao. Kad sam se probudio od dreke onih divljaka, video sam kako su navalili na sirotog sveštenika i udaraju ga sa svih strana... Ne preterujem. Svi su ga tukli, osim jednog, koji je posle počeo da brani Nazarena i smirio onaj šljam. Od zločinaca koji idu na kraju, sa rukama vezanim na leđima, onaj desno, što mu sude za oceubistvo, mučio je tvog učitelja i zasipao ga psovkama; onaj levo, kome sude zbog krađe parohijskih svećnjaka i pehara, stao je na stranu slaboga protiv jakih. Posle se sprijateljio sa sveštenikom, i ovaj mu je rekao mnogo toga o veri, i neka se pokaje.

Uz ova obaveštenja Landara ih je savršeno proučila i razlučila, pažljivo promatrajući i jednog i drugog; onaj zli, olovnosivog lica, nakostrešene brade, krepkih mišića, bolešljive debljine i lenog koraka; dobri, suvonjav, setnog lika, sastavljenih veđa i retke brade, pogleda uprtog u zemlju, odlučnog koraka.

Dok su hodali, Nazaren je ispričao Beatris šta se desilo, ne pridajući tome važnosti. Nije mu bilo žao ni zbog čega osim što, kada je primio prvi udarac, umalo nije onako besan i agresivan nasrnuo na šljam, ali se toliko borio sa sobom da je zver srdžbe ubrzo bila ugušena i hrišćanski duh je odneo pobedu. Ali od svega što se desilo te noći ništa nije bilo tako laskavo i prijatno kao hrabrost sa kojom je jedan od nevaljalaca stao u njegovu odbranu.

– Nije bio kao kad mangup iz besmislene odvažnosti izaziva svoje drugove; pre je bio kao grešnik koga je Bog dirnuo u srce. Posle smo razgovarali, i sa zadovoljstvom sam video da mu se duša čisti i da u njoj blistaju odsjaji pokajanja. Blagosloveni bili udarci koje sam primio, blagoslovene psovke, ako preko njih uspem da pridobijem tog čoveka!

Zatim su razgovarali o stidu koji je osećala što će ući u Mostoles i o smernosti sa kojom to prihvata kao ispaštanje greha. Nazaren ju je upozorio da ne treba da se obazire na tuđe mišljenje, jer bez toga nimalo neće napredovati u ovom životu, i dodao kako nema razloga da čovek zamišlja događaje koji će se tek zbiti i da ih u svojoj glavi prikazuje kao povoljne ili nepovoljne, jer nikad ne znamo, čak ni ako se poslužimo pravilima logike, šta će se desiti u satima koji tek treba da uslede. Kroz život idemo pipajući po mraku, poput slepaca, i samo Bog zna šta će nam se desiti sutra. Otuda proizlazi da se obično, kad pomislimo da nam ide loše, iznenadimo kad naiđemo na nešto dobro, i obrnuto. Samo napred, i neka i sutra, kao i danas, bude volja onoga koji svime vlada.

Beatris je osetila da su je ove reči veoma ohrabrile, i više nije preterano strahovala od ulaska u svoje rodno selo. Pridružila im se Landara, da bi se zatim odvojila od njih pošto je malo čavrljala o teškom putu, i čas se primicala onima napred, čas onima koji su išli na kraju. Zapazila je da dvojica zločinaca vezanih jedan za drugoga ne razgovaraju kao prethodnog dana, niti ubijaju dosadu na putu dobacivanjem i pesmom. Koračajući neko vreme pored onoga levo, obratila mu se, pošto su stražari dozvoljavali razgovore između slobodnih i vezanih, što je bio čin milosrđa koji u mnogim slučajevima ne ide na uštrb valjanoj službi.

– Hej, ti – rekla mu je – jesi li umoran? Kad bi me stražari vezali umesto tebe, rado bih pristala, kako bi ti bio slobodan. Zaslužio si, junačino, pošto si učutkao tog reponju što ide pored tebe. Bog će ti za to platiti. Pokaj se od srca, i Gospod će na tvoje pokajanje gledati tako kao da si sav novac koji si pokrao vratio, i dodao zlatnik pride.

Lopov joj ništa nije odgovorio, nego je išao teško kao da na plećima nosi neki nevidljivi teret. Potom je buntovna žena prešla na drugu stranu, pored zločinca oceubice, i veoma tiho mu rekla sledeće reči:

— Volela bih da sam zmija, ogromna zmijurina sa mnogo otrova, da se umotam oko tebe i da te udavim i pošaljem u pakao, izdajniče nad izdajnicima, kukavice.

— Stražo — povikao je razbojnik nimalo divlje, nego pre kukavnim glasom — ova gospođa me gnjavi.

— Nisam ja gospođa.

— Pa, ova javna ženska... Ja nikoga ne gnjavim... a ona mi govori da je zmija i da oće da me grli... Nismo mi ni za kakve slave i grljenja, drugarice. Mičite mi se, i pustite na miru čoveka koji gospođe ne može očima da vidi, ni pisane.

Stražari su joj naredili da pođe napred, i ubrzo je povorka predahnula u nekom svratištu. Kada su ponovo krenuli, pre sumraka su videli kule i šiljke velikoga mesta Mostolesa, i kada su mu već bili blizu, poneki seljanin i gomila dečurlije izišli su da ih dočekaju, pošto se proneo glas da zajedno sa Beatris vode uhapšenog mančanskog Mavarina koji pravi čuda. Nedostajalo je još nekih dve stotine metara da stignu do prvih kuća, kada su se pojavila tri čoveka koji su se obratili gardistima, preklinjući ih da zastanu na trenutak da im kažu dve-tri reči. Čim ih je ugledala kako im prilaze, Beatris ih je prepoznala: jedan od njih bio je Kicoš; drugi, njegov brat, Blas, a treći, neki njen ujak. Sirotoj ženi bile su potrebne sve snage duha kako ne bi umrla od stida. Ona trojica nisu htela ništa drugo osim da saznaju da li su je uhapsili, i kada su saznali da u onom društvu ide *iz zadovoljstva*, začudili su se, i na svaki način su hteli da je odvoje od onih koje su sprovodili i povedu je sa sobom kako bi je spasli sramote da ulazi u selo u povorci ubica, lopova i *apostola*. Njihovo čuđenje postalo je još veće kada su čuli Beatris kako živim glasom govori da ni za šta na svetu neće da se odvoji od svojih drugova u nesreći, da će sa njima ići do kraja puta, ne bojeći se ni patnje, ni zatvora, ni vešala. Srdžba Mostolanaca nije se mogla opisati, i biće da bi je iskalili tukući i šamarajući onu devojku, da ih prisustvo stražara nije u tome sprečilo.

– Bestidnice, crna ovco! – rekao joj je Kicoš, prebledeo od besa. – Slutio sam ja da ćeš završiti kao poslednja, razbojnice, na drumovima. Ali nisam pomišljao da ćeš tako nisko da padneš... Sklanjaj se odatle, truleži svetska! Ne znam kako uopšte mogu da te gledam. Ne mogu da verujem svojim očima!... Ti, postala bedna dronjavica, trčiš za tim zvekanom, za tom beslovesnom gnusobom, za tom krvopijom što vara narod od sela do sela svojim vradžbinama, činima i još hiljadama muhamedanskih smicalica!

– Kicoše – odvratila mu je Beatris ozbiljno, skupivši svu hrabrost, sa maramom na glavi navučenom napred da joj zakloni lice, umotavši jedan njen kraj oko šake i preko usta. – Kicoše, skloni se i pusti me da prođem, ja tebe ne diram i neću nikakve veze da imam sa tobom... Ako treba da se sramotim, neka se sramotim: to se tebe ne tiče. Što si dolazio da me vidiš, kad si ti za mene svršena stvar, nešto mrtvo i pokopano? Sklanjaj se i ne obraćaj mi se.

– Protuvo!

Gardisti su presekli stvar tako što su zapovedili da se kreće dalje. Ali Kicoš, pomahnitao, nastavljao je sa svojim groznim psovkama:

– Opajdaro, ima da zahvališ ovoj gospodi što ti brane te tvoje seljačke kosti; da nije njih, na mestu bi te ubio, a onom mangupu bi uši odseko!

Tri srdita čoveka ostala su tamo, zamahujući pesnicama, a zatvorenici su sprovedeni kroz glavnu ulicu u Mostolesu, dok ih je radoznala gomila koja je htela da ih vidi zasipala uvredama, naročito Beatris. Ova je sa najvećom postojanošću, bez nadmenosti, bez slabosti, kao da ispija pehar najgorče žuči u čijoj gorčini, međutim, čvrsto veruje da će naći spasenje, izdržala bolni prolazak i pomislila da ulazi u Raj kada je stupila u zatvor.

5

Nesrećni zatvorenici bili su očajno smešteni u Mostolesu (ili gde god bilo, pošto to mesto i nije tako tačno utvrđeno u nazarenskim letopisima), pošto takozvani zatvor nije zasluživao to ime ni po čemu drugom osim po užasu koji vlada u svakom mestu namenjenom zatvaranju zločinaca. Bila je to oronula prizemljuša sagrađena uz Opštinu, koja je s pročelja gledala na ulicu, sa zadnje strane na dvorište puno otpadaka, starih dasaka i iždžikljalih kopriva. Ako čistoća i pristojnost koje je nalagao zakon tu nisu postojali, bezbednost zatvorenika bila je običan mit, kako je pisalo na izložbi koju je priredila Uprava zatvora, tražeći od Vlade sredstva da sagradi savremen zatvor. Ovaj stari, za koji ne znamo da li još postoji, izišao je na glas po učestalosti sa kojom su iz njega zločinci bežali, uopšte nemajući potrebe da se izlažu opasnosti naporno se pentrajući, niti da probijaju podzemne prolaze. Obično su bežali preko krova, koji je bio neverovatno trošan i slab, pošto je svako na njemu lako mogao polomiti trule grede i premeštati crepove po svojoj volji.

Od trenutka kada su ga bacili u onu bednu straćaru, Nazaren je osetio veliku hladnoću, kao da je to mesto hladnjača ili ledeno Čistilište, a sa hladnoćom, spopao ga je i užasan bol u kostima, kao sekirom da mu ih cepaju u iverje kojim će potpaliti vatru. Legao je na pod, umotao se u svoj ogrtač, i ubrzo goreo u nepodnošljivoj groznici. U tom Čistilištu iz leda je izbijao plamen. „To je groznica – rekao je u sebi – strašna groznica. Ali, proći će već." Niko mu nije prišao da ga pita da li je bolestan; doneli su mu limeni tanjir sa obrokom, koji nije hteo ni da okusi.

Beatris su naredili da iziđe naprosto zato što nije bila uhapšena i, naravno, *nije imala pravo* da zauzima prostor u zgradi namenjenoj onima koje goni Pravda. Ma koliko nesrećnica molila i kukala da joj dozvole da ostane tamo, predstavljajući se kao dobrovoljna zločinka kojoj se sudi pred njenim ličnim sudom, ništa nije postigla. Tuzi što je napustila prijatelje pridružio se strah da iziđe na ulice Mostolesa, gde bi zacelo srela poznata lica. Želela je da vidi samo jednu osobu, svoju sestru, a ona je, kako joj je rekla neka susetka koja je sa njom razgovarala na ulazu u zatvor, dva dana ranije otišla u Madrid sa devojčicom, koja se već sasvim oporavila. „Kakve se čudne stvari meni događaju! – govorila je. – Zločinci mrze zatvor i samo žele slobodu. Ja mrzim slobodu, ne želim da iziđem na ulicu, i samo želim da budem zatvorena." Na kraju se opštinski sekretar, koji je tu živeo, sažalio na nju i ugostio je u svojoj kući, čime su se delimično ispunile želje oduševljene pokajnice.

Don Nazario se mnogo ražalostio što Beatris nije pored njega; ali utešio se znajući da ona noćiva u susednoj kući i da će ostati zajedno do kraja njegovog *viacrucis*. Kada je pala noć, dobri pustinjak-lutalica se osećao veoma loše, i tako se zastrašujuće nad njegovom dušom nadneo utisak usamljenosti i napuštenosti, da se umalo nije rasplakao kao dete. Pomislio bi čovek da je iznenada izgubio svu enregiju i da će ženska nesvestica predstavljati neugledan završetak njegovih hrišćanskih pustolovina. Molio je Gospoda da mu pomogne da istrpi gorčinu koja mu je tek predstojala, i čudesna snaga vaskrsla je u njegovoj duši, ali praćena strašnim napadom groznice. Landara mu je prišla da mu da vode, koju joj je dva-tri puta tražio, pa su malo porazgovarali uz neobičnu pometnju i nerazumevanje onoga što je svako od njih govorio. Ili on nije umeo da objasni šta hoće, ili ona u svojim odgovorima nije mogla da prilagodi svoju misao mislima nesrećnog askete.

– Kćeri moja, lezi da spavaš i odmori se.
– Gospodine, nemojte me više zvati. Nemojte da spavate. Molite se na glas da se napravi larma.
– Landara, koliko li je sati?
– Gospodine, ako vam je hladno, prošetajte malo po zatvoru. Želim da našim mukama brzo dođe kraj. Radujem se što Beatris nije tu, nije ona tako ratoborna i sve hoće da sredi suzama i uzdasima.
– Čuj, ti, da li svi spavaju? Gde smo? Jesmo li stigli u Madrid?
– Ovde smo. Ja sam mnogo ratoborna. Nemojte da spavate, gospodine...

I odjednom se udaljila, kao senka koja se raspri kada se upali svetlo. Otkako su izgovorene nepovezane rečenice ovog razgovora, sveštenik je osetio da ga muči stravična sumnja: „Da li je ono što vidi i čuje stvarnost, ili samo projekcija bunila vatrene groznice? Gde je istina? U mislima ili izvan njih? Da li su čula opažala stvari, ili ih stvarala?" Bolan je bio njegov mentalni napor da razreši tu nedoumicu, i čas je pribegavao sredstvima spoznaje koje pruža prosta logika, čas ju je tražio kroz posmatranje. Ali čak ni posmatranje nije bilo moguće u onoj neprozirnoj pomrčini u kojoj su se obrisi stvari i ljudi razlivali i sve postajalo fantastično! Video je zatvor kao prostranu pećinu, tako niske tavanice da čovek prosečne visine u njoj nije mogao stajati uspravno. Na tavanici, dva-tri prozorčeta, koja su se ponekad pretvarala u dvadeset ili trideset, propuštajući slabu svetlost za koju se nije znalo da li dolazi od zaklonjenog sunca, ili od meseca. U nizu sa prvom prostorijom video je drugu, manju, koju bi katkad obasjala crvenkasta svetlost lampe ili uljanice. Po podu su ležali zatvorenici umotani u asure ili ćebad, poput zavežljaja tkanine ili košara za ugalj. U dnu druge prostorije video je Landaru, kojoj je iz glave povremeno izbijao nekakav čudan sjaj, kao da joj je raspletena kovrdžava kosa od bledih zraka električne svetlosti. Razgovarala je sa Skrnaviteljem, mašući rukama tako žestoko i smeteno da je njegovim rukama pokazivala svoju volju, a on njenim. Crkveni lopov izduživao se dok polovinu tela nije sakrio na tavanici; iznova se pojavljivao kao pelivan okrenut naglavce.

Kada je trebalo da procene vreme, Nazarenovi um i čula bili su još smeteniji i mutniji; najpre je mislio da su prošli dugi sati otkako nije video ništa, a zatim je pomislio da je za kratko vreme video Landaru kako mu prilazi i diže ga i ponovo ostavlja na podu, govoreći mu bezbroj stvari koje bi, ako bi bile zapisane, zauzele stranica koliko ih ima knjiga osrednje veličine. „Ovo ne može biti istina – govorio je sebi – ne može biti! Ali, ja to vidim svojim očima, dodirujem i čujem, i jasno opažam!" Na kraju ga je hodočasnica uhvatila za zglob na ruci i snažno ga povukavši, odvela ga u drugu prostoriju. U to nikako nije bilo sumnje, pošto ga je zabolela ruka od onolikog cimanja koje mu je sa nervoznom snagom priredila hrabra kći Polvoranke. I Skrnavitelj ga je uhvatio za ruke da ga ubaci kroz neki otvor na tavanici i izbacio ga napolje kao džak koji vuku odvažni krijumčari.

Ne, nije mogao biti stvaran Landarin glas, koji mu je rekao: „Oče, bežimo sa gornje strane, pošto se sa donje ne može." Kao ni glas Skrnavitelja, koji je govorio: „Gospodine, napred... Skočite sa krova u dvorište."

Ali ako je dobri vođa nazarenaca u sve to sumnjao, nije sumnjao, niti je mogao sumnjati u svoju jasno iskazanu odluku: „Ja neću bežati; čovek kao što sam ja ne beži. Bežite vi, ako osećate kukavičluk, a mene ostavite samog." Nije mogao sumnjati ni u to da se bori protiv višnjih sila kako bi se odbranio od ludačke namere da ga bace sa krova kao loptu. Pljačkaš crkava spustio ga je na zemlju, i on je tamo ostao obeznanjenog tela, sa otupelim svim čulima osim čula vida, u magli straha, ljutnje i užasavanja od slobode. Nije želeo slobodu, nije je želeo ni za sebe ni za svoje. Iz prve prostorije došla je, idući kao pijana, jedna od košara za ugalj, koja je ubrzo zadobila ljudsko obličje i lični opis Oceubice. Hitro kao mačka, s lakoćom se pretvorivši iz teškog zavežljaja u laku životinju, iz jednog zaleta iskočio je kroz otvor na krovu i nestao.

Tada je Nazaren uz veliki napor uspeo da izgovori nekoliko reči, i ramenom odgurnuvši ženu koja ga je pritiskala kao kamena greda, promrmljao:

– Ko hoće da ide, neka ide... Onaj ko beži nikada neće biti u mome društvu.

Landara, koja je bila licem okrenuta prema zemlji, trljajući usta i nos o prljave ploče, ustala je da mu kroz jecaje kaže:

– Onda ću ja ostati.

Skrnavitelj, koji se bio popeo na krov kao da goni svog druga, vratio se vrlo zlovoljan, stiskajući pesnice:

– Slobodu, neće... – rekla mu je Landara prigušeim glasom, kao da se davi. – Neće... ne, neće slobodu.

Nazaren je jasno čuo Skrnaviteljev glas, koji je ponavljao:

– Neće slobodu. Ja ostajem.

Mora biti da su ga zajedno dohvatili na ruke, pošto je dobri hodočasnik osetio kako ga nose kroz vaz-

duh kao pero, i u zbrci koja ga je pritiskala, pomračujući mu svest i oduzimajući moć govora, svest o bolesti bilo je jedino što je još ostalo, iskazujući se kroz ove reči:
— Imam strašan tifus.

6

Probudio se sa još zbrkanijim i pomućenijim mislima, sumnjajući da li je ono što vidi stvarnost ili izmišljotina njegovog uma. Izvodili su ga iz zatvora, nosili ga i vukli konopcem koji su mu vezali oko vrata. Put je bio težak, sve kroz šipražje i oštri šljunak. Hodočasnikove noge su krvarile, svaki čas se spoticao i padao, ustajući sa velikim naporom i uz nemilosrdno cimanje onih koji su ga vodili na konopcu. Pred sobom je video Beatris prometnutu u drugo obličje. Njena prosta lepuškastost sada je već bila nebeska lepota kojoj nije bila ravna nijedna zemaljska, i oreol prečiste svetlosti obasjavao joj je lice. Ruke su joj bile bele kao sneg, bela joj bila stopala, koja su po kamenju koračala kao po oblacima, i odeća joj je blistala blagim odsjajima zore.

Ostale osobe koje su bile sa njim nije video. Čuo je njihove glasove, čas sažaljive, čas promukle od mržnje i surovosti; ali tela su se gubila u maglovitoj atmosferi, gustoj i zagušljivoj, sačinjenoj od teskobnih uzdaha i samrtničkog znoja. Odjednom, vrelo sunce ju je izbistrilo, i Nazaren je mogao videti kako mu u susret dolazi grupa nevaljalaca, pešice, na konjima, sa isukanim mačevima i pucajući iz vatrenog oružja. Za onom prvom grupom pojavili su se novi, i novi, dok nisu sačinili veliku i strašnu vojsku. Prašina koju su dizali koraci ljudi i životinja pomračila je sunce. Oni koji su vodili zatvorenika prešli su na neprijateljsku stranu, pošto je cela ona družina bila dušmanin, i navaljivala na njega, na sveca, na pokajnika, na bednog prosjaka, sa krvoločnim besom, u želji da ga smoždi i dokrajči. Nasrnuli su na njega sa divljačkim besom, a najčudnije je to što, mada su na njegovo bedno telo sručili hiljade pesnica, udaraca i uboda sabljama, nisu uspevali da ga ubiju. I premda se on nije branio čak ni grebući kao dete, bes onolikih i onako prekaljenih ljudi nije mogao da ga savlada. Preko njegovog tela gazilo je na hiljade atova, točkova bornih kola, i u svoj onoj beskrajnoj gunguli, koja bi bila dovoljna da sruši i pretvori u prah i pepeo celo selo pokajnika i isposnika, lutalica ili starosedelaca, blagoslovenom Nazarenu nije pala ni vlas sa glave, niti je prolio kap krvi. Besno su ga boli, množeći se iz trenutka u trenutak, pošto su sa olujnog vidika prodirale horde i horde varvarskog i rušilačkog Čovečanstva.

Strašnome ratu nije bilo kraja, jer što je veći bio otpor, njegov i njegove čudotvorne neranjivosti pred zverskim udarcima, to je razmetljivije nasrtao sav svetski ološ. Da li će on na kraju uspeti da uništi svetoga, pokornoga, nevinoga? Ne, i hiljadu puta ne. Kada je Nazaren počeo da strahuje da će gomila neprijatelja uspeti, ako ne da ga ubije, a ono da ga vrati u zatvor, video je kako sa Istoka dolazi Landara, preobražena u najlepšu i najsrčaniju ženu-ratnicu što se zamisliti može. Pod blistavim oklopom, sa kacigom na glavi kao u svetog Mihajla, ukrašenom sunčevim zracima umesto pera, jašući na beloj bedeviji čija su kopita odjekivala kao grmljavina, čija je griva na vetru izgledala kao razorni pljusak i koji je u galopu razneo pola sveta poput razbesnelog uragana, i strašna Amazonka uletela je među onu žgadiju i ognjenim mačem sekla i rušila ljude kao snoplje. Prelepa je bila ona muževna deva u toj bici, boreći se bez ikakve druge pomoći osim Skrnaviteljeve, a on je, takođe preobražen u mladića, božanskog ratnika, išao za njom, mlateći buzdovanom i svakim udarcem mlaveći na hiljade dušmana. Za tili čas su slistili antinazarenovske trupe, i nebeska ratnica, u blistavoj srčanosti ratničkog nadahnuća, klicala je: „Nazad, mnoštva pogana, vojsko zlosti, zavisti i samoživosti. Bićete uništeni i rastrgnuti ako ne priznate moga gospodara kao sveca, jedini put, jedinu istinu, jedini život. Nazad, velim, jer sam jača i pretvoriću vas u prah i pepeo, u krvavi mulj i otpatke koji će služiti kao đubrivo za novu zemlju... Na njoj će vladati onaj ko njome mora vladati, do mojega!

Dok je to govorila, mač i buzdovan drugog zatočnika čistili su zemlju od one gnusne gamadi, i Nazaren je krenuo preko lokvi krvi i mlevenog mesa i kostiju koji su pokrivali široka prostranstva. Anđeoska Beatris gledala je sa nebeske kule polje smrti i kazne, i božanskim glasom molila da zlima bude oprošteno.

7

Vizija se okončala, i sve se vratilo u okvire maglovite i tužne stvarnosti. Težak put ponovo je bio ono što i pre, a oni koji su išli u pratnji mučenika Nazarena ponovo su zadobili svoja obličja i odeću, stražari su bili stražari, Landara i Beatris sasvim proste žene: jedna ratoborna, druga miroljubiva, sa maramama na glavi. Došao je trenutak kada je časni hodočasnik, još ne povrativši sve svoje snage, uspeo da napravi neki korak. Po čelu su mu izbile graške znoja od muka; bolela ga je lobanja, kao da su mu zabili sekiru u nju, a na desnom ramenu osećao je nepodnošljiv teret. Kolena su mu klecala, a ranjava stopala ostavljala komade kože po kamenju na putu. Landara i Beatris podigle su ga na ruke. Kakvo je olakšanje i kakvo smirenje osetiti kako vas dižu u vazduh, kao pero koje lebdi na vetru! Ali ubrzo bi se dve žene zamorile od nošenja, a lopov skrnavitelj, koji je bio snažan i otporan, uzeo ga je na ruke kao da je dete, govoreći mu da će ga nositi ne samo do Madrida, nego i do kraja sveta, ako bude trebalo. Stražari su se sažalili na njega, i misleći da će ga tako utešiti, govorili mu:

— Ne brinite se, oče, tamo će vas pomilovati kao ludaka. Dve trećine onih kojima se sudi i prođu kroz naše ruke, izbegnu kaznu kao ludaci, ako uopšte zaslužuju kaznu. A ako pretpostavimo da ste vi svetac, neće vas pustiti zato što ste svetac, nego zato što ste ludi; sad vam je pamet na mnogo manjoj ceni nego mahnitost, to jest, ludost je ta koja čini i najveće mudrace i najgore neznalice, one koji štrče i odozgo i odozdo.

Zatim je Nazaren video kako ulaze u neku strmu ulicu i radoznalci zastaju da ga vide kako prolazi na Skrnaviteljevim rukama, sa svoje dve družbenice u ispaštanju kraj sebe, a za njima ostali nesrećnici koje je Civilna garda usput pokupila. Tada je posumnjao, kao i ranije, da li su stvarnost ili izmišljotine njegovog iščašenog uma stvari i ljudi koje je video na svom bolnom putu. Na kraju ulice video je kako se diže ogroman krst, i ako mu je na trenutak slast što će na njemu biti raspet preplavila dušu, brzo se povratio, govoreći u sebi: „Ne zaslužujem, Gospode, ne zaslužujem veličanstvenu čast da budem žrtvovan na Tvom krstu. Ne želim takvu muku u kojoj je stratište oltar, a agonija se meša sa apoteozom. Ja sam poslednji među rabovima Božijim, i želim da umrem zaboravljen i neznan, da me ne okružuje mnoštvo i da slava ne ovenča moje mučeništvo. Ne želim da me bilo ko vidi kako umirem, da se o meni ne govori, da me ne gledaju, da me ne sažaljevaju. Dalje od mene, svaka taštino. Dalje od mene, gordosti mučenika. Ako treba da budem žrtvovan, neka to bude u najvećoj skrovitosti i tišini. Neka moji dželati ne budu proganjani ni prezreni, neka mi samo Bog pomogne i samo On neka me primi, neka se svetom ne širi glas o mojoj smrti, neka se ona ni u hartijama ne zabeleži, neka je pesnici ne opevaju, i neka oko toga ne bude dizana buka, jednima na sablazan, a drugima na radost. Neka me bace na đubrište i puste me da umrem, ili neka me ubiju bez buke, i neka me pokopaju kao bednu životinju."

Kada je to rekao, video je da je krst nestao, i ulica, i svetina, i posle nekog vremena, koje nije umeo da proceni, osetio je da je potpuno sam. Gde se nalazio? Kao da je došao sebi posle duboke nesvesti. Ma koliko se osvrtao unaokolo, nije uspevao da shvati u kom se delu Vasione nalazi. Da li je to neka oblast prolaznog, ili večnog života? Pomislio je da je mratv; pomislio je i da je živ. Žarka želja da održi bogosluženje i da uspostavi vezu sa Višnjom Istinom ispunila mu je celu dušu, a čim je to osetio, video je sebe pred oltarom, prečistim oltarom, koji kao da nije dotakla ljudska ruka. Obradovao se tome sa beskonačnom pobožnošću, i kada je uzeo Ostiju u ruke, božanski Isus mu je rekao:

„Sine moj, još si živ. Nalaziš se u mojoj svetoj bolnici i trpiš mene radi. Tvoji drugovi, one dve bludnice i lopov koji slede tvoj nauk, nalaze se u zatvoru. Ne možeš da služiš, ne mogu da budem sa tobom od krvi i mesa, i ova služba Božija samo je bolesno uobraženje tvog uma. Odmori se, zaslužio si.

Nešto si učinio za mene. Nemoj biti nezadovoljan. Znam da imaš još mnogo više da uradiš."

Santander, San Kintin, maj 1895

KRAJ ROMANA

O PISCU I DELU

Benito Peres Galdos (1843–1920), romansijer i dramski pisac, jedan je od najreprezentativnijih pisaca španskog XIX veka. Rodio se na Kanarskim ostrvima 1843. godine, kao deseto dete pukovnika španske vojske. Bio je povučen dečak, zanimao se za slikarstvo, muziku i književnost. Kao mladić se zaljubio u svoju rođaku, kojom je hteo da se oženi. Kako bi ga u toj nameri sprečili, roditelji su ga 1862. godine poslali u Madrid na studije prava. Tako je došao u dodir sa takozvanim krausizmom, što je bilo od ključne važnosti za budućeg pisca. Krausizam je bio intelektualni pokret koji je nastojao da reformiše zemlju kroz obrazovanje, poštovanje ličnosti, i veru da se ona može stalno usavršavati. Peres Galdos ubrzo je počeo da posećuje književne kružoke, tertulije, koje su se održavale po madridskim kafeima, dobro upoznaje ulični Madrid, zanima se za političke i socijalne probleme: za sebe kaže da je progresivac i antiklerikalac.

Godine 1868. putuje u Pariz i otkriva velike francuske romansijere. Po povratku iz Pariza prevodi Dikensa, piše za pozorište, i 1870. godine objavljuje prvi roman, *Zlatna fontana*, čije štampanje je finansirala neka njegova tetka. Sledećih godina počeo je da piše *Nacionalne epizode*, dvadeset tomova romansirane istorije Španije, koje je objavljivao tokom sedamdesetih godina. Takođe, u to vreme, aktivno počinje da se bavi politikom, i od 1886. do 1890. je poslanik Liberalne partije koju predvodi Sagasta. Godine 1907. ponovo je bio poslanik, ovoga puta kao republikanac, a 1909. je zajedno sa čuvenim španskim socijalistom Pablom Iglesijasom postao vođa „republikansko-socijalističkog saveza".

Uprkos protivljenju ultrakatolika, koji mu nikada nisu oprostili što je napisao antiklerikalni pamflet kakav je bio roman *Donja Perfekta* (1876), izabran je u Špansku kraljevsku akademiju. Godine 1892. okrenuo se i reformi nacionalnog pozorišta. Premijera njegove *Elektre* 1901. godine predstavljala je događaj od nacionalnog značaja: kada je predstava završena, gledaoci su u povorci ispratili pisca do kuće kličući mu, a mladi modernisti ubrzo su osnovali časopis pod tim nazivom.

Postepeno gubeći vid, Peres Galdos je potpuno oslepeo 1912. godine. Polako je napuštao politički život, posvećujući se isključivo književnosti. Pisac koji je presudno oblikovao špansku prozu kraja XIX veka i uveo postupke koji će služiti kao uzor španskoj prozi XX veka, umro je 1920. godine u Madridu, slep i u bedi.

Devedesetih godina Peres Galdos je objavio nekoliko romana koji se bave problemima etike: godine 1892. objavio je *Tristanu*, godine 1895. *Nazarena* i *Almu*. *Nazarena* kritičari opisuju kao roman „spiritualističkog naturalizma": naslov romana je, u stvari, nadimak glavnog junaka, don Nazarija, sveštenika koji sveštenstvo shvata kao življenje poruke Jevanđelja.

Ko je Nazaren? Za jedne je svetac, za druge ludak, za treće, opet, varalica. Preobraćanje jedne njegove sledbenice u izvesnoj meri je misteriozno, i ostaje neobjašnjeno, ili čak neobjašnjivo, dok druga polazi za Nazarenom kako bi se oslobodila nekog oblika neuroze. Ime koje daju junaku i aluzije na Jevanđelje na koje nailazimo u tekstu govore u prilog hipotezi o njegovoj svetosti; Manča i aluzije na Don Kihota navode, naprotiv, na pomisao o izvesnoj vrsti ludila.

Nazaren je privukao pažnju Luisa Bunjuela, koji je po ovom romanu u Meksiku 1957. godine snimio film, kao što će desetak godina kasnije u Francuskoj snimiti i film po Galdosovom romanu *Tristana*, napisanom 1892. Nema sumnje, u oba slučaja Bunjuel je bio privučen nesavladivom nesvodljivošću ovih Galdosovih junaka. „Znam da *Nazaren* može da se posmatra kao veoma hrišćanski film, pa čak i katolički. ... Ali on nije ni katolički, niti antikatolički. Nazaren ne želi da propoveda, on ne želi nikoga da preobrati. ... Pokreću ga samo njegova uverenja, njegova ideologija. A mene pokreće pitanje šta se dešava kada ideologija doživi neuspeh, jer kad god se Nazaren umeša, čak i u najboljoj nameri, jedino što uspeva da postigne jesu sukobi i nedaće." Tako je Bunjuel čitao *Nazarena* krajem pedesetih godina prošlog veka. Njegovo čitanje ostaje nam i danas sasvim blisko.

Da li je otac Nazario luda koja pokušava da živi prema nerealističnim idealima, ili Hristos modernog doba koga je bezdušni svet osudio na takvu sudbinu? Između nazarenâ i don kihotâ, kada razmišljamo o jednom ovako neuhvatljivom liku, možda bi odgovor trebalo da potražimo u Nazariju kao tužnom i izgubljenom ljudskom biću koje je pokušalo da nađe spas noseći svoj venac od trnja ka neizvesnom kraju, tragajući za mudrošću ludila.

A. M.

savladivom nesvodljivošću ovih Galdosovih junaka. „Znam da *Nazaren* može da se posmatra kao veoma hrišćanski film, pa čak i katolički. ... Ali on nije ni katolički, niti antikatolički. Nazaren ne želi da propoveda, on ne želi nikoga da preobrati. ... Pokreću ga samo njegova uverenja, njegova ideologija. A mene pokreće pitanje šta se dešava kada ideologija doživi neuspeh, jer kad god se Nazaren umeša, čak i u najboljoj nameri, jedino što uspeva da postigne jesu sukobi i nedaće." Tako je Bunjuel čitao *Nazarena* krajem pedesetih godina prošlog veka. Njegovo čitanje ostaje nam i danas sasvim blisko.

Da li je otac Nazario luda koja pokušava da živi prema nerealističnim idealima, ili Hristos modernog doba koga je bezdušni svet osudio na takvu sudbinu? Između nazarenâ i don kihotâ, kada razmišljamo o jednom ovako neuhvatljivom liku, možda bi odgovor trebalo da potražimo u Nazariju kao tužnom i izgubljenom ljudskom biću koje je pokušalo da nađe spas noseći svoj venac od trnja ka neizvesnom kraju, tragajući za mudrošću ludila.

A. M.

SADRŽAJ

Prvi deo 7
Drugi deo 36
Treći deo 73
Četvrti deo 131
Peti deo 184

Aleksandra Mančić: *O piscu i delu* 217

Benito Peres Galdos NAZAREN • Izdavačko preduzeće RAD Beograd, Dečanska 12 • Glavni urednik NOVICA TADIĆ • Grafički urednik MILAN MILETIĆ • Lektor i korektor MIROSLAVA STOJKOVIĆ • Za izdavača SIMON SIMONOVIĆ • Štampa Elvod-print, Lazarevac

CIP – Каталогизација у публикацији
Народна библиотека Србије, Београд

821.134.2-31
821.134.2.09-37 Перес Галдос Б.

ПЕРЕС Галдос, Бенито

    Nazaren / Benito Peres Galdos ; s engleskog prevela Aleksandra Mančić. – Beograd : Rad, 2006 (Lazarevac : Elvod-print). – 223 str. ; 21 cm. (Reč i misao ; knj. 572)

Prevod dela: Nazarín / Benito Péres Galdós. – Str. 217–219: O piscu i delu / A. M. [Aleksandra Mančić].

ISBN 86-09-00925-4

а) Перес Галдос, Бенито (1843–1920) – „Назарен"

COBISS.SR-ID 131507468

www.ingramcontent.com/pod-product-compliance
Lightning Source LLC
Chambersburg PA
CBHW062201080426
42734CB00010B/1763